하마의 下品

하품

하마의 下品

하품

하태영 지음

法 文 社

머리말

하마의 辯

하마는 덩치가 컸다. 코끼리와 코뿔소처럼. 콧구멍이 발달되어 있었다. 입안에는 송곳니도 있었고 네 다리는 원통형으로 짧았다. 네 개의 발가락 사이에는 피막이 있었다. 하마는 20~30마리 무리를 지어 생활했다. 하마는 하루 종일 물속에서 보냈다. 물속에서 새끼도 낳고 젖도 먹였다. 너무 뚱뚱했기 때문이다.

하마는 온순한 것 같지만 용맹했다. 겉모습으로 알 수 없는 동물이었다. 하마는 입을 크게 벌려 송곳니로 상대를 위협했다. 거대한 송곳니는 악어도 겁을 낼 정도로 날카로웠다.

2003년 우리는 하마를 만났다. 물(해양수산부)속에서 갑자기 등장했다. 그의 꿈은 웅대했다. 노랑 풍선을 손에 든 하마들은 곧 세상을 바꿀 것 같았다. 새 시대를 열어 갈 희망처럼 보였다.

「하마의 하품」

하마는 하품을 시작했다. 새로운 시대를 갈망하는 신호 같았다. 항상 이슈를 생산했다. 그리고 열정적으로 몸부림을 쳤다. 하지만 하마는 늘 피곤해 했다. "못 해 먹겠다!"는 말도 했다. 결국 탄핵이라는 돌풍을 몰고 왔다. 그러나 그것은 '개혁'을 알리는 신호탄이었다.

구경꾼들은 하마의 하품을 보면서 야유했다. "가벼움에 참을 수가 없다"고 말했다. 하마와 관객들은 서로 비웃었다. 방관자들은 "즉흥적이고 설계가 없다"라고 험담했다. 그러나 하마는 "개혁을 거부하는 자"라고 쏘아붙였다.

「河馬의 下品」

河馬가 세상읽기를 했다. 세상을 쪽문으로 바라보면서 순간순간 그 의미를 탐색했다. 진보와 보수가 재단되는 세상에서 河馬가 下品을 했다. '겸손' 하게 올린 글일 수도 있고, "짜증난다!"는 의미일 수도 있다. 그러나 河馬는 새로운 시대, 더 나은 세상을 바라는 사람들의 시선을 외면하지 않았다.

격동과 변화의 시대에 河馬는 때로 시민과 함께 춤을 추었고, 때로는 통쾌해서 노래를 불렀다. 또 때로는 짜증이 나서 하품을 했고, 또 때로는 '함량미달에 대한 조소' 에 눈물도 흘렸다. 그러나 河馬는 절대 꿈을 잃지 않았다. 이러한 세상보기가 하마의 下品이 되었다.

「하마의 下品」

《하마의 下品》은 지난 6년(2003~2008) 동안 저자가 신문에 기고한 시사칼럼을 모은 수필집이다. 하마의 춤(Chapter 1), 하마의 노래(Chapter 2), 하마의 하품(Chapter 3), 하마의 눈물(Chapter 4), 그리고 하마의 꿈(Chapter 5) 등 전체 59편을 수록했다. 하마가 주목했던 주제들은 오늘날에도 여전히 생명력이 있다고 본다.

《하마의 下品》을 제목으로 뽑은 이유는 하품은 '의사소통' 이고, 下品은 '갈망' 이기 때문이다. 정치와 국민 사이의 의사소통, 개혁과 신뢰 사이의 의사소통, 시민들의 절규와 온정 사이의 의사소통이다. 표지의 그림이 '한글과 漢字' 로 서로 어색하게 맞물려 있는 것도 의사소통에 대한 갈등과 희망을 표현한 것이다. 이것은 과거 盧 정부에서도 현재 李 정부에도 통용되는 말이다.

이 책에는 많은 시사화보들이 있다. 권범철 화백의 작품들이다. 권화백은 시사만평계의 신성(晨星)이다. 그의 예리한 메시지와 깊은 사회철학은 이 책을 더욱 빛나게 해 준다. 그는 이 책을 위해 10편의 작품을 추가로 작업해 주었다. 그의 한결같은 사랑과 배려, 그리고 따뜻한 우정에 깊이 감사드린다.

「따뜻한 시선과 의사소통」

이 책은 다양한 주제를 담고 있다. 논술을 준비하는 고교생, 세상을 더 맑은 눈으로 응시하려는 대학생, 그리고 법학전문대학원(로스쿨) 등 각종 적성시험을 준비하는 학생들에게도 좋은 지침서가 되었으면 한다.

또한 일반인들에게도 흥미로운 교양도서가 되었으면 한다. 특히 한국 사회를 이해하고 배우려는 외국 유학생들과 대한민국을 새로운 국적으로 취득한 다문화 가정에 이 책을 선물하려고 한다. 그리고 '국민과 함께 의사소통의 정치를 꿈꾸는 예비정치인들에게' 이 책을 강력히 추천한다.

이 책의 매력은 한국 사회에 대한 문제 제기와 대안 제시에 있다. 저자는 '갈망과 대안의 만남' 이 의사소통이라고 생각한다. 이것은 과거를 통해 오늘을 조망해야 가능하다. 저자는 독일에서의 경험들을 이 책에 소개하였다. 시사점이 있을 것이다.

「자전거 타는 하마」

이 글은 2007년 7월 『자전거 도시를 꿈꾸는 창원 시민과 창원시』에 제안한 내용이다. 고유가 시대에 자전거가 새로운 주목을 받고 있는데, 조금 시대를 앞서 진단했다고 생각한다.

여기에서 저자가 제시한 자전거 관련 수많은 정책 제안은 다른 지방자치단체에서도 활용할 수 있는 자료들이다. '자전거 타는 하마'를 정치적으로 해석하지 않았으면 좋겠다.

좋은 책(良書)을 만들기 위해 노력하시는 도서출판 법문사와 출판계의 어려운 여건 속에서도 이 책의 출판을 흔쾌히 수락해 주신 법문사 배효선 사장님, 그리고 출판의 길목을 열어 준 항상 따뜻하고 변함없는 이 시대의 훈남 김영훈 차장님께 진심으로 감사드린다. 또한 오래된 원고를 새로운 이야기로 바꾸어 준 한성출판기획 김수정 선생님과 천사의 목소리를 가진 디자이너 서정희 선생님께도 깊은 사의를 표한다.

아름다운 세상을 위해 늘 고민하고 있는 당신
뚜벅뚜벅 세상을 묵묵히 걸어가고 있는 소중한 당신에게!
이 책을 웃으면서 올린다.
작은 위로(慰勞)가 되었으면 한다.
어린이들에게는 하마의 그림이라도…….

잠시 눈을 돌려 겨울의 창밖을 바라본다.

큰 새 같은 것이 올랐다 내렸다 하며 날아다닌다.

아주 의젓하고 유유히…….

그러나 새는 아니다.

낙엽이다.

그건 단순히 황막한 동천의 낭만이 아니다.

거기에서 낙엽의 애틋한 의지를 읽고 숙연해진다(玄石 김병규, 《정치 제도와 헌법》).

새로운 하마를 기다리며…….

2009년 3월

동아대학교 부민캠퍼스에서

하 태 영

추천사

사랑하는 Hippo에게

차 승 길

참 오랜만에 좋은 얘기, 속 시원한 얘기를 했다.

거의 3시간을 세상만사 이런 얘기, 저런 얘기
때론 식상한 이야기도 있었는가 하면
또 한편으로 삼인행필유아사(三人行必有我師)라고 했듯이
내 처음으로 느끼는 생소한 사실들도 수저 오가듯 입이 즐거웠고
듣는 귀 또한 그 유희 속에서 벗어나려 하질 않더라.

이전부터 보아온 이야기들
이 세상의 모든 사람이 찰나의 시간에
어긋나는 그 동질성을 확인하듯
생각의 정도나 차이도 사기그릇 부딪히는 것 같이
절묘하게도 눈치채지 못할 만큼의 단층이 생기기도 했지만

무엇보다도 그 동일성이란
이 헛된 세상의 굴레에서 누구나 느끼고 사는 것이 아니라
누군가가 느껴서 그걸 개선해나가야 한다는
성실한 입장만은 좋게 느낀 저녁이 아니었나 싶다.

물속에서 잠을 자거나
거기서 오랜 시간 헤엄쳐 다니다
어느 날 물 밖의 세상을 만나
그 새로움이나 경이로움에 가까이 가기보다는
오히려 느끼한 세상의 흐름에 다시 물속으로 첨벙 뛰어들고 싶다거나
다른 하천을 찾아 떠나고 싶다는 것이 아니라
콧방귀를 곁들인 하품의 의미를 전달하려는 의도에

박수를 보낸다.

누구나 입속에서 옹알거리는 그런 이야기가 아니라
충분히 이 세상에 접목시켜도 좋을 만큼의
명확한 방정식 같은 사회학을 풀어놓는 그 솜씨까지
미숙한 언관(言官)보다도 훌륭한 논리의 전개에
끄떡거리는 내 머리도 기억을 한다.
모쪼록 남은 분량만큼의 세상보기

넓은 문보다 쪽문으로 보는 세상이 아마 더 명확하거나

남들이 눈치채지 못하는 은밀함도 더한 법

그 세상의 마지막 한 페이지까지

그 독특하고도 수긍이 되는 논리의 전개를 기대해 본다.

차 례

Chapter 1_하마의 춤 철학 · 문화 · 예술 · 스포츠

Chapter 2_하마의 노래 환경 · 교육 · 보건 · 언론 · 사회

Chapter 3_ 하마의 하품 정치 · 사법 · 입법 · 경제

Chapter 4_ 하마의 눈물 통일 · 분단 · 역사

Chapter 5_ 하마의 꿈 자전거 도시 성공하려면!

Chapter 1

하마의 춤

철학 · 문화 · 예술 · 스포츠

춤은 느낌이다. 느낌은 곧 희망이다.
하마는 철학, 문화, 예술, 스포츠와
관련된 주제를 통해 11편의 춤을 추었다.

철학

젊은 그대! 세계를 품어라

대학 신입생들에게 바란다. '우물 안 개구리' 에서 벗어나라. '세계 시민' 으로 발전하라. 그리고 실력을 쌓아라. 교양, 어학, 전공교육은 필수다. 대학생활은 마지막 학습기간이다. 소중한 이 시기를 잃어버리면 영영 찾을 수 없다. 다시 찾으려면 다른 것을 포기해야 한다.

〉〉대학 신입생들에게 고함

두 명의 독일 대학생을 소개하려고 한다. 하이코 벨링과 크리스토프 만델라이다. 이들 두 학생은 모두 대학에서 법학을 공부했는데, 공통점은 '더 멀리, 더 넓게, 더 깊게' 라는 생활철학을 실천하고 있다는 점이다.

하이코(Heiko)는 1990년 당시 20살의 대학 신입생으로 독일 북쪽 함부르크(Hamburg)가 고향이었는데, 깔끔한 용모, 부드러운 매너, 타인에 대한 배려가 생활화되어 있었다.

강의실에서 처음 만나 서로 친구가 되었는데, 국제적인 항구도시에서 성장한 영향인지 사고가 세계화되어 있었고, 분단국 한국의 상황도 잘 알고 있었다. 영어와 불어도 자유롭게 구사했고, 세계정치사의 변동, 제3세계의 문제들, 독일 통일의 문제점, 그리고 독일이 가야 할 길을 조목조목 정리해 주었다. 그는 매사에 진지하고, 순수했으며, 배우려고 노력했다.

1990년 여름이었다. 그와 함께한 여름학기가 끝나고 방학이 왔다. 하이코는 쿠바 하바나로 가서 피델 카스트로(Fidel Castro) 쿠바대통령을 만난다고 말했다. 왜 만나는지, 어떻게 해서 만날지, 무엇을 이야기할 것인지를 듣고서, 당시 얼마나 충격을 받았는지 모른다. 이 젊은 대학생이 가진 꿈, 지식, 용기, 개척정신이 젊은 리더의 바탕이라고 생각했다. 하이코는 독일 〈디차이트(Die Zeit)〉에 연재된 것을 묶어 출간한 《두 개의 독일-볼 수 없는 경계선들》이라는 책을 저자에게 선물했다. 분단국 유학생에게 준 애정이었다.

크리스토프(Christoph)는 1992년 겨울 구동독 할레에서 처음 만나 친구가 되었다. 그는 당시 23살 법과대학 3학년이었다. 고향은 독일 중부 막데부어그(Magdeburg)로 항상 청바지 차림에 수수한 용모의 소유자인 그는 고물 자전거를 타고 다녔다. 그는 신앙심과 희생정신이 투철했다. 이 친구는 독일 통일 직전까지 성당을 중심으로 일어난 동독 민주화운동에 적극적으로 활동했고, 통일 이후에는 교수연구실에서 근로학생으로 일하고 있었다.

크리스토프는 아주 부지런했다. 학업, 근로학생, 학내행사 참여, 종교단체 활동 등으로 그에게 24시간은 늘 부족했다. 그는 국가고시 제1차 시험을 준비하기에 앞서 먼저 스페인으로 어학연수를 떠났다. 그를 지원한 것은 '에라스무스'라는 유럽 대학들을 위한 교환학생 프로그램이었다. 1년 후 러시아어, 영어, 스페인어까지 구사하게 된 그는 철저하게 젊은 시절을 채워 나가고 있었다.

1995년 여름이었다. 어느 날 크리스토프가 찾아왔다. 크리스토프는 루마니아의 시골 마을로 가서 "어린이놀이터를 지어주고 오겠다"고 말했다. 그러고 나서 법대생, 약대생, 교육학 전공학생, 공대생들에게 용돈을 모아 학용품, 과자, 옷, 의약품, 세제 등을 구입하는 데 동참하겠느냐고 물어왔다. 저자는 직접 갈 수 있는 상황이 아니어서 100마르크(5만 원)만 도와주었다. 이들은 물건들을 봉고에 가득 실어서 루마니아로 떠났다.

내가 놀란 것은 그 이후의 일이었다. 봉사활동을 마치고 와서 A4 용지에 현재 루마니아 사정은 어떻고, 어린이놀이터를 몇 개 지어 주었으며, 아이들과 어떻게 시간을 보냈고, 앞으로 무엇이 더 필요한지, 그리고 예산과 결산까지 정리한 내용을 보내주었다.

예쁜 사진 한 장과 참가자 전원이 서명한 엽서도 동봉했다.

"루마니아 어린이들에게 함박웃음을 주고 왔다. 너의 따뜻한 마음을 우리는 항상 기억하고 있다."

저자는 지금도 이 엽서를 소중하게 보관하고 있다. 크리스토프는 이후 국가시험(사법시험)에 최종합격하고, 박사학위를 취득한 후, 교수자격논문을 준비하고 있다.

이 두 명의 학생은 15년 전 유럽에서 만났던 학생들이다. 그 외에도 소개하고 싶은 사람과 내용들이 수없이 많다. 독일 대학생들은 공통적으로 '유럽시민, 세계시민' 을 꿈꾸고 있었다. 현지에서 직접 체험하고, 쟁점마다 토론하면서 발전해 나갔다.

미래의 희망인 우리의 젊은이들도 이제 대한민국의 얼(魂)을 가슴에 안고 세계의 대지로 힘차게 뛰어 나가야 한다. 그리하여 한국과 세계의 문제점들을 찾아 그것을 위해 자아의 감정을 태워야 한다. 대란(大亂)에는 대성(大成)이 있는 것이다.

〉〉 우물 안 개구리에서 벗어나라

막 입학을 한 대학 신입생들에게 바란다. '우물 안 개구리' 에서 벗어나라. '세계시민' 으로 발전하라. 그리고 실력을 쌓아라. 교양, 어학, 전공공부는 필수다. 이를 학습하는 데는 많은 시간이 필요하다. 대학생활은 마지막 학습기간이다. 따라서 시기를 놓쳐서는 안 된다. 소중한 이 시기를 잃어버리면 영영 찾을 수 없다. 다시 찾으려면 다른 것을 포기해야 한다. 더 많이 읽고, 보고, 느끼고, 토론하면서, 스스로의 길을 명확하게 찾아야 한다. 스물에 학습(學習), 서른에 입지(立志), 마흔에 불혹(不惑), 쉰에 지천명(知天命)이라고 하지 않는가?

세계는 유능한 한국인의 활동을 기다리고 있다.

철 학

젊은이들에게 고하는 '삶의 성찰'

대승적인 학문연구, 인류를 위한 학문연구가 필요하다. 젊은 시절부터 자기 인생에 대한 깊이 있는 사고, 즉 죽음에 대한 철학을 각인시키는 학습이 필요하다. 우리나라의 대학, 우리나라의 젊은이들에게 남겨진 과제다.

〉〉 프로이트와 뉴턴 이야기

지구상에서 신(神)이 창조한 최대 걸작은 인간이다. 어느 부분을 보더라도 오묘(奧妙)하기 짝이 없다. 심성(心性)은 인간의 여러 면 중에서도 신비스럽다. 울고, 웃고, 화내고, 사랑하고, 즐기고, 슬퍼한다. 악한 인간의 오욕(五慾)과 칠정(七情)은 아직도 많은 연구자들에게 연구대상이 되고 있다.

정신분석의 창시자는 지크문트 프로이트(Sigmund Freud, 1856 ~1939)다. 그는 유태인으로 오스트리아 모라비아(현재 체코) 프라이베르크에서 10남매 중 셋째로 태어났고 3살 때 독일 라이프치히로 이사했다.

프로이트는 기차 안에서 가스등을 보고 인간의 영혼을 생각했다고 한다. 그때부터 노이로제 증상이 나타났다. 그래서 그는 한평생 유아 시절의 정신건강을 중요하게 생각했다.

프로이트가 4살이 되던 해 가족은 다시 오스트리아 빈(Wien)으로 이사했다. 청년시절을 빈에서 보낸 그는 빈대학 의학부에 입학했다. 주로 동물학을 공부했던 그는 영국의 철학자 제임스 밀(James Mill, 1773~1836)과 플라톤(Platon, BC 429~BC 347)의 글을 읽으면서 동물에서 인간으로 눈을 돌렸고 이때부터 정신과 의사가 되기로 결심했다.

프로이트는 매우 몰두하는 버릇을 가지고 있었다. 사회적 몰이해와 도덕론자들의 빗발치는 비난 속에서도 고집스럽게 성(性)의 문제를 노출시켰다. 그는 확신 속에서 연구를 했다.

프로이트는 26살 때 마르타와 약혼했다. 결혼할 때까지 4년 3개월 동안 그녀에게 900통의 편지를 보냈다. 사랑을 하면서도 그만큼 세상사에 몰두하면서 살았다. 학문에도 게으름이 없었다. 66살이 되던 해 프로이트는 정신과 의사로서 세계적인 명성을 얻었다.

그해 프로이트는 악성종양을 발견하고 자신의 일생이 얼마 남지 않았음을 알았다. 그리하여 자신의 학문을 정리하면서 무서운 투병생활을 시작했다. 첫 종양 수술을 받고 사망할 때까지 그는 17년 동안 33번의 수술을 받았다. 병으로 청각을 잃고 언어장애를 일으켰지만 프로이트는 강연원고를 작성하고 강연회에 나갔다. 딸(안나)이 연설문을 대신 읽었다. 그는 마지막까지 자신의 학문에 최선을 다했다.

1938년 82살이 되던 해 나치가 유대인을 학살하기 시작하자 그는 영국으로 망명했다. 1년쯤 더 살다가 자신의 생명이 더 이상 지탱할 수 없음을 알고 안락사(安樂死)를 원했다. 그러나 주치의로부터 거부당한 채 며칠을 더 연명하다, 1939년 9월 23일 83살을 일기로 세상을 떠났다. 프로이트는 후회 없이 학문하는 인생을 살다 갔다.

근대이론과학의 선구자는 아이삭 뉴턴(Isaac Newton, 1643~1727)이다. 그는 영국 링컨샤이어(Lincolnshire)에서 농부의 아들로 태어났는데 어려서부터 천재는 아니었다. 청년시절로 접어들면서 학업에 열중했고 케임브리지대학에 입학했다. 뉴턴의 목표는 법학학위였다. 첫 해에는 아리스토텔레스 철학을 공부하였고, 나머지 3년 동안 데카르트의 철학, 비에트 · 데카르트 · 월리스 등의 대수와 해석 기하, 갈릴레이의 지동설 등을 공부하였다. 뉴턴의 수학적인 재능은 케임브리지대학의 바로우 교수에 의해 발견되었다.

1665년 뉴턴은 대학을 졸업했다. 그해 영국에서는 흑사병(黑死病)이 퍼지기 시작했기 때문에 그는 병을 피하여 고향으로 돌아와야만 했다. 그의 과학적 천재성은 대학이 문을 닫아 고향으로 돌아왔을 때 갑자기 나타났다. 1667년 초까지 뉴턴은 농촌의 정원을 거닐면서 명상을 했다. 2년 정도의 시간 동안 뉴턴은 광학, 물리학, 천문학에서 혁명적인 진보를 이루었다. 집에 있는 동안 미적분학의 기초를 세우고 그의 3대 발명인 과학원리, 만유인력, 미적분을 착상한 것이다.

뉴턴은 학문이 대성하게 되자 50대 후반부터 런던 조폐국장, 국회의원(1688, 명예혁명 때), 왕립학회의 회장으로 활동했다. 뉴턴은 평생을 독신으로 보내다 1727년 3월 31일 85살을 일기로 런던 교외의 켄징턴에서 세상을 떠났다.

뉴턴은 근대과학 성립의 최고의 공로자로 평가받고 있다. 그가 주장한 '자연은 일정한 법칙에 따라 운동하는 복잡하고 거대한 기계' 라고 하는 역학적 자연관은 18세기 계몽사상의 발전에 지대한 영향을 주었다.

뉴턴의 한 제자가 어느 날 이렇게 물었다.

"선생님께서 이룩하신 자연과학의 공헌을 스스로 어떻게 평가하십니까?"

그는 이렇게 대답했다.

"내 학문은 하나의 조개껍데기다. 내가 이루어 놓은 학문적 업적은 넓은 해변에서 몇 개의 조개껍데기를 줍는 것에 불과하다."

해인(海印)이라고 할까? 이는 '바다 위에 도장 찍는다' 는 의미다. 그는 학자로서 그만큼 겸허했다.

우리도 대승적인 학문연구, 인류를 위한 학문연구가 필요하다. 젊은 시절부터 자기 인생에 대한 깊이 있는 사고, 즉 죽음에 대한 철학을 각인시키는 학습이 필요하다. 그래야만 노년이 지겹지 않고, 후회 없는 최후를 맞을 수가 있다.

우리나라의 대학, 우리나라의 젊은이들에게 남겨진 과제다.

철학

망하지 않는 음식점 …
'식당혁명' 해 보세요

음식점이 왜 망하는가? 그 이유는 간단하다. 맛이 없고, 정성이 없고, 철학이 없기 때문이다. 음식점 브랜드를 어떻게 높일 것인가? 매일 고객을 생각하고 정성으로 운영하면 된다.

〉〉 새해 부자 되는 방법을 소개합니다

지금부터 부자가 되는 식당 경영방법을 하나 소개하려고 한다.

이화여대 후문에서 육교를 건너면 '만두향'이라는 작은 음식점이 있다. 만두는 사장과 종업원이 직접 만드는데, 만둣국을 주문하면 호박죽과 샐러드가 먼저 나온다. 주먹크기 만한 만두 4개, 밥 한 그릇, 김치 등이 함께 나오며 이 모든 음식을 먹는 데는 6,000원만 지불하면 된다. 은은한 음악에 차 한 잔까지 대접받는데 일회용 컵이 아니라, 찻잔에 담긴 차다. 내가 놀란 것은 식사 후 종업원이 식탁을 닦는 모습이었다. 식탁 위에 물뿌리개로 물을 뿌린 후 깨끗이 닦고, 마른 행주로 또 닦는 것이다.

지역의 한 횟집에서는 비닐식탁보 하나 펴놓고, 음식을 올려놓는다. 온갖 껍질이 식탁 위에 쏟아진다. 어떻게 이렇게 대접할 수 있는가? 음식과 문화, 대화와 정을 나누는 곳이 음식점인데, 우리는 여전히 가격에 비해 형편없는 대접을 받고 있다. 그럼에도 음식점 주인들은 모두 새해에는 부자가 되고 싶어 한다.

부산 부민동 동아대 부민캠퍼스 옆에는 고깃집 '호구정' 이 있다. 음식점에 앉으면 식탁 위에 놓인 하얀 종이를 볼 수 있다.

ㅇㅇ에서 오신 ㅇㅇ님,
호구정을 방문해 주시어 감사합니다.
오늘 저녁은 저희 호구정에서
정성을 다해 모시겠습니다.
편하게 드시고, 좋은 대화 나누십시오.

2009년 1월 2일

호구정 ☎546-0000

이곳에서는 예약 손님에 한해 이런 문구로 첫인사를 한다. 일본 손님이 오면 일본어로 인사한다고 했다. 때문에 이 음식점은 일본 방문객이 즐겨 찾는 음식점이 되었다.

독일 라이프치히(Leipzig) 게반트하우스(예술의 전당) 옆에는 '레스토랑 Kim' 이라는 한국 음식점이 있는데 이곳은 도시 내에서 최고급 음식점이다. 이곳은 유명한 연주자, 정치인들이 즐겨 찾는 명소로 사장은 한국인이다. 종업원들에게는 사랑을, 사회에는 자선을, 시민들

에게는 맛있는 음식을, 가족들에게는 문화공간을 제공한다는 것이 사장의 철학이다. 한 달에 한 번, 일요일 저녁에는 라이프치히의 거지들이 이 음식점에서 식사를 한다. '라이프치히 시민 모두가 이 음식점을 찾아오도록 하는 것'이 사장의 철학과 관련이 있기 때문이다.

사장의 자선은 독일 일간신문에 대서특필되었고, 음식점의 브랜드 가치는 매일 높아졌다. 그러던 어느 날 음식점 건물이 송사에 말려 폐쇄될 위기에 처하게 되었다. 그러나 라이프치히 시민과 시민단체는 이 음식점을 살려야 한다는 데 뜻을 모았다. "우리 고장의 대표적 음식점, 우리가 지켜야 한다"는 것이다. 그리하여 이 음식점은 지금도 잘 운영되고 있다.

음식점이 왜 망하는가? 그 이유는 간단하다. 맛이 없고, 정성이 없고, 철학이 없기 때문이다. 음식점 브랜드를 어떻게 높일 것인가? 매일 고객을 생각하고 정성으로 운영하면 된다. 이런 고민을 하는 좋은 음식점은 시민들이 나서서 키워주어야 한다. 우리 시민들은 제 값을 치르고, 제대로 된 음식을 대접받고 싶어 한다.

철학

음식물쓰레기 분리 힘드세요?

독일 사람들은 "2010년까지 각 가정의 쓰레기통을 전부 없애버리자"고 운동을 하고 있다. 우리는 어떤 실천을 하고 있는가? 우리나라에서 쓰레기 없는 가정, '환경혁명'은 불가능한가?

〉〉생활쓰레기 획기적으로 줄이는 비법

전국의 주부들이 쓰레기문제로 골머리를 앓고 있다. 그 이유는 요일별 분리배출이 다르고, 배출방법도 까다롭고, 배출시간도 지정되어 있기 때문이다. 정부는 "꼭 도와주세요! 재활용품과 음식물 분리배출을 지켜주시면 생활쓰레기 제로화는 반드시 달성됩니다"라는 구호 아래 국민들에게 애원하고 있다.

지방자치단체에서 호소하는 것은 다섯 가지다.

① 음식물쓰레기는 물기와 염분을 제거하고, 음식물 전용 중간용기에 담아 배출할 것, ② 뼈다귀나 조개껍데기 등 재활용이 불가능한 음식물은 꼭 노란색 종량제 규격봉투를 사용할 것, ③ 일반쓰레기는

월 · 목 · 토요일에, 재활용품은 수요일에 배출할 것, ④ 배출시간은 저녁 8시에서 12시까지로 할 것, ⑤ 매월 1, 3주 토요일에는 쓰레기 없는 날로 바꾸자는 것이다. 이에 전국의 주부들은 복잡하다면서 심리적으로 불편해 하고 있다.

그래서 생활쓰레기를 획기적으로 줄이는 방법을 몇 가지 소개하려고 한다. 그것은 '환경국가' 독일 아줌마들의 이야기로 그들의 생활방식이 우리들에게 많은 시사점이 있을 것이라 생각하기 때문이다.

첫째, 독일 사람들은 가정에서나 식당에서나 음식물을 남기지 않는다. 직접 조리한 음식은 철저하게 처리하고 음식접시에는 남기는 음식이 없다. 소스 한 방울도 깨끗이 닦아 먹는다. 국물도 마찬가지다. 먹을 만큼 요리하고, 먹을 수 있을 만큼 대접한다. 이유 없이 버리면 '미개인'이라는 소리를 듣는다. 이러한 습관의 정착으로 물기 있는 음식쓰레기가 소각장에 등장하는 것을 원천적으로 봉쇄하고 있다. 그런데 우리는 왜 음식물을 남기고, 버리고, 먹지도 않을 국물을 그렇게 많이 끓여 대접하는가? 도대체 그 국물은 어디로 가는가?

둘째, 독일 사람들은 슈퍼마켓과 백화점에서 상품을 구입할 때, 선물용이 아닌 한, 내용물만 담아온다. 옷, 신발, 와이셔츠, 과자도 마찬가지다. 포장지, 마분지, 목 부분 플라스틱, 포장비닐, 핀, 과자박스는 모두 정확하게 분리하여 현장에서 버린다. 대부분의 슈퍼마켓과 백화점에는 분리수거함이 있다. 우리는 왜 박스, 포장, 용기를 가정으로

운반하는가? 모두 생활쓰레기가 아닌가? '내용물만 집으로! 포장은 수거함에!' 냉정하게 생각해 보면, 너무도 쉬운 일인데 말이다. 이러한 생활환경운동이 일어나야 한다. 이렇게 한다면 재활용품을 버리는 날은 수요일만으로 충분하지 않은가?

셋째, 독일의 주부들은 음식을 만들 때 감자, 양파, 채소, 귤, 사과, 바나나 등의 껍질은 전부 말려서 버리고, 마당이 있는 가정에서는 음식쓰레기를 퇴비로 사용한다. 튀김기름은 반드시 종이로 닦아 버린다. 튀김 후 기름을 싱크대에 버리는 건 상상도 할 수 없다. 물과 기름이 섞이면 정화하는 비용이 높아지고, 바로 물 값을 올리는 요인이라고 생각하고 있다. 요구르트는 몸체와 뚜껑을 분리하고, 뚜껑인 알루미늄은 따로 뭉쳐 버린다. 신문, 잡지 등 종이는 꼭 모아서 끈으로 묶어 버린다. 맥주병, 주스병, 우유병은 반드시 세척 후 따로 분리한다. 재활용이 안 되는 제품은 구입을 안 한다. 또 가격이 비싸서 판매도 잘 되지 않는다. 환경 친화적인 제품이 아니 것은 메모를 하여 냉장고 문에 붙여둔 뒤 절대로 안 산다. 왜 우리나라 소비자는 이러한 환경마인드를 가지고 실천하지 않는가? 좋은 기업은 훌륭한 소비자가 만드는 것이다.

넷째, 독일의 가정과 음식점은 항상 보조용 접시를 식탁에 올려놓고 음식물과 뼈를 보조용 접시에 담는다. 어느 누구도 식탁에 그냥 버리는 것을 볼 수 없다. 생활환경이 엉망진창인 식당은 환경단체와 시청공무원에 의해 고발되고 결국 망하게 된다. 환경교육을 받지 않은 사람은 식당을 경영할 수가 없다. 환경 독일을 만드는 독일 사람들의 환경철학이다. 왜 우리는 식탁에서부터 분리수거를 하지 않는가? 환경운동의 A, B, C인데도 말이다.

다섯째, 독일의 학교와 사무실에는 일회용 컵이 없다. 자판기에 컵을 넣어 음료수를 마신다. 독일의 대학가에는 깡통음료수와 일회용 컵 문화가 서서히 사라지고 있다. 대학에서 혹은 사무실에서 커피 한 잔을 마시려면, 일회용 컵 값(200원), 재생처리비용(200원), 커피 값(600원)으로 1,000원을 지불해야 한다. 그러나 컵을 가져가면 600원만 내면 된다. 각 대학들은 미대 학생들이 자체 디자인한 접을 수 있는 플라스틱 컵을 저렴하게 판매하고 있다. 이러한 컵은 자판기에 넣을 수도, 가방 안에 넣어 다닐 수도 있다. 왜 우리는 직장에서, 학교에서 일회용 컵을 청산하지 못하는가? 이제 대학생들이 환경문화를 주도해야 한다. 우리나라에서도 직장과 대학에서 환경혁명이 일어나야 한다.

위에서 열거한 우리나라의 환경문제는 정부의 홍보 부족을 탓할 수도 있다. 그러나 먼저 우리의 환경의식을 반성해야 한다. 생활쓰레기는 외국에 수출을 할 수도 없다. 모두 우리 지역에서 처리해야 한다. 독일 사람들은 "2010년까지 각 가정의 쓰레기통을 전부 없애버리자"고 운동을 하고 있다. 우리는 어떤 실천을 하고 있는가? 우리나라에서 쓰레기 없는 가정, '환경혁명' 은 불가능한가?

철학

'요람에서 무덤까지' … 언제까지 꿈이런가

첫째, 정부는 '출산장려 및 가정보호촉진법' (가칭)을 신설하고, 임산부, 태아, 유아, 신혼가정을 종합적으로 관리하면서, 더 적극적으로 보호해야 한다. 둘째, 정부와 각 지방자치단체는 출생 이후 만 3살이 될 때까지 36개월 동안 기본 육아비를 전액 부담해야 한다. 셋째, 각 지방자치단체는 '노인들을 위한 행복 프로그램' 을 적극 개발해야 한다. 신혼가정에 희망을! 젖먹이에게 꿈을! 노인에게 행복을! 이러한 복지정책을 더 이상 미루지 말았으면 한다.

〉〉끊이지 않는 소외계층

우리 사회는 지금 웰빙(Well-being)을 넘어 로하스(Lifestyles of Health and Sustainability, LOHAS) 시대를 꿈꾸고 있다. 웰빙은 개인과 가족만 잘 먹고 잘사는 생활방식을 말한다. 그러나 로하스는 개인과 가족의 차원을 넘어 바로 '사회적 웰빙' 을 추구한다. 우리, 이웃, 그리고 지구 공동체까지 생활방식을 넓혀 생각하는 것이다.

그럼에도 소외계층에 대한 배려는 아직 우리 사회에서 꿈같은 이야기다. 5살 남아 아사(餓死) 사건과 결식아동 부실도시락 파문이 이를 말해주고 있다. 이에 정부는 3대 종합대책을 들고 나왔다. ① 기초생활보장제도 사각지대 해소, ② 사회복지사 인력 충원, ③ 저소득층 및 빈곤아동 지원이다. 새로운 내용도 아니다. 도시락 파문이 전국적으로 확산될 때, 정부는 급식단가 500원 인상안을 발표했다. 그러나 모두가 사후약방문이다.

신년에 거제도에서 근무하는 친구가 들려준 이야기다.

지난 연말에 그저 몇 명의 동료와 같이 아파트빌딩 뒤편에 20킬로그램의 쌀을 어깨에 짊어지고 한 불우이웃을 찾아갔다. 7살 딸을 데리고 마중을 나온 아주머니는 허름한 모습으로 반갑게 인사를 했고 그들의 안식처로 안내를 했다.

어두운 재래식 부엌 옆에 작은 문을 열고 들어간 방은 방송을 통해 보아왔던 불우이웃의 모습과는 너무 달랐다. 방바닥은 차갑고 문짝 없는 장롱 속에는 여름이불 몇 채만 있었으며 불빛 아래에서 바라본 아이들의 손은 까맣게 부르터 있었다. 일을 하고 싶어도 직장에서는 이 아주머니를 받아 주지 않는다고 했다. 건강이 좋지 않다는 이유로……. 그래서 빈 박스, 빈 병, 버려진 알루미늄 캔을 모아서 팔아 하루하루를 살고 있는 것이다.

지금의 안식처조차도 얼마 후 도로개발로 인하여 헐리게 되면 어디론가 다른 삶의 터를 찾아야 하는 어려운 처지에 놓인 그 사람들. 아파트 불빛을 타고 들리는 즐거운 웃음소리와 길가의 가게에서 무슨 과일선물을 할지 고민하는 우리의 모습들이 이들에게는 어떤 광경으로 다가갈까?

대기업에서는 월급이 적다고, 수당이 적다고 머리에 띠를 두르지만, 빈곤층에게는 길거리에 버려진 빈 병과 캔조차 고마운 존재다.

연말연시 갈비집이 한 집 건너 손님으로 넘쳐나는 그날 밤에 십시일반 모은 돈과 연말 회식비를 그들에게 선물했다는 친구의 회사 사람들은, 이 이야기를 듣고 모두 눈시울을 적셨다고 한다.

친구가 추후 알려준 것은 그렇게 어려워도 그 아주머니는 아이들을 고아원에 맡기지 않았고, 불편한 몸으로 오늘도 빈 깡통, 빈 병 모으러 다니고 있다는 사실이었다. 그래서 회사 사람들이 이 가정을 도울 방법을 고민하고 있고, 이제 이 아파트 뒤편에도 즐거운 웃음소리가 들려 나오기를 바란다고 했다.

전국적으로 이러한 가정은 너무도 많다. 앞으로도 수십만의 사람들이 희망 없는 삶을 살아갈 것이다. 그러나 이렇게 아름다운 사람들이 많이 있으니 우리 사회에는 희망이 있다. 그리고 자기 자신보다 더 어려운 이웃에게 김장김치를 담가 나누는 훈훈한 온정이 아직 남아 있으니까.

〉〉신혼 가정에 희망을

우리의 사회복지 모습은 참 우울하다. ① 출산기피현상, ② 이혼율 급증, ③ 한 해 부모 품을 떠나는 1만 명의 아이들, ④ 자살, ⑤ 고령화, ⑥ 노인문제 등이 심각한 실정이다. 따라서 신혼가정에 희망을, 어린이에게 꿈을, 노인들에게 행복을 주는 정책이 절실하다고 보고 다음의 세 가지를 제안한다.

첫째, 정부는 '출산장려 및 가정보호촉진법'(가칭)을 신설하고, 임산부, 태아, 유아, 신혼가정을 종합적으로 관리하면서, 더 적극적으로 보호해야 한다. 임신 초기부터 산모와 태아의 건강검진, 출산 관련 병원비용, 출산 후 36개월까지 산후 질병비용을 국가가 전액 부담해야 한다. 이는 여성의 복지를 위한 국가의 의무다.

둘째, 정부와 각 지방자치단체는 출생 이후 만 3살이 될 때까지 36개월 동안 기본 육아비를 전액 부담해야 한다. 여기에는 ① 병원비(각종 예방 접종비 포함), ② 우유 값, ③ 기저귀 값 등을 들 수 있다. 그리고 소득공제나 면세 등으로 복잡하게 정책을 시행하지 말고, 아기가 있는 모든 가정에 매월 20만 원을 직접 지급해야 한다. 대한민국의 모든 아기들이 부모의 경제력 유무와 관계없이, 질병이나 배고픔 없이, 건강하게 성장해야 한다. 이것이 바로 선진국으로 가는 길이고 나아가 국가경쟁력을 키우는 길이다.

〉〉 노인에게 행복을

어린 젖먹이(영아)도 행복추구권이 있다. 이는 헌법 제10조(인간의 존엄성과 기본적 인권보장)와 제34조(사회보장)에 잘 규정되어 있다.

'모든 국민은 사람다운 생활을 할 권리를 가지며(헌법 제 34조 제 1항), 국가는 사회보장과 사회복지 증진에 노력할 의무가 있고(헌법 제 34조

제 2항), 여성의 복지와 권익의 향상을 위하여 노력해야 하며(헌법 제 34조 제 3항), 노인과 청소년의 복지향상을 위한 정책을 실시해야 할 의무가 있으며(헌법 제 34조 제 4항), 신체장애와 질병, 노령 그 밖의 사유로 생활능력 없는 국민들을 법률로 보호해야 한다(헌법 제 34조 제 5항).'

재원은 국가와 자치단체가 일정부분 분담하면 된다. 이는 로또기금 및 각종 복지기금을 활용하면 될 것이다. 출산장려금만으로 고령화와 저출산의 악순환을 막을 수는 없고 그 실효성도 의심스럽다. 전국적인 통일안이 필요하다.

셋째, 각 지방자치단체는 '노인들을 위한 행복 프로그램'을 적극 개발해야 한다. 우리 사회에는 자기 관리가 되는 노인도 있지만, 그렇지 못한 노인이 태반이다. 따라서 전국의 목욕탕과 찜질방을 활용하여 노인에게 혜택을 주어야 한다. 독일의 경우 노인들을 위한 목욕시간을 별도로 정하고(매주 한 번, 오전) 이날은 특별요금 할인제를 실시하고 있다. 건강상담 창구도 여기에 개설한다. 그리고 온천도, 가족사의 고민을 함께 나누는 문화공간으로 자리 잡고 있어 이를 운영하는 사업장에는 감세 혜택을 준다.

신혼가정에 희망을!
젖먹이에게 꿈을!
노인에게 행복을!
이러한 복지정책을 더 이상 미루지 말았으면 한다.

》이명박 정부, 서민대책을 국정 핵심과제로 삼아야

2008년 2월 출범한 이명박 대통령의 정치철학은 실용주의다. 그의 대선공약의 핵심은 '일류국가 희망공동체 대한민국' 건설이다. 그러나 서브프라임 모기지(비우량 주택담보대출)로 촉발된 세계의 금융위기와 경기침체는 우리나라의 경제성장을 둔화시키고 있으며, 연간 7퍼센트씩 성장해 2017년 국민소득 4만 달러, 세계 7대 경제 강국에 진입한다는 이른바 '747 경제공약' 달성은 상당히 힘들 것으로 보인다.

특히 문제는 신혼가정대책, 노인대책, 그리고 저소득층 대책은 정책의 후순위에 밀려 있다. ① '임신-출산-보육-취학' 4단계에 걸쳐 의료비, 보육비, 교육비를 국가가 책임지겠다는 핵심공약은 불투명하다. ② 서민생활비 30퍼센트를 줄이겠다는 약속도 믿기 어렵다. ③ 한국의 노인 빈곤문제는 생각보다 너무 심각하다. 전국 곳곳에서 혼자 살며 폐지나 고철을 주워 근근이 지내던 노인들이 눈에 띄게 증가하고 있다. 돈, 혼자 밥 먹는 것, 혼자 자는 것, 외로운 것이 너무 힘들다고 한다. 빈곤층 가운데서 가장 힘든 계층인 노인세대는 매우 힘든 겨울을 보내고 있다. ④ 저소득층의 생활고는 말로 다 표현할 수 없다. 교육비는 물론이고 하루 끼니조차 걱정하는 가정이 늘고 있다.

이명박 정부는 10대 공약 중 서민대책 국정 핵심과제를 심각하게 생각해야 한다. 신혼가정, 노인, 저소득층에 대한 복지정책에 각별한 관심을 가져야 한다. 일류국가 희망공동체 대한민국 건설은 이들의 행복 없이는 불가능하기 때문이다.

철학

이 시대의 '블랑카 · 장윤정 · 박주영' 들에게 바침

옛말에 '복구자 비필고'(伏久者 飛必高)라는 말이 있다. 이 말은 꿈꾸는 자는 엎드려서 때를 기다려야 한다는 뜻이다. 그렇게 하려면 비장한 각오, 자기 시간을 갖는 모습, 타인 배려 서비스 정신, 부가가치가 높은 사람이 되어야 한다.

2008년도에도 많은 신인들이 혜성처럼 나타났다. 그중에는 남녀노소 할 것 없이 모르는 사람이 없을 만큼 이 시대를 대변하는 이들도 있다. '노바디'의 원더걸스, 골퍼 신지애, '소비자 고발' 의 개그맨 황현희다.

인기가 높은 연예인들은 대부분 모든 분야에서 거의 프로수준이고, 멀티(다재다능)하다. 가수와 MC, 그리고 버라이어티 토크쇼까지 진행한다. 이들에게는 장르의 제한이 없다. 그러나 대중의 인기는 항상 거품이다. 도태 과정이 너무 빠르다. 생존의 조건은 실력과 내공이다. 이 시대의 신인들이 주목해야 할 점이다.

〉〉꿈꾸는 자는 엎드려서 때를 기다려야 한다

지금부터 4년 전 갑자기 등장하여 2004년 대중적 인기를 한 몸에 받았던 세 명의 신인들을 소개하려고 한다. 이들 신인들은 당시 어떤 각오들을 가지고 있었고, 지금은 무엇을 준비하고 있는가. 시작보다 준비가 더 중요하다는 것을 알 수 있을 것이다.

첫 번째 인물은 "뭡니까 이게? ○○○ 나빠요"로 2004년 최고의 유행어를 만들어 낸 개그맨 블랑카다. 두 번째 인물은 러시안 폴카풍 댄스를 트로트에 접목하여 경쾌한 리듬으로 불러 남녀노소를 열광시킨 가수 장윤정이다. 마지막으로 세 번째 인물은 '천재 골잡이' 축구스타 박주영이다. 세 사람의 공통점은 신선하며, 충격적이고, 감미롭다는 점이다. 그리고 잠재력, 추구하는 방향, 사회 통합력, 미래 선도력이 있다.

블랑카는 외국인노동자의 고충을 시사패러디한 개그맨 정철규다. 그는 2003년 7월 '무슨 일이 있어도 개그맨이 되겠다'며 무작정 서울로 올라갔다. 고시원 단칸방에서 잠을 잤고, 창원과 서울을 오가며 그렇게도 하고 싶은 개그맨의 꿈을 키웠다.

첫 방송이 나가자 시청자들의 반응은 폭발적이었다.

"도대체 블랑카가 누구냐? 한국인이냐 외국인이냐? 신선하고 재미있다."

신인 블랑카는 이날 저녁부터 세상에 알려졌다.

"블랑카의 이름을 건 버라이어티쇼를 진행하는 것이 소원이다"

라는 블랑카는 아직도 꿈을 꾸고 있다고 말한다. 그의 소원은 독일의 자동차 경주왕 미하엘 슈마허(Michael Schumacher)의 말을 생각나게 한다.

"나는 계속 핸들을 잡고 달려야 합니다. 아직도 내가 도와야 할 사람이 너무 많기 때문입니다."

자동차 경주 F1(포뮬러 1)의 '황제' 슈마허는 이 말을 하고 나서 남아시아 지진해일(쓰나미) 피해자들을 돕기 위해 1천만 달러(약 105억 원)를 쾌척했다. 블랑카가 가야 할 길이다.

다음은 신세대 트로트 여가수이며, 바로 '어머나'를 들고 나온 장윤정이다. 이 노래는 짧은 시간에 대한민국의 남녀노소를 한 덩어리로 묶는 괴력을 발휘하면서, 음악방송과 전국의 노래방을 강타했다. 어린이도 따라 불렀던 이 노래는 성인가요 프로그램뿐만 아니라, 10대 위주의 가요순위 프로그램에서도 1위를 차지하면서 이변을 연출했다. 10대부터 50대까지 다양한 연령층이 참여한 팬클럽(레모네이드)이 결성되었고, 음악마케팅은 뮤직폰과 결합하여 엄청난 시너지 효과를 내며 파장을 일으켰다. 한 신인 여가수가 만들어 낸 사회적 에너지와 통합의 에너지는 이제 기세 높은 줄 모른다.

마지막으로 축구신동 박주영이다. 지난 2005년 인천국제공항 입국장에서 그는 분에 넘치는 환대를 받았다. 2002 한일월드컵 홍보연주단 아트엔젤스 오케스트라가 '박주영 응원가'를 연주했고, 국민들은 이 신인에게 환호했다. 본인도 놀랐을 것이다.

이 축구신동은 브라질에서 어떻게 배웠는지, 축구공을 마치 입안의 혀처럼 마음대로 갖고 놀았다. 골을 다루는 상황에서 그는 너무도 침착했고, 마지막 순간은 예술이었다. 그래서 우리는 열광한 것이다.

물론 박주영의 축구 실력이 과대평가되었다는 지적도 많지만 그는 여전히 한국 축구에서 없어서는 안 될 존재다.

이 청년이 화려하게 골을 집어넣는 순간을 우리는 기억하고 있다. '양손을 치켜든 기도 세레머니' 는 받아들이기에 부담이 없다. 아름다운 축구천재의 모습이기 때문이다. 박주영은 한국 축구의 보배이기도 하지만, 우리 사회에서 통합의 상징이며, 세계 축구계를 움직일 수 있는 희망이 될 수 있다.

〉〉꿈★은 이루어진다

옛말에 '복구자 비필고'(伏久者 飛必高)라는 말이 있다. 이 말은 꿈꾸는 자는 엎드려서 때를 기다려야 한다는 뜻이다. 그렇게 하려면 비장한 각오, 자기 시간을 갖는 모습, 타인 배려 서비스 정신, 부가가치가 높은 사람이 되어야 한다.

그러기 위해서는 자기관리와 생활습관을 철저히 해야 한다. 예를 들면 ① 밥 꼭꼭 씹어서 천천히 먹기, ② 짜고 매운 음식, 인스턴트 음식, 오백(흰 설탕, 흰 소금, 흰 밀가루, 흰 조미료, 흰밥) 덜 먹기, ③ 등 구부리지 않고 똑바로 앉기, ④ 고개 숙이지 않고 하늘 자주 보기, ⑤ 일주일에 3번 이상 반신욕과 조깅하기, ⑥ 어떤 상황에서도 신경질

내지 않고 온화하게 말하기, ⑦ 매사에 불평하지 않고 감사하기, ⑧ 큰소리로 자주 웃기, ⑨ (시간 · 관심 · 대화 · 돈) 좀 더 많이 나누기, ⑩ (몸과 마음으로) 젊게 살기.

졸업을 앞둔 젊은이들에게 당부한다.

부모님의 품을 떠나는 젊은이, 재기를 노리는 젊은이, 각 분야에서 오늘도 각오를 다지며 노력하는 젊은이들이여!

절대로 포기하지 마라, 소망하는 꿈을 날마다 되새기며, 자신을 바꾸고 키워 나가라. 그러면 언젠가 이루어진다.

희망을 품고 다니는 자는 희망을 낳을 수밖에 없다.

"꿈★은 이루어진다."

문 화

'알맹이 빠진 문화'에 대한민국은 슬프다

한류열풍은 음악과 영화만으로 부족하다. 언어가 스며들어야 한다. 문학작품들이 들어가야 한다. 외국인들이 우리나라를 방문하고, 우리나라의 서점에 들러 우리나라의 문학작품들을 사들고 가야 한다. 나는 이것이 '진정한 한류열풍' 이라고 생각한다.

〉〉문화가 바로 한국의 힘이다

독일 프랑크푸르트 도서박람회, 한류열풍, 그리고 지방의 문화이야기를 하려고 한다. 미래는 문화의 힘이 중요한 경쟁력으로 자리 잡게 될 것이기 때문이다.

2005년 3월 독일 베스트팔렌 주 지방신문에 짤막한 한국 관련 기사가 실렸다. 그것은 독일 프랑크푸르트 도서박람회 관련 비평기사였다.

제57회 프랑크푸르트 박람회가 10월 19일부터 23일까지 프랑크푸르트에서 열린다. 도서박람회의 최정점은 참가 40년 만에 한국이 2005년의 주빈국가로 선정된 것이었다. 한국은 인쇄기술에서 오랜 역사를 가진 대표적인 국가다. 한국인에 의해 구텐베르크(Johannes Gutenberg, 1397~1468)보다 200년 전에 세계 최초의 동판인쇄가 발명되었다.

한국은 프랑크푸르트 도서박람회를 계기로 행사기간 중에 프랑크푸르트뿐만 아니라, 독일 전역에서 200여 회의 문화공연을 펼친다. 또한 문학 외에도 많은 한국의 문화작품들이 소개된다. 연극, 전시회, 영화, 공연들은 독일인들에게 한국의 문화세계에 대한 강한 인상을 심어줄 것이다. 이들 작품들은 한국에서는 엄청난 붐을 조성한 것이지만, 독일에는 잘 알려지지 않은 것들이다.

한국은 전쟁과 분단, 산업화, 그리고 민주화 과정을 거치면서 급속히 정치발전과 경제발전이 이루어졌다. 그 과정에서 잉태된 수많은 작품들은 유사한 역사적 환경을 경험한 독일인들에게 공감을 줄 수 있을 것이다. 한국의 문학작품들은 높은 정신세계를 지향하고 있기 때문이다. 특히 현대시와 소설은 주목할 만하다.

그러나 아쉽게도 이러한 작품들은 충분하게 소개되어 있지 않다. 이는 번역 작품들이 고전과 현대에 걸쳐 광범위하게 번역되어 있지 않기 때문이다. 또한 번역된 작품 중 일부는 탁월하지만, 일부는 오역 투성이다. 물론 번역은 반역이라는 말도 있지만…….

그 원인은 독일의 문화정책과 대학정책이 잘못되었기 때문이다. 독일 정부가 학문후속세대를 지원하고, 좋은 번역을 위해 한국과 독일의 문학인들을 체계적으로 지원했더라면, 이번 프랑크푸르트 도서박람회는 한국, 한국 사회, 한국인들을 더 잘 이해할 수 있는 기회가 되었을 것이다. 한국은 1965년부터 프랑크푸르트 도서전에 참가해 왔다.

'책의 올림픽' 이 바로 '독일 프랑크푸르트 도서박람회' 다. 이 올림픽을 위해 우리나라 정부와 국민들은 과연 얼마나 진지하게 준비를 해 왔는가? 40년 만에 찾아온 책의 올림픽을 위해 정부는 어떻게 저자와 출판인들을 지원했는가? 문화지원금은 어떤 용도로 사용되었는가? 번역지원은 또 어떻게 해 왔는가?

우리나라는 외국 축구감독 영입을 위해서는 수백억 원을 투자하고 있다. 그러나 이와 상대적으로 문화계는 지원이 턱없이 부족하다.

문제는 독일 프랑크푸르트 도서박람회 이후다. 많은 작가들이 독일을 방문하고, 대화를 나눈다고 해결될 문제가 아니다. 도서정책이 필요하다. 이번 기회로 한국의 출판문화, 번역, 출판기획 및 지원 시스템이 완벽히 정비되기를 바란다. 독일의 도서관에, 독일의 각 가정에 한국의 우수작품들이 놓여 있어야 한다.

최근 우리나라는 전 세계로 확산되고 있는 한류 열풍에 매우 고무되어 있다. 국제영화제에서도 선전하고 있다. 그 파급 효과는 엄청나다. 우리나라 드라마는 중국, 일본, 대만, 홍콩, 베트남 등지에서 인기리에 방영되고 있다. 그에 따라 일부 연예인은 최상의 예우를 받고 있다.

그러나 한류열풍은 음악과 영화만으로 부족하다. 언어가 스며들어야 한다. 문학작품들이 들어가야 한다. 외국인들이 우리나라를 방문하고, 서점에 들러 우리나라의 문학작품들을 사들고 가야 한다. 나는 이것이 '진정한 한류열풍' 이라고 생각한다.

최근 전국적으로 문화공연장이 새롭게 단장되고, 건립되고 있다. 경상남도 마산의 3 · 15문화아트센터도 그중의 하나다. 그러나 답답

한 것은 문화공연장에서 펼쳐질 프로그램에 대한 고민이 부족하다. 건립하고 나서 계획을 세우겠다는 것이다. 그러면 또 적자다. 건립과 함께 문화인들이 어떻게 운영할 것인지, 어떤 작품이 첫 초청작품이 되어야 하는지, 향후 어떻게 지역문화와 공연장을 연결할 것인지 고민해야 한다.

만약 관행처럼 중앙에만 의존한다면, 공연비용이 고액이 될 수밖에 없다. 그렇다면 누가 공연을 향유하고, 누가 그 공연장을 찾겠는가?

이제 이 문제를 진지하게 토론해야 한다. 외국의 경우 1년 프로그램을 미리 계획하여 운영하고 있다. 지역문화인들이 그 지역의 공연장에서 자유롭게 문화 창작활동을 하고 있다. 지역주민이 지역문화의 최대의 후원자이고, 수혜자다. 만성적인 적자를 줄이기 위해 지금부터 철저하게 검토하고 기획해야 한다.

문화가 바로 한국의 힘이다.

예 술

'클론' 다시 보고 싶다

장애인에 대한 인식이 전환되어야만 그들에 대한 차별과 편견이 개선된다. 장애인도 인간으로서의 존엄성과 가치를 보장받을 권리가 있다. 장애인이 비장애인에 비해 정신적, 신체적 능력이 떨어진다고 해서 사회의 각 분야에서 차별을 받아야 하는 것은 아니다.

우리 시대 최고의 춤꾼! 클론의 강원래가 다시 나타났다. 그는 2008년 6월 장애우들의 문화예술단체인 '꿍따리유랑단' 을 창단하고서 전국을 돌고 있다. 그들의 사회봉사는 그늘진 청소년을 위한 휴먼콘서트다.

"꿈이 있다면, 다시 시작하세요! 저희처럼요!"

그는 청소년들에게 편견과 좌절감을 극복하라고 외친다. 자신들처럼 용기와 자신감을 가지라고 몸으로 이야기한다. 우리 사회의 귀한 천사들이다. 친구 구준엽도 그 자리에 서 있다. 그래서 우리는 그들을 '세상에서 아름다운 춤꾼들!' 이라고 부르고 있다.

〉〉 희망 · 통일의 메시지 가진 통합력 있는 가수

"꿍따리 샤바라 빠빠빠~"가 다시 무대로 돌아왔다. '휠체어 댄스'는 쇼가 아니라 휴먼 다큐멘터리였다.

"다시는 멈추지 않을 겁니다. 전 국민이 이 노래를 들어 주세요!"

2005년 8월 9일 KBS 2TV 〈윤도현의 러브레터〉와 10일 〈뮤직뱅크〉를 통해 그들의 공연을 지켜본 시청자들은 게시판에 수백 건의 글을 올렸다.

지난 2000년 클론의 멤버 강원래는 불의의 교통사고로 하반신이 마비되었다. 불법 유턴하던 승용차가 오토바이를 타고 직진하던 그와 충돌한 것이다. 그날 이후 그의 인생은 산산조각이 났다. 연예활동, 가족, 친구, 희망이 모두 날아갔다. 남은 것은 절망, 분노, 고통, 자살 유혹, 1급 지체장애인이라는 타이틀뿐이었다.

2007년 장애인 등록현황을 보면, 국내 장애인 수는 205만 2,622명이다. 지체장애인이 109만 1,355명으로 가장 많고, 시각장애인이 21만 3,576명으로 두 번째다. 다음으로 청각 · 언어장애인 20만 9,374명, 뇌병변장애인 20만 5,646명, 기타장애인 순이다.

그러나 이 숫자는 장애인복지법상의 등록 장애인을 말하고, 치매, 알코올중독 등 실질적인 장애를 포함할 경우 전체 장애인의 수는 이보다 더 많다고 전문가들은 추정하고 있다.

장애인은 우리 사회에서 엄청난 사회적 편견과 차별 속에 생활하고 있다. 그중 다섯 가지만 언급하고자 한다.

① 전문병원과 전문의의 인력이 부족하고, 의료비 부담이 너무 높다. ② 특수교육시설과 내용이 미흡하고, 일반인과 격리시켜 교육한다. ③ 노동 기회가 턱없이 부족하다. ④ 문화예술 공간은 장애인에 대해 배려가 없다. 장애인을 위해 법이 규정하고 있는 대형 멀티플렉스의 휠체어전용 관람석(전체 관람석의 1퍼센트)을 제외하면, 장애인이 '소리를 보고, 그림을 들을 수 있는' 특수시설을 갖춘 극장이 없다. ⑤ 장애인이 있는 가정은 경제적, 심리적 부담과 정신적, 물리적 고통이 심하다.

장애인에 대한 인식이 전환되어야만 그들에 대한 차별과 편견이 개선된다. 장애인도 인간으로서의 존엄성과 가치를 보장받을 권리가 있다. 장애인이 비장애인에 비해 정신적, 신체적 능력이 떨어진다고 해서 사회의 각 분야에서 차별을 받아야 하는 것은 아니다.

장애인이 사회의 모든 분야(정치, 경제, 문화 등) 활동에 참여할 수 있는 기회를 제공해야 한다. 장애인 스스로가 경제적 자립뿐만 아니라 잠재적 능력을 개발하고, 주체적인 삶을 살아갈 수 있도록 도와주어야 한다.

〉〉장애인복지는 우리 사회의 연대책임

장애인복지는 장애인 본인, 가족, 사회, 국가 등이 협력하여 연대책임을 져야 한다. 이것이 사람들이 사는 세상이 아닌가? 클론은 부활했다.

'국내 최고의 춤꾼' 이었던 강원래는 각고의 노력 끝에 '휠체어 댄서'로 거듭났고, 춤을 추었던 그의 발은 휠체어 바퀴를 통해 부활했다.

그들은 '내 사랑 송이' 를 부르며 미친 듯이 춤을 췄다. 두 사람은 서로 비껴가며 하이파이브를 했고, 휠체어를 돌리며 턴을 했다. 역동적이고 화려한 휠체어 댄스는 사랑, 우정, 그리고 희망이 용해된 장애의 완전한 극복이었다.

카메라에 비친 그의 부인 김송은 울고 있었고, 시청자들도 따라 울었다. 휠체어 댄스 때문이 아니라, 그들의 춤에서 한 인간의 의지, 영원한 사랑과 깊은 우정의 아름다움을 보았기 때문이다.

클론은 이 시대가 요구하는 예술가다. 왜냐하면 클론의 노래는 그만큼 사회적 통합력을 가지고 있기 때문이다. '꿍따리 샤바라' 는 남한 학생들이 북한 주민들에게 들려주고 싶은 애창곡 1위이며(통일노래), '월드컵 송' 은 이미 국민가요가 되었다(통합노래). 또한 '내 사랑 송이' 는 장애인과 가족에게 희망을 주고 있기 때문이다(희망의 노래). 클론의 활동이 국민들에게 감동을, 사회에 이해와 사랑을 주는 큰 파도가 되기를 기원한다. 그들의 노래에는 통일의 메시지와 통합의 메시지가 담겨 있으며, 장애인에 대한 희망의 메시지가 담겨 있다.

무대에서 자주 만났으면 한다.

예 술

2010년 통영국제음악제의 이상(理想)
평화와 박애를 위하여

2010년 통영국제음악제의 폐막공연은 남북한 음악인들이 함께해야 한다. 왜냐하면 음악은 평화이기 때문이다. 저자는 2008년 2월 26일 뉴욕필(new york philharmonic orchestra)의 평양공연을 TV로 보면서 더욱 그렇게 생각했다. 통영은 이제 평화라는 가치를 전파해야 한다. 남북통일과 남북통합을 선도하는 평화의 도시를 선포해야 한다. 유럽과 아시아를 연결하는 음악의 실크로드, 그리고 평화의 실크로드가 통영에서 출발한다고 선언해야 한다.

〉〉2010년 통영국제음악제에 드리는 일곱 가지 제언

10년 전인 2000년 경남 통영에서는 수려한 풍광과 음악이 만남을 시작했다. '통영현대음악제' 였다. 이 음악제는 2002년부터 새로운 길을 걷기 시작했다. 지금의 통영국제음악제이다.

2002년 국제통영음악제는 거대한 서막이었고, 2003년 통영국제음악제는 대성황이었다. 그 개막공연은 '꿈' 의 선율만큼 아름다웠다. 주빈 메타 지휘, 장영주 협연, 빈필하모니관현악단(Wien Philharmonic Orchestra)의 폐막공연은 환상이었다. 통영시민문화회관도 통영의 항구도 전원(야외 500석) 만석이었다. 오케스트라의 선율은 파도를 타고 통영의 밤바다에 퍼지고 있었다.

9일간(3월 25일~4월 2일) 진행된 2003년 통영국제음악제는 '만남'을 남기고 갔다. 음악과 파도의 만남, 동양과 서양의 만남, 그리움과 꿈의 만남, 윤이상과 통영시민의 만남, 그리고 통영과 세계의 만남이었다.

고향 바다를 그렇게 갈구했던 통영 출신 세계적 작곡가 윤이상(尹伊桑, 1917. 9. 17~1995. 11. 3). 그는 독일에서 '현존하는 유럽의 5대 작곡가'로 추대되었고, 독일연방공화국대공로훈장과 괴테메달을 수상했다.

작곡가 윤이상은 죽기 전까지도 고향의 앞바다를 그리워했다. 하지만 결국 그는 일본을 통해 통영 앞바다를 떠올리며 세상을 떠났다. 통영의 자연, 산, 섬, 파도는 그의 영혼 속에 묻힌 '그리움'이었고, '꿈'이었다.

윤이상 음악의 '휴머니티'도, 동양사상과 서양의 작곡기법과의 결합도, 섬세함과 곡선의 아름다움도, 정적이면서도 강한 움직임과 힘도, 다양한 음색과 에너지도 모두 통영의 자연이 준 선물이었다. 2003년 통영국제음악제로 그의 영혼 · 그리움 · 꿈이 돌아온 것이다. 베를린에서 통영 앞바다까지!

통영국제음악제는 2003년 꿈, 2004년 공간, 2005년 기억, 2006년 유동, 2007년 만남, 2008년 자유를 주제로 아시아의 클래식 음악의 메카로 성장했다.

2010년이면 통영국제음악제는 10주년이 된다. 통영시와 시민 그리고 음악애호가들에게 일곱 가지를 제언하고자 한다.

첫째, 통영은 세계적인 음악도시로 발전해야 한다. 전 세계를 향해 통영의 문을 열어야 한다. 통영의 국제화다. 아시아의 나폴리이며, 세계적 작곡가의 고향, 이 두 가지 조건을 모두 갖춘 음악도시가 있는가? 통영은 음악이 흐르는 항구도시가 되어야 한다.

둘째, 통영은 10주년에 맞추어 '윤이상 음악당'을 세계에 소개해야 한다. 그의 모든 유작과 유품이 고향 통영으로 옮겨져야 한다. 독일 본(Bonn)의 베토벤하우스, 할레(Halle)의 헨델하우스, 라이프치히(Leipzig)의 바흐 토마스 교회처럼. 윤이상 음악당에서 그를 추모하고, 그의 음악을 감상하고, 그의 음악세계를 공유할 수 있도록 해야 한다. 음악제와 학술제도 이곳에서 열려야 한다. 통영은 전 세계음악인들의 교류의 장(場)이 되어야 한다.

셋째, 통영은 음악교육의 메카로, 아시아 음악캠프의 중심지로 발전해야 한다. 외국의 유명한 음악가, 최고의 악기점, 음악출판사, 음악서점, 그리고 다양한 장르의 음악캠프가 하나하나 통영에서 자리를 잡아야 한다.

국내뿐만 아니라 국외의 음악인들이 봄 · 여름 · 가을 · 겨울에 통영에서 연주를 할 수 있어야 한다. 겨울 바다와 봄 바다, 그리고 여름 바다와 가을 바다와 함께 통영에는 음악이 끊이지 않아야 한다. 통영은 이제 현대음악의 거장 작곡가 윤이상을 포용해야 한다. 음악과 함께 다른 예술분야(문학과 그림)도 집결했으면 좋겠다. 통영이 한국과 아시아의 현대음악의 21세기를 선도하는 음악도시, 예술의 도시로 변모해야 한다.

넷째, 통영시민도 통영을 국제적인 음악도시로 만들기 위해 노력해야 한다. 통영은 더 이상 해양휴양도시로 남아서는 안 된다. 통영은 윤이상의 음악만큼이나 아름다운 도시, 항구가 있는(美港) 자연도시, 섬이 보이는 자연의 도시가 아닌가! 윤이상을 통해 이 도시의 가치를 극대화해야 한다. 21세기는 문화의 시대다. 통영시민이 선도해야 한다. 통영이 가지고 있는 예술적 자산을 잊어서는 안 된다.

다섯째, 윤이상의 음악팬들이 많아져야 한다. 지금보다 더 깊이 이해하고 폭넓게 홍보해야 한다. 독일 본의 베토벤 사랑, 할레의 헨델 사랑, 라이프치히의 바흐 사랑, 오스트리아 잘츠부르크(Salzburg) 시민의 모차르트 사랑처럼. 이들 음악가의 동향 사람들은 얼마나 전통적이고 국제화되어 있고, 자부심으로 충만되어 있는가! 위대한 음악가와 함께 이들 도시들은 생동하고 있다.

여섯째, 2010년 통영국제음악제는 열린 음악축제가 되어야 한다. 개막공연과 폐막공연은 모두 통영 앞바다에서 야외 연주로 진행되어야 한다. 그의 음악을 음악당의 실내공간에 더 이상 가둘 필요가 없다. 구천을 떠도는 윤이상의 꿈은 통영 앞바다에 대한 그리움이다. 그 그리움(鄕愁)이 오케스트라의 선율이 되어 파도를 타고 나가야 한다.

통영 앞바다에서 힘차게 멀리 멀리 울려 퍼져야 한다.

일곱째, 2010년 통영국제음악제의 폐막공연은 남북한 음악인들이 함께해야 한다. 왜냐하면 음악은 평화이기 때문이다. 저자는 2008년 2월 26일 뉴욕필(new york philharmonic orchestra)의 평양공연을 TV로 보면서 더욱 그렇게 생각했다. 통영은 이제 평화라는 가치를 전파해야 한다. 남북통일과 남북통합을 선도하는 평화의 도시를 선포해야 한다. 유럽과 아시아를 연결하는 음악의 실크로드, 그리고 평화의 실크로드가 통영에서 출발한다고 선언해야 한다.

이러한 선언은 통영과 통영시민, 그리고 통영국제음악제를 사랑하는 사람들이 함께 길을 걸을 때 할 수 있다. 이렇게 하려면 대한민국의 많은 음악인들이 힘과 뜻을 모아야 한다.

생각건대 현대 음악의 5대 거장, 윤이상의 고향이 단순한 휴양도시로, 그리고 단순한 음악축제의 이벤트 장소로 머물러서는 안 된다. 항구도시 통영에 거대한 예술의 정신을 불어 넣어야 한다. 2010년이면 통영국제음악제는 세계와 아시아 음악문화의 중심축이 되어야 한다. 우리의 의식이 변하면 사실 불가능한 것도 아니다.

'평화(平和, peace) 그리고 박애(博愛, philanthropy).'

윤이상의 혼(魂)이다. 그의 혼이 2010년 통영국제음악제 10주년 주제로 날개를 폈으면 한다.

스포츠

김경문 감독과 구원투수 정대현, 그들이 남긴 교훈

우리 사회가 진정으로 선진국이 되려면, 각 분야에서 최고의 엘리트들이 선발되는 시스템을 갖추고, 이들이 헌신, 배려, 단결의 3대 정신을 심장에 새기면서 자기 능력을 극대화할 때 가능하다.

국가대표 김경문 야구감독과 구원투수 정대현 선수, 그리고 대한민국 야구대표팀을 조명하려고 한다. 왜냐하면 스포츠 언론학, 스포츠 경영학, 스포츠 정치학, 스포츠 사회학에 대한 성찰이 필요하기 때문이다.

첫째, 야구 올림픽 우승은 축구 월드컵 4강만큼 역사적인 사건이다. 단체경기는 더욱 그렇다. 2002년 월드컵 이후 명장 거스 히딩크(Guus Hiddink)는 대한민국에서 국민의 영웅이 되었다. 전국 어디를 가나 사람들은 히딩크 이야기를 했다. 그의 용병술과 경영철학은 최대의 히트상품이었다. 그러나 우리는 지금 우리나라 야구의 역사를 새로 쓴 김경문 감독을 어떻게 평가하고 있을까?

둘째, 야구에서 9회 구원투수는 축구에서 결승전 승부차기의 골키퍼와 같다. 정대현은 풍전등화(風前燈火)의 상황에서 한국 야구선수단을 구원했다. 축구의 승부차기에서 마지막 슈팅을 막아낸 것이다. 하지만 우리는 그를 과연 어떻게 기억하고 있을까?

셋째, 단체경기에서 세계를 제패하는 것은 정말 힘들다. 사람과 조직, 그리고 심리와 경영을 함께 용광로에서 녹여야 하기 때문이다. 이런 측면에서 대한민국 야구국가대표팀은 우리나라의 새로운 조직과 경영모델을 제시했다고 생각한다. 그럼에도 우리는 야구대표팀을 어떻게 분석했고, 어떤 교훈을 얻었을까?

》 한국 야구의 새로운 중흥

2008년 8월의 베이징 우커송 스포츠센터 야구장(Beijing Wukesong Sports Center Baseball Field). 이곳은 올림픽 야구의 퇴장을 아쉬워하는 마지막 만찬장이었고, 한국 야구의 새로운 중흥을 알리는 축제의 장이었다.

우리 국민들은 8월 13일부터 23일까지 11일 동안 베이징 올림픽 야구라는 9부작 미니시리즈에 빠져 있었다. 일곱 차례의 예선전과 일본과의 준결승전, 쿠바와의 결승전은 한 편의 스포츠드라마였다. 여기서 우리 야구대표팀은 신구(新舊)의 조화를 이루며 '대한민국의 젓가락 정신'이 얼마나 집중력이 강한지 보여 주었다.

〉〉 김경문 감독은 왜 등번호 74번을 달고 있는가

74번이란 행운의 7과 죽음의 4를 조합한 번호다. 김경문 감독이 펼치는 야구는 경기마다 아슬아슬했고 천당과 지옥을 오가며 재미있었다. 그는 청룡열차에 선수들을 태워 놓고 곡예를 시켰다. 그의 야구는 '롤러코스터'처럼 보였다. 놀이공원의 활주차처럼, 하늘을 날아가는 은하철도처럼, 투타(投打)의 균형을 이룬 공포의 외인구단이었다.

예선부터 결승까지 우리의 청룡열차는 맹렬한 스피드로 하늘로 올라갔다. 그리고 급전직하(急轉直下)로 땅을 향해 추락하면서 좌우로 요동치고 회전했다. 그때마다 한국의 야구팬들과 ① 미국(8/13, 8:7), ② 중국(8/14 · 17, 1:0), ③ 캐나다(8/15, 1:0), ④ 일본(8/16, 5:3), ⑤ 대만(8/18, 9:8), ⑥ 쿠바(8/19, 9:4), ⑦ 네덜란드(8/20, 10:0)의 야구팬들은 새파랗게 질렸다. ⑧ 일본과의 준결승전(8/22, 6:2)도 ⑨ 쿠바와의 결승전(8/23, 3:2)도 마찬가지였다.

2008년 8월 23일 한국과 쿠바의 결승전 9회 말은 김경문 연출, 정대현 주연, 강민호 조연의 깜짝쇼였다. 스코어 3대 2, 9회 말 원아웃 만루(풀베이스)에서 쿠바는 대역전을 노리고 있었다.

이때 야구장을 뒤엎을 수 있는 충돌이 일어났다. 강민호의 퇴장소동은 마지막 이벤트였고, 김경문 감독의 존재를 알리는 무대였다. 선발 투수 류현진이 흔들리기 시작했다. 남미 주심은 스트라이크존에 인색했다. 연속 포볼로 주자 만루상황이었다. 강민호가 애매하다는 표정을 지으면서 고개를 갸우뚱거렸다.

〉〉"No Ball? … Low Ball?"

주심은 강민호에게 퇴장명령을 내렸고, 그는 억울하다며 항의했다. 사태는 혼돈으로 빠져들었다. 급기야 1루심과 3루심이 주심에게 달려왔다. 가슴이 콩닥거려서 진정할 수가 없었다. 경기장면은 전 세계에 생중계되고 있었다.

김 감독은 주심에게 달려 나갔다. 한국인 특유의 격정유전자를 가진 그는 이내 균형감각을 유지했다. 장엄한 '중용의 힘' 이었다.

김 감독(74번)은 강민호(김 감독의 딱 절반인 숫자 37번)를 주심과 갈라놓았다. 양손을 옆으로 쭉 벌려 강민호를 보호했다. 저자가 보기에 '평화의 제스처' 였다. 그리고 항의 때는 두 손을 허리 벨트에 대고 늠름했다. 그의 깨끗한 승복은 빛났다.

김 감독의 보름달 같이 환한 얼굴, 수험생 같은 진지한 모습, 영리하면서도 신사적인 행동은 전 세계의 야구팬들에게 신선하게 보였다. 덕장(德將)의 모습이었다. 이날 우리는 한국인의 위대함과 지도자상에 대한 희망을 느꼈다. 퇴장소동 3분 17초 동안 세련되게 대응하면서 상대에게 어퍼컷(uppercut, 상대편의 턱을 밑에서 위로 올려치는 공격법)을 날렸다. 전투적이고 격렬한 다른 감독과는 달랐다. 저자는 그가 왜 47번이 아니라, 74번을 달고 있었는지 알 수 있었다. 그는 진정한 올림픽 금메달 감독이었다. 그래서 우리는 그를 '롤러코스터 감독, 국민감독'이라고 부른다. 그런데도 왜 히딩크 감독처럼 그에게 열광하지 않는가? 저자는 이것이 잘못되었다고 생각한다.

》 '구원투수' 정대현… '국민투수' 정대현

사태가 정리되고 마지막 남은 구원투수 정대현(등번호 21번)이 마운드에 올라왔다. 한 방이면 8전 8승의 기록도 수포로 돌아가는 순간이었다. 그는 구원에 실패하면, 평생 동안 견디기 힘든 심리적 고통에 시달릴 것이다. 지난 8월 16일 일본전 예선처럼 성공할 수 있을까? 추락하고 있는 대한민국의 청룡열차가 궤도에서 이탈하지 않도록 균형감각을 유지하면서 최선을 다할 수 있을까?

정대현은 김 감독만큼 차분했다. 붕괴 일보직전에서 포수 진갑용을 쳐다보고 있었다. 저자는 건국 60년 동안 아슬아슬했던 우리나라의 사회변동을 생각했다. 늘 가슴 조이며 타 왔던 60년의 대한민국 청룡열차처럼.

제1구가 들어 왔다. 낙차가 큰 커브였다. 주심은 스트라이크를 선언했다. 제2구가 들어왔다. 이번에는 꽉 찬 직구였다. 투 스트라이크!

운명의 제3구가 들어왔다. 그 순간 쿠바의 10번 선수가 방망이를 휘둘렀다. 타구는 유격수 앞으로 굴러갔다.

주루 선상에 있던 쿠바 선수들은 모두 홈으로 달렸고, 유격수(박진만)는 공을 잘 건져서 2루수(고영민)에게 올려 주었고, 2루수는 다시 1루로 던졌다. 1루수 이승엽은 공을 받자마자 거의 자동으로 마운드로 뛰쳐나갔다. 간발의 차이였다. 1루심의 손이 올라갔다. 6-4-3으로 이어지는 병살타였다. 한국 야구선수단은 전원 마운드로 달려 나갔다.

》 "올림픽 마지막 야구 … 대한민국 최초의 금메달"

'뚝심 감독' 은 이 순간에도 신사였다. 선수들을 하나하나 껴안고 있었다. 저자는 9부작 드라마의 마지막 장면에서 깊은 감동을 받았다. 한국 야구는 파란만장했던 무한 질주의 종착점에서 8분 30초 동안 마지막 곡예를 하고 새 역사를 썼다. 마운드에는 2개의 태극기가 나란히 꽂혀 있었다. 지나간 60년! 새로운 60년! 만남을 의미하는 것일까?

이날 저녁 국민들은 우리 야구선수단에 아낌없는 박수를 보냈다. 선발투수 류현진, 국민감독 김경문, 그리고 국민타자 이승엽 선수가 인터뷰를 했다. 그러나 이날의 수훈선수인 구원투수 정대현은 없었다. 마지막 어려운 순간에 소방수로 나타나서 한국 올림픽 야구의 운명을 구원한 '정대현' (등번호 21번)은 보이지 않았다. 저자는 한국 언론의 고질병이고 횡포라고 생각했다.

많은 야구팬들은 그러나 '영원한 국민타자 이승엽' 과 '영원한 구원투수 정대현' 을 기억할 것이다. 비록 언론에 집중적인 조명을 받지 못했다고 하더라도, 실력으로 승부하고, 조용히 자기 자리로 돌아간 정대현을 기억할 것이다.

저자는 야구에 미쳐 있는 사람이 아니다. 또 정대현이 어떤 선수인지 정확히 모른다. 올림픽 이전에는 더욱 몰랐다. 생각건대 이런 사람들이 모든 조직에서 칭찬받고 주목을 받아야 한다. 그래서 저자는 이 선수를 이 자리에서 이렇게 소개하는 것이다.

"정대현 선수! 짱이야!"

"영원한 리베로 홍명보처럼!"

〉〉대한민국의 세 가지 정신 … 헌신, 배려, 단결

우리는 2008년 8월 여름, 야구국가대표팀을 통해 지금 대한민국호가 필요로 하는 3대 정신을 확인했다. 야구의 진정한 고수들이 국가대표팀을 조직했다. 그들이 세운 공동의 목표는 올림픽에서 우승하는 것이었다. 그들은 자기를 극대화하고, 팀을 위해 헌신했다. 또 동료를 위해 배려했다. 그리고 자신의 발전과 국가의 명예를 위해 단결했다. 그 결과는 올림픽 우승이었다.

우리 사회가 진정으로 선진국이 되려면, 각 분야에서 최고의 엘리트들이 선발되는 시스템을 갖추고, 이들이 헌신, 배려, 단결의 3대 정신을 심장에 새기면서 자기 능력을 극대화할 때 가능하다. 헌신, 배려, 단결이 한국인 특유의 행동양식으로 발전할 때 개인과 국가는 필연적으로 발전될 수밖에 없다.

자기와 가족만의 이익을 위해 파편(破片)처럼 생활할 때 대한민국의 미래는 없다. 정부, 회사, 학교, 직장이 모두 헌신, 배려, 단결의 정신(魂)을 바탕으로 조직되고, 또 경영될 때, 나와 우리는 세계의 최고가 될 수 있다. 저자는 이것이 최고의 행복이라고 생각한다.

우리는 가까운 장래에 역사의 도전을 받아야 한다. 그것은 남북통일이다. 이러한 역사적 순간이 다가왔을 때 새로운 정신적 통합이 필요하다. 한국 최고의 엘리트들이 중심을 잡고, 헌신, 배려, 단결의 희생정신을 발휘할 때 닥쳐오는 수많은 난관들을 극복할 수 있을 것이다. 이것은 독일의 통일에서 확인할 수 있다.

저자는 이것을 야구국가대표팀을 통해 배울 수 있다고 생각한다. 우리는 한때 히딩크의 지도철학을 배운다고 난리를 쳤다. 반면 야구 우승은 단지 스포츠의 우승으로만 이해하는 이러한 현상을 이해하기 어렵다. 모든 것이 교훈이라고 하지 않는가! 우리는 우리나라의 새로운 정신력인 헌신, 배려, 단결을 깊이 성찰해야 한다.

깨달음이 많은 국가가 결국 강한 국가라고 생각한다.

스포츠

하노버 대첩,
아날로그와 디지털의 혈투

마지막 투혼으로 세계를 감동시켜라. 이날은 전 세계의 길거리에서 한국인이 한 덩어리가 된 날이었음을 기억하라. 삼색의 둥근 태극무늬처럼 둥글게 둥글게 원을 그리며 다함께 꼭짓점 춤을 춘 날이다. 2010년 월드컵을 기다린다.

독일 월드컵 예선전이 열린 프랑크푸르트(중독), 라이프치히(동독), 하노버(북독)는 독일의 심장부다. 이 세 도시는 남유럽, 동유럽, 북유럽을 연결하는 교통의 중심지로 모두 한국인에게 각별한 의미가 있다.

한국인이 눈물 없이는 갈 수 없는 곳이 바로 독일 프랑크푸르트다. 가난했던 시절 한국인들은 탄광에서, 병원에서 그들의 젊음을 바쳤다. 모두 꿀 먹은 벙어리였다. 말할 수 없어서, 말이 어려워 수많은 밤을 눈물로 보냈다. 그들의 심장에는 한국의 부모, 형제, 동생들이 있었다. 한 푼이라도 절약해 집으로 송금했다. 그것이 유일한 희망이었다.

40년이 지난, 2006년 6월 13일 오후 10시. 프랑크푸르트 발트슈타디온은 온통 붉은색이었다. 바로 월드컵을 보기 위해 온 붉은 악마 때문이었다. 이방인이 아니라, 원정 온 동생들이 함께 자리를 했다. 독일 이민사를 통틀어 대규모 원정응원단은 그때가 처음이었다.

전반 32분 토고의 쿠바자에게 대각선 슛을 허용했다. 한국 선수들은 독일에서 한국인들이 매일 살아왔던 것처럼 더 집요하게, 더 집중해서 달렸다. 박지성(한국 축구의 심장)은 후반 9분 '달리는 청룡열차'처럼 중앙을 돌파해 땅바닥에 뒹굴었고, 상대 수비는 바로 퇴장되었다. 이천수(한국 축구의 칼날)는 프리킥을 오른발로 감아 찼다.

〉〉독일 심장부 울린 '아리랑'

'아리랑 골' 이었다. 후반 27분 안정환(한국 축구의 마지막 해결사)은 결승 중거리 슛을 쏘았다. 눈물 없이는 갈 수 없었던 프랑크푸르트에서 그의 역전골은 한국인들이 그동안 흘렸던 눈물을 깨끗이 닦아 주었다.

독일 프랑크푸르트는 한국인의 눈물을 알고 있었을까? 그렇지 않다면 어떻게 하루 전날 지붕이 하얀 천막으로 덮였을까? 어떻게 애국가가 2번이나 연주되었을까? 하얀 지붕은 눈물을 닦아주는 하얀 손수건이었다. 독일의 심장 프랑크푸르트는 한국인들의 심장을 멈추게 할 수 없었을 것이다.

(우리 시간으로) 2006년 6월 19일 오전 4시. 독일 통일의 심장부 구동독 라이프치히에서 '투혼축구와 예술축구'가 만났다. 통일을 염원하는 한국인들은 구동독 땅에서 벌어진 프랑스전에 각별한 의미를 부여했다. 한국 응원단이 라이프치히 시내 아우구스트 광장을 가득 메웠다. 8월의 거리는 독일 통일의 메카였고, 10만 촛불시위의 발원지였다. 라이프치히는 한국인의 소원을 알고 있었다. 그것은 바로 분단극복과 통일이었다. 여기서 한국 축구의 아리랑 투혼은 프랑스를 놀라게 했다.

후반 36분. 안정환, 설기현, 조재진, 박지성으로 이어진 동점골은 예술이었다. 이 순간 한국인들은 전 세계에서 한 덩어리가 되었다. 한국축구를 통해 한국민의 소원을 각인시켰다.

역사적인 도시 라이프치히에서도 한국인의 시루떡 정신이 나타났다. 이는 배고플수록 더욱 강해지는 정신이다. 시루떡 정신(웬 떡이냐)은 놀라움, 의외성, 축제성이 있다(이어령, 《디지로그》). 8월의 광장은 온통 "대한민국!"을 외치는 함성으로 가득 찼다.

독일 사람도 외국인도 함께했다. 한국인의 축제문화와 청소정신은 또 한 번 라이프치히들을 놀라게 했다.

〉〉 '속도축구' VS '조직축구'

(우리 시간으로) 2006년 6월 24일 오전 4시. 독일 북부의 심장부 하노버에서는 스위스 조직축구와 한국의 속도축구가 충돌했다. 하노버는 북유럽과 구동독으로 가는 중심지다. 독일 통일 후 구동독 할레에서 공부한 저자는 유학시절 동독행 기차를 타기 위해 기다린 새벽 2시 하노버 기차역을 잊을 수가 없다. 하노버는 희망의 도시다. 하노버 대첩은 아날로그와 디지털의 혈투, 시계 나라와 핸드폰 나라의 진검승부였다.

물론 승부는 아쉽게 스위스의 승리로 끝났다.

오랫동안 준비한 태극전사여! 굴하지 마라. 한국인은 달리는 청룡열차다. 디지털의 스피드와 꿈을 이루어라. 한국의 청룡열차는 추락해도 궤도를 이탈하지 않는다. 원점으로 돌아와 착지한다. 이것이 한국인의 힘이다.

마지막 투혼으로 세계를 감동시켜라. 이날은 전 세계의 길거리에서 한국인이 한 덩어리가 된 날이었음을 기억하라. 삼색의 둥근 태극무늬처럼 둥글게 둥글게 원을 그리며 다함께 꼭짓점 춤을 춘 날이다.

한국인들은 아직도 배가 고프고, 가슴이 고프고, 머리도 고프고, 온몸이 고프다. 허기를 채우기 위해 울고 있다. '울음' 이 한국 문화다. 그만큼 한국인은 굶주린 세기를 살아왔다.

2010년 월드컵을 기다린다.

Chapter 2

하마의 노래

환경 · 교육 · 보건 · 언론 · 사회

노래란 애달픔이다. 서민의 노래는 대중적이다. 하마는 환경, 교육, 보건, 언론, 사회와 관련된 주제를 중심으로 12편을 노래했다.

환경

우리는 왜 그런 정치인을 추방하지 못했는가?

우리들은 복지를 염원한 것이 아니라, 복구를 꿈꾸고 있다. 우리는 안전이 복지의 출발점이라는 것도 모른다. 왜 시민의 휴식공간인 해안 주변이 원목보관소로 방치되어 있는가? 왜 지하공간에 대중음식점과 노래방이 활개를 치고 있는가? 왜 우리는 "매립한 땅에 고층건물이 들어서야 한다"고 외치는 정치인들을 추방하지 못했는가?

〉〉안전 없이 복지가 가능한가

우리는 안전 없이 복지를 꿈꿨다. 참 무모한 꿈이었다. 이 꿈은 한 순간에 산산조각이 났다. 주변은 거대한 쓰레기 창고다. 걷어내도 옮겨 봐도 끝이 없다. 우리들은 복지를 염원한 것이 아니라, 복구를 꿈꾸고 있다.

우리는 안전이 복지의 출발점이라는 것도 모른다. 초속 60미터의 태풍이 남해안을 강타한다고 했던 날, 도대체 영업은 왜 하는가? 왜 시민의 휴식공간인 해안 주변이 원목보관소로 방치되어 있는가? 왜 지하공간에 대중음식점과 노래방이 활개를 치고 있는가? 왜 우리는 "매립한 땅에 고층건물이 들어서야 한다"고 외치는 정치인들을 추방하지 못했는가? 그 이유는 안전의 가치를 아무도 모르고 있었기 때문이다. 돈벌이에 미쳤다.

〉〉2만 불 시대의 집단 안전불감증

전 재산이 쓰레기로 변했다. 한마디로 엉망진창이다. 평생 쪼그리고 앉아 이렇게 녹아 가는 것이다.

"우리는 대한민국 국민이 아이가!" 한 노파의 절규다. 이 시스템에서 가난한 자는 영원히 가난할 수밖에 없다. 빈곤의 악순환은 끝이 없다. 안전판이 무너졌기 때문이다. 건물보험도, 재해보험도, 생명보험도 우리들에게는 사치다. 국가와 지방자치단체에 목숨을 매달고 살고 있다. 이것이 경제협력개발기구(Organization for Economic Cooperation and Development, OECD)회원국의 안전망이다. 수습 과정도 난리를 예고하고 있다. 생활안전보험이 허술하기 때문이다.

일반 행정도 거의 마비상태다. 공무원들은 온종일 동원되어 업무를 처리하고 젊은 장병들도 매년 재해현장에 투입되고 있다. 전국에서 모여든 사랑의 일손도 거리를 메우고 있다. 이것은 뜨거운 사랑이지만, 광풍(狂風)이다. 복구비용이 매일 1조 원이라고 한다. 쓰레기 운반비용만 수천억 원이다. 도대체 이러한 노동력의 비용은 얼마인가? 왜 우리는 이러한 에너지를 우리 사회의 복지를 위해 가공하지 못하는가? 안전이 없으면 아무것도 되는 일이 없다. 틀린 말인가?

이재민 돕기는 연례행사다. 복지를 위한 ARS가 아니라, 복구를 위한 ARS다. 눈물 나는 '코미디' 다. 나라는 매년 '구호라는 이름으로' 거지처럼 모금을 하고 시민들도 특별재해지역으로 선정해 달라고 강요하고 있다. 언제까지 반복만 할 것인가?

시민의 안전과 복지를 위해 각 가정을 찾아야 할 공무원들은 재난피해지역을 돌고 있다. 실태파악을 하기 위해 시장으로, 공장으로, 제방유실지역으로, 그리고 배를 타고 섬마을로 가고 있다. 대통령 직속기구 중 안전자문위원회는 도대체 무엇을 자문했는가? 왜 조금 더 일찍 예방과 점검에 충실하지 못했는가!

우리는 여전히 각종 위험에 노출되어 있다. 주택가 부근에는 가스저장소가 학생들의 등하교 길목에 서 있다. 부근에서는 사람들이 폭죽도 쏘아 올린다. 실내에서도 가스용접은 계속되고 있다. 짐차는 가스통을 싣고 터널을 통과하고 있다. 전국이 그렇다.

선진국에서는 상상도 할 수 없는 일이 우리 주변에서 날마다 반복되고 있다. 엄청난 재난을 불러올 수 있는 상황이 일상생활에 늘 잠복해 있는 것이다. 우리는 철저하게 '집단 안전불감증' 에 걸려 있다. 행정관청의 위험관리정책은 너무도 낙후되어 있다. 우리는 정말 2만 불 시대의 복지를 꿈꾸고 있는가?

소방방재청을 신설해야 한다. 대형 재난에 대한 중앙관리시스템이 필요하다. 행정자치부 소방국(소방직), 민방위재난관리국(일반직), 방재관실(기술 · 일반직)을 통합해야 한다. 사고예방, 점검, 수습을 총괄하여 관리하고, 모든 재난 관련 업무를 체계적으로 일원화해야 한다.

사회안전망뿐만 아니라, 생활안전망을 구축해야 한다. 정부는 많은 논란 끝에 2004년 6월 1일 중앙행정기관인 소방방재청을 신설하였다. 현재 행정안전부 소속으로 각종 재난으로부터 국민의 생명과 재산을 보호하고 사회 안전망을 구축하기 위한 사무를 수행하고 있다.

초속 60미터 태풍이 온다면, 어떠한 결과가 발생하는지, 컴퓨터 시뮬레이션을 통해 각 지역마다 피해정도를 예측하고, 언론사를 통해 대피요령을 단계별로 알려주어야 한다. 피해예상지역을 재난예상지역으로 미리 선포하고, 그 피해를 최소화해야 한다.

무엇을 준비하고, 어디로 대피하며, 어떻게 수습할 것인지 실시간으로 안내해 주어야 한다. 민방위 훈련은 도대체 무엇 때문에 하고 있는가? 전광판의 자막으로 해결할 문제는 아니다.

공공시설물과 다중이용시설물에 대해서는 즉시 담당공무원들을 현장에 파견하여 무한책임행정을 펼쳐야 한다. 국가방재청 중앙방재센터(컨트롤 타워)는 해당 자치단체와 공동으로 기획한 '시나리오'를 전산화해야 한다.

〉〉 생활안전망 구축을

이제 더 이상 사후약방문은 안 된다. 무한책임행정은 행정부작위에 대한 시민들의 비난을 최소화할 수 있는 방안이고, 격렬한 책임논쟁을 대폭 줄일 수 있는 대안이다. (끔찍한 가정이지만) 만약 평일에 태풍 '매미'가 도심부를 강타했다면, 학교 주변과 유흥업소 주변은 어떻게 되었겠는가?

태풍 '매미'는 분명 '인간의 실수에 대한 대자연의 천벌'이다. 우리는 태풍 '매미'가 남기고 간 참혹한 교훈을 잊어서는 안 된다.

안전은 복지의 출발점이다. 안전 없이 복지는 없다. 아직도 당신들은 안전 없이 복지가 가능하다고 믿고 있는가!

환경

'쓰나미'의 고통
함께 나누자

지구 자전축 이동에 의한 대륙판과 해양판의 충돌로 인해 발생한 쓰나미는 26만 명이라는 사상자를 냈다. 우리는 아시아의 대재앙, 아시아인의 통곡을 외면해서는 안 되며 아시아인의 눈물은 아시아인들이 더 깊이 공유해야 한다.

2004년 12월 26일 오전 인도네시아 수마트라 섬 인근에서 대지진(리히터 규모 9)이 발생하여 많은 사상자가 속출했고 지진 이후 발생한 강력한 해일(쓰나미) 때문에 사망자 수는 눈덩이처럼 불어났다. 동남아 주변국뿐만 아니라 수천 킬로미터 떨어진 아프리카 소말리아에서도 수백 명이 사망한 것으로 보도되었다. 그로 인해 당시 아시아 전역은 충격에 휩싸여 있었다.

생활터전을 잃은 이재민들은 사원과 학교에서 생활하고 있는데 식수와 물자가 부족해 엄청난 고통에 시달려야만 했다. 이에 국제적십자사(IRC)는 수인성 전염병 확산을 경고하고 수만 명이 위험한 상태라고 보고했다. 지구 자전축 이동에 의한 대륙판과 해양판의 충돌로 인해 발생한 쓰나미는 26만 명이라는 사상자를 냈다.

〉〉 모두 공유해야 할 고통

당시 세계 각국에서는 피해지역에 구호물자를 속속 보냈다. 일본은 국제긴급원조대 소속 의료팀을 스리랑카로 급파하였다. 그리고 유엔, 적십자사, NGO 등을 통해 41억 엔(약 310억 원)을 지원하고, 해상자위대 호위함 등 함정 세 척을 파견하기로 했다.

한편 유럽연합(EU)은 긴급구호자금으로 미화 40만 달러(약 4억 원)를 배정했다가 피해규모가 확대되면서 10배인 400만 달러(약 40억 원)를 피해국에 추가 지원키로 결정했다. 한국은 긴급구호금 60만 달러(6억 원)를 지원하기로 했다.

우리는 아시아의 대재앙, 아시아인의 통곡을 외면해서는 안 되며 아시아인의 눈물은 아시아인들이 더 깊이 공유해야 한다.

우리들은 6 · 25 전쟁의 아비규환과 태풍 '매미'의 참화를 겪은 바 있다. 따라서 국내 경기가 매우 어렵더라도, 더 어려운 이재민들을 돕기 위해 적극 나서야 한다.

〉〉 수재의연금을 모아 보내자

우리는 전쟁, 가난, 기근, 고통을 경험한 국민이 아닌가? 이제는 우리가 세계로 눈을 돌려야 할 시점이다.

"국내 생활문제도 어려운데 국제 재난문제까지 신경을 써야 하나"

라는 부정적 반응도 있을 수 있다. 그러나 아시아인으로 사는 것, 아시아인에게 존경받는 것은 쉬운 일이 아니다. 아시아인이 고통에 처해 있을 때, 고통을 분배하는 것이 아시아 국가의 의무다.

이것이 아시아와 한국의 진정한 만남이다. 지금 돕지 않으면 도울 수도 없다. 그들이 만나고 싶어 할 때 나서야 한다. 수재의연금을 모아 이제는 외국으로 한번 보내자. 아시아의 통곡, 아시아인의 눈물을 우리도 함께해야 한다. 우리의 사랑을 배에 실어 보내자.

이런 지자체 캠페인을 한번 보고 싶다.

"이제 우리는 마음 깊은 곳에서 고통에 처한 여러분과 하나이고자 합니다. 우리 모두가 힘을 합쳐 이 어려운 상황을 극복해 갑시다. 여기서 중요한 것은 아시아와 아시아인이며, 극복이며, 따뜻한 손길입니다."

교 육

중앙 중심 교육의식 깨야 한다

왜 우리는 온통 중앙 중심이고, 중앙을 답습하며, 중앙의 사설학원에 매달리는가? 지방은 없고 중앙만 있는 사회는 이제 멈추어야 한다. 이것이 지방분권을 확립하고 지방화 시대를 여는 길이며 나아가 남북통일에 이르는 길이다. 교육정책의 핵심은 균형발전이 되어야 한다. 입시지옥과 지나친 사교육비, 이것이 나라를 망치고 있다.

우리나라 수능시험은 매년 자살충동을 제공하고 있다. 우리는 5년 전 전북 남원에서 발생한 충격적인 사건을 기억할 것이다. 2003년 11월 5일 수능시험이 실시되는 날 한 여학생이 1교시 언어영역이 끝난 후 부근 아파트 18층에서 뛰어 내려 자살했다. 당시 우리 사회는 이 문제에 대해 심각하게 토론을 했었다.

그러나 수험생 자살사건은 연례행사처럼 발생하고 있다. 2007년 12월 22일 밤 8시 30분께 수능 성적을 비관한 고3 학생이 서울 영등포구 문래동 한 아파트에서 뛰어내려 스스로 목숨을 끊었다. 옆에서 이를 목격한 친구들에 의하면 가족과 수능성적에 불만을 토로하더니 갑자기 베란다로 달려가 뛰어내렸다고 한다. 중상위권 성적이었던 그 학생은 수시모집에서 떨어지고 수능 성적도 평소보다 낮게 나와 고민해 왔다고 한다.

이러한 자살현상은 지방에서도 마찬가지다. 2007년 12월 10일 경남 창원의 모아파트에서 성적을 비관한 쌍둥이 자매가 투신자살했다. 작은딸은 투신하기 직전 새벽에 "엄마랑 동생이랑 행복하세요. 늘 못해 드려 죄송해요"라는 휴대전화 문자메시지를 보냈다고 한다. 쌍둥이 자매가 다니는 학교 관계자는 "두 자매의 수능 성적은 평소 모의고사 성적과 비슷하게 나왔고, 평소 성격도 명랑하고 활발했다"고 말했다고 한다.

자살충동을 느끼는 학생들은 다양하다. 2006년 12월 14일에도 대구시 모 아파트에서 이 아파트 19층에 사는 한 여자 재수생이 자살했다. 이 학생은 지역의 한 대학에 입학하고도 서울에 있는 대학에 진학하기 위해 재수를 했으며, 전날 수능 성적표를 받았으나 성적이 원하는 만큼 나오지 않자 실망했던 것으로 알려졌다. 그러나 이 학생의 성적은 500점 만점에 430점을 맞을 정도로 우수했다고 한다.

이 학생들은 18년의 짧은 생을 마감하면서 어떠한 심정이었을까? 오직 수능만을 보고 달려왔는데, '꿈이 산산이 깨지는 느낌'을 받았을 것이다. 자살한 학생이 외쳤던 절규는 너무도 안타깝고 처절하다.

"이 수능이 경쟁력 있는 우리 앞날의 과정이라고?"

고3 수험생을 둔 각 가정도 혼란에 싸여 있다. 어디로 가야 할지 날마다 갈등이다. 부모는 자식을 쳐다보면, 억장만 무너진다. 남들처럼 공부 시키려고 사교육비로 인한 경제적 어려움도 참아왔는데 자녀의 성적은 너무도 허무하다. 재수한다고 내년에 잘 된다는 보장도 없다.

그래서 더욱 어지럽다. 고3 수험생도 학부모도 모두 '입시의 포로' 가 되어 있다.

우리는 왜 이렇게 고통스럽게 사는가? 과정보다는 결과를 중시하는 풍토 때문이다. 우리는 학교성적이 곧 사회성적이며, 대학이 사회적 신분상승의 길목이고, 부모의 사회적 신분을 유지시켜 주는 수단이라고 믿는다.

"교육 투자가 곧 남는 장사다."

이것이 죽음까지 생각하며 좋은 대학에 가야 하는 이유다. 일류만 인정하는 사회풍토에서 출구 없는 경쟁은 여전히 계속되고 있다.

교육과학기술부에서 내놓은 통계자료를 보면, 우리나라에서 매년 200여 명의 학생들이 공부 때문에 죽는다고 한다. 한국의 대학입시, 이 잔인한 서바이벌 게임은 이제 중단해야 한다. 그래야 학생, 가정, 학교, 사회가 산다. 인성매몰과 지나친 사교육비로 가정이 붕괴되고 있지 않는가? 입시지상주의 사회에 대한 종합적인 처방이 내려져야 한다. 그러기 위해서는 입시제도의 개혁뿐만 아니라, 사회의 전반적인 인식이 변해야 한다.

고3 수험생들에게 간곡하게 조언한다.

"최선을 다하되 그 결과에 대해서는 심각하게 고민하지 마라. 학벌

이 일생을 좌우하는 시대는 정말 끝났다. 지방 소재의 대학을 다니면서 부모에게 효도하고 편안하게 공부해도 된다. 거기에도 여러분들의 미래를 같이 고민하며, 해결해줄 유능한 교수님들이 있다. 그게 수험생도 살고, 부모도 살고, 사회도 살고, 국가도 사는 길이다. 왜 자살을 생각하고 있는가? 왜 부모의 피눈물을 입시학원에 갖다 바쳐야 하나? 왜 서울로 가려고 하는가? 왜 서울 공화국을 만드는가? 그대들은 지방화 시대의 주역이다."

이번에는 고3 부모들에게도 조언을 드리고자 한다.

"자녀를 지방 소재 대학에 맡겨도 됩니다. 열심히 교육시켜 성공할 인재로 키워내는 곳은 중앙에만 있는 것이 아닙니다. 유능하고 열정적인 교수들은 지방에도 많이 있습니다. 세계적으로 인정받는 우수논문상의 수상자가 지방대학 교수라는 것을 알고 계십니까? 지방소재 대학들은 자녀들을 위탁받아 책임감을 가지고 지도하고 있습니다. 왜냐하면 이것이 지방대학의 살 길이기 때문입니다. 왜 경제적 어려움을 감수하면서, 서울로 유학을 보내려고 하십니까? 특정대학 졸업장으로 모든 것이 해결되는 시대는 정말 끝나고 있습니다. 21세기는 지방화 시대입니다."

잔인한 입시지옥은 정말 끝나야 한다. 왜 95퍼센트의 가정이 입시의 노예가 되어야만 하는가? 단지 5퍼센트의 수험생을 위한 입시제도가 정말 정당한 입시제도인가? 또 지방에서 공부하면 왜 그토록 평생 차별을 받아야 하는가? 독일처럼 지역에 있는 대학(국립대학과 사립대학)에서 공부하면 안 되는가? 지금의 대학들은 옛날의 그 대학들이 아니지 않는가? 이것은 정부, 수험생, 학부모, 대학, 지자체, 그리고 기업체 임원들의 의식혁명에 달려 있다고 본다.

물론 지방소재 대학도 엄청나게 변해야 한다. 교육이 강한 대학, 지역 현안을 고민하는 대학으로 탈바꿈해야 하는 것이다. 우리의 지방대학도 독일 지방대학의 교육정책을 진지하게 연구해야 한다. 독일은 통일 후 구동독 출신의 고등학생들을 입학시켜(위탁받아) 다양한 교육 프로그램으로 4년 후 서독 수준의 졸업생으로 당당하게 성장시키지 않는가?

왜 우리는 온통 중앙 중심이고, 중앙을 답습하며, 중앙의 사설학원에 매달리는가? 지방은 없고 중앙만 있는 사회는 이제 멈추어야 한다. 이것이 지방분권을 확립하고 지방화 시대를 여는 길이며 나아가 남북통일에 이르는 길이다. 교육정책의 핵심은 균형발전이 되어야 한다. 입시지옥과 지나친 사교육비, 이것이 나라를 망치고 있다.

교육

한국형 페스탈로치는 어떤 교사인가?

교직이란 성장하는 학생들의 성품, 기질, 개성, 인격 등 직접적인 인성교육 담당기관이고, 선생님은 '사람다운 사람을 기르는 교육현장의 책임자' 다. 교직자에게는 더 높은 직업윤리가 필요하다. 깨끗하고, 투명한 생수(生水) 같은 선생님들이 학교 교단에 서야 한다.

학교 현장에서 묵묵히 헌신하고 계시는 대부분의 선생님에게 존경과 심심한 위로의 말씀을 드린다. 몇 년 전보다 초중고 학교와 교사들에 대한 학부형들의 신뢰지수는 많이 개선되었다고 본다. 그래도 대한민국에는 진정한 선생님들이 아직도 많이 계시기 때문에 우리나라 교육 현장의 미래는 밝다고 생각한다. 그럼에도 불구하고 아직도 학교 현장의 입찰비리와 급식비리, 그리고 촌지논란 등이 언론에 보도되고 있어 실망스럽다.

우리나라의 교육경쟁력이 55개국 중 35위(IMD 평가)에 불과하다고 한다. 하지만 사교육비는 20조 4천억 원(통계청)이나 된다고 하니 개선해야 할 부분이 많다.

》사도의 역할과 학교 현장의 혁신

독일의 초등학교에서는 페스탈로치의 사랑(愛)을, 중등학교에서는 훔볼트의 지성(知)을 가르친다.

독일 선생님들은 학부모의 접대로 '공짜 술'을 먹지 않는다. 학부형이 주는 선물로 치장도 하지 않는다. 학부형이 내민 촌지로 생활도 하지 않는다. 선생님들은 학교수업 대신 사설학원에 그의 학생들을 방치하지 않는다. 오직 최고의 교사가 되기 위해 노력한다. 그렇기 때문에 유익한 수업, 재미있는 수업을 해야 한다고 늘 고민한다.

맞벌이 부부의 자녀들에게 더 깊은 애정을 쏟고, 학생들이 훌륭하게 성장할 수 있도록 부모의 역할을 대신한다. 독일 슈뢰더(Schröder) 전 총리가 그러한 공교육의 수혜자다. 그러나 지금 우리는 어떠한 모습으로 서 있는가?

최근의 언론보도를 보면 우리의 교육 현실은 매우 심각하다. 물론 극단적인 사례들이지만, 학부모의 입장에서 보면 끔찍하다. ① 학부모의 엉덩이를 만지는 성추행 교사, ② 학부모가 준 촌지가 적다며 돌려보내는 교사, ③ 학부모에게 음담패설을 하는 교사, ④ 학부모의 직업을 구분해 가정형편이 좋은 학부형에게 접대요구를 하는 교사, ⑤ 학생의 뺨을 때리는 교사, ⑥ 인터넷에 올려봐야 별난 엄마라 도장 찍혀 자식이 졸업할 때까지 그 꼬리표 달고 간다며 엄포하는 교사, ⑦ 학생들의 머리에 살충제를 분사하는 교사 등이다. 물론 현재 교단에서 묵묵히 노력하는 초, 중, 고, 대학 선생님들을 전부 욕하며 몰아세울 의도는 전혀 없다.

'바른 교육권 실천행동' 이라는 시민단체에서는 교육과학기술부의 교원평가제가 너무 미흡하고, 부적격 교사를 선명하게 가려낼 수 없다고 밝혔다. 이 단체가 선정한 부적격 교사는 19개 항목으로 요약할 수 있다.

① 수업지도를 제대로 하지 못하는 교사, ② 수업연구 및 준비를 제대로 하지 않는 교사, ③ 도덕적으로 물의를 일으키는 교사, ④ 학생들의 문제나 고민에 무관심한 교사, ⑤ 학급경영능력이 부족한 교사, ⑥ 장기 결근하는 교사, ⑦ 생활지도능력이 부족한 교사, ⑧ 건강상 심각하게 문제가 있는 교사, ⑨ 정신 및 정서적 장애가 있는 교사, ⑩ 언어와 신체적 접촉 등의 성희롱을 하는 교사, ⑪ 제자를 성폭행하는 교사, ⑫ 훈육을 넘는 폭언, 폭력을 행사하는 교사, ⑬ 업무능력이 현저히 부족한 교사, ⑭ 촌지를 적극적으로 요구하는 교사, ⑮ 편애를 심하게 하는 교사, ⑯ 정치활동에 참여하는 교사, ⑰ 성적 조작, 문제 유출, 답안지 교체 등 성적비리 교사, ⑱ 동료교사와 원만한 관계를 유지하지 못하는 교사, ⑲ 학교경영에 비협조적인 교사 등이다.

이 중 몇 가지 사항은 상당히 모호하고 추상적인 내용이 많다. ③, ⑬, ⑯, ⑱, ⑲ 등이 그러하다. 이런 교사의 경우 사전에 충분한 논의를 거쳐 구체적인 기준을 마련해야 할 것이다. 그러나 그 외 내용은 부적격 교사의 모습이 분명하게 제시되어 있다.

교사의 꿈을 가진 사람은 학생 때부터 선생으로서의 자기 가치관을 세우는 학습을 해야 한다. 근본적으로 학교에서부터 올바른 가치관

정립을 교육하지 않고 있으니 선생이 되어도 철학 없는 '빈 껍데기' 선생이 되는 것이다. 요즘에는 어린 학생들부터 철학보다는 요행을 더 맛있게 습득하고 있다. 어릴 때부터 편협하지 않고 정의로운 주체성을 키워주어야 한다.

세상이 무너져도 교사는 교사다워야 한다. 이제 교사의 도덕성과 직업윤리, 그리고 부적격 문제는 그냥 묻어두고 갈 사안이 아니다. 중징계로는 부족하다. 영원히 학교에서 퇴출시켜야 한다. 온정주의로 해결한다면, 교직자 스스로 교직을 모독(冒瀆)하는 행위가 될 것이다.

경남 마산시 문신박물관에 있는 문신 선생 묘소

'술이 취해서 전혀 기억이 나지 않는다', '깊이 반성하고 있다' 이와 같은 유형의 변명은 더 이상 안 된다. 지금부터 교직사회는 혁명적으로 변해야 한다. 교사도 의식혁명을 해야 한다. 학부모에게 1원이라도 받지 않는다는 맹세, 학부모와 술자리를 같이 하지 않는다는 맹세, 그리고 최고의 교사가 되겠다는 연구의 자세를 가져야 한다. 이러한 것들은 교사들의 기본적인 직업윤리들이다. 경제협력개발기구(OECD) 회원국 중에서 우리나라 같은 국가가 있는가?

천직(天職)이 아닌 천직(賤職)으로 빠지는 선생들은 밤에 자다가 아예 '스스로 그만두라'는 꿈은 꾸지 않는가? 교직이란 성장하는 학생들의 성품, 기질, 개성, 인격 등 직접적인 인성교육 담당기관이고,

선생님은 '사람다운 사람을 기르는 교육현장의 책임자'다. 교직자에게는 더 높은 직업윤리가 필요하다. 깨끗하고, 투명한 생수 같은 선생님들이 학교 교단에 서야 한다. 물론 학부형들도 공범이다. 뇌물은 왜 주는가? 학부형들은 교직을 더럽히고, 교직자를 더 이상 모욕해서는 안 된다.

끝으로 교육정책 담당자는 교직을 천직(天職)으로 생각하는 교사에게 경제적 혜택과 연구할 시간을 주고, 매일 매일 시달리는 생산성 없는 잡무를 획기적으로 줄이며, 사도(師道)의 역할을 다할 수 있도록 학교 현장을 혁신해야 한다.

한국형 페스탈로치와 훔볼트가 나와서 교사가 직접 제작한 학급 홈페이지를 통해 학생들과의 의사소통, 정보공유, 사이버 윤리교육, 학부모와의 대화채널을 구축한다면 시민들은 왜 그 교사에게 감동을 받지 않겠는가?

시민들은 열린 교사, 정보화 교사, 연구하는 교사, 깨끗한 교사를 원하고 있다.

교 육

'아! 목동아'

선생님이 많이 아프다. 부산으로 모시는 것은 불가능하다. 며칠 전 전화했을 때 식사는 많이 하신다 했었는데. 한 사람씩 찾아가지 말고 선생님의 큰아들인 혁이 내외랑 같이 작은 산으로 아니면 어느 곳이든 봄나들이 가자. 평화의 섬, 거제도로 아주 늦게 찾아온 철없는 13명의 아이들은 아름다운 송별식을 했다. 거제도에서 보낸 마지막 만찬 그리고 마지막 수업, 선생님이 치시는 풍금 앞에서 선생님이 가르쳐주신, '아, 목동아' 를 함께 부르며 우리는 목 놓아 울었다. 선생님은 2004년 6월 10일 세상을 떠났습니다. 선생님은 제자들이 살아가는 모습을 지켜보고 있을 것입니다.

2004년 4월 10일 저자는 거제도에서 30년 만에 초등학교 6학년 때 담임선생님을 만나 많이 울고 왔다. 그것이 선생님과의 마지막 만남이었기 때문이다. 전국에서 모인 13명의 동창들이 한자리에 보였다. 선생님은 췌장암 말기상태였다. 눈물 바다였다. 40대를 넘긴 코흘리개 친구들은 남학생, 여학생 할 것 없이 눈물만 줄줄 흘렸다. 만나면 헤어진다고 누가 말했던가! 이날 저녁은 우리에게 마지막 수업이었다.

만나기 보름 전 거제도에 사는 친구가 메일을 보내왔다.

선생님이 많이 아프다. 부산으로 모시는 것은 불가능하다. 며칠 전 전화했을 때 식사는 많이 하신다 했었는데. 한 사람씩 찾아가지 말고 선생님의 큰아들인 혁이 내외랑 같이 작은 산으로 아니면 어느 곳이든 봄나들이 가자. 혁이는 더 정신이 없을지도 모른다. 이미 병원에서 내려진 결론에 슬퍼만 하지 말고, 좋은 생각이나 경험이 있는 친구는 뭐라 이야기 좀 해라!

다시 메일이 왔다.

친구들에게!

정말 화창한 봄날이다. 그자? 하지만 선생님에게는 누구의 뜻과도 관계없이 마지막 봄이 될 것 같구나. 그래서 이렇게 급히 글을 보낸다. 선생님께서는 바다를 보고 싶다고 말씀하셨다. 선생님의 컨디션은 하루가 다르게 악화되실 거라고 생각한다. 조금이라도 잘 드실 수 있고, 조금이라도 육체의 고통이 덜 하실 때 우리들이 당신을 바다로 모셨으면 한다. 우리에게는 아직 많은 시간들이 있으니 말이다.

이번에는 장소가 확정되어 메일이 왔다.

각자의 삶에 다들 바쁘리라 생각한다. 어제 선생님의 큰아들 혁이에게 연락을 받았다. 선생님께서 4월 10일 9시경에 서울을 출발하여 오후 2시경이면 거제도에 도착하실 것 같다. 그래서 몇 명의 친구들이 거제도에 올 수 있을지 의견을 모아 보고자 한다. 선생님을 직접 뵙고 우리가 얼마나 자연스럽게 하루를 보낼 수 있을지.

친구들아! 하는 일 잘 되고 너희들의 바람대로 하루하루가 만들어지기를 기원한다!

다시 부산에서 메일이 왔다.

토요일에 일찍 거제도로 들어갑시다. 특별히 드릴 말은 없지만, 거제도에서의 1박을 좋은 추억으로 만들어 보도록 합시다. 우선 토요일 거제도 사등면에서 집합해 횟집에서 저녁식사를 할 예정입니다. 그리고 숙소로 가기 전 신현읍에서 장을 보고, 일요일 아침에는 10반 여자 친구들이 선생님 아침식사를 준비해 오전에 선생님께서 가실 만한 곳으로 이동합시다. 일요일 오전까지 참석한 친구들은 서로 연락하여 자리 합석을 유도해서 점심식사 할 것 같습니다.

아, 미안. 회비 이야기를 안 했네. 그날 참석시 회비는 5만 원입니다. 다른 반 친구는 회비가 없습니다.

나도 메일을 보냈다.

마지막 만찬이라니, 이 따위 세상! 만나면 헤어진다고 누가 말했어! 거제도가 이별의 장소야? 4월 10일이 마지막 수업이라고? 살아서 당신을 보내는 마지막 만남이라고? 그래 갈게.

그동안 우리는 은혜를 모른 채 사랑을 했다. 이제 묻어둔 그 사랑을 깨워야 한다. 오랫동안 찾지 못했던 선생님의 은혜 앞에 우리는 모두 머리를 숙였다.

평화의 섬, 거제도로 아주 늦게 찾아온 철없는 13명의 아이들(?)은 아름다운 송별식을 했다. 거제도에서 보낸 마지막 만찬 그리고 마지막 수업, 선생님이 치시는 풍금 앞에서 선생님이 가르쳐주신, '아, 목동아' 를 함께 부르며 우리는 목 놓아 울었다.

선생님께 말씀드렸어. 힘내시고 내년에도 창을 열면 바다가 바로 보이는 집에서 다시 모이자고. 추억의 책가방 버전 한 번 더 하자고. 그땐 30여 년 전처럼 내가 가슴에 손수건 달고 가려고…….

친구들아 사랑해.

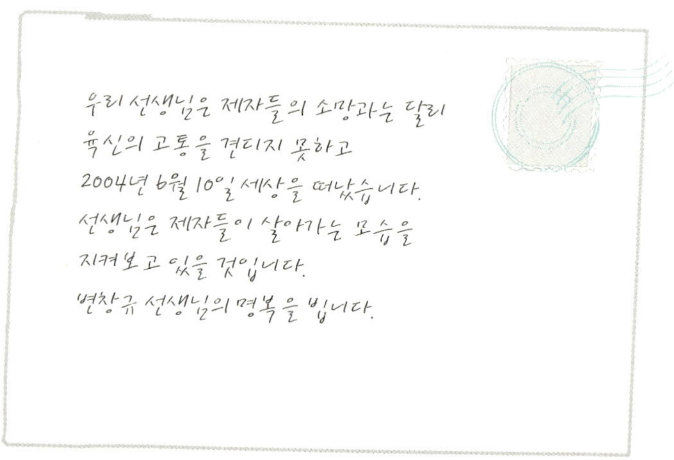

자의퇴원과 의사의 치료중단 논쟁

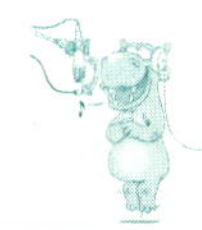

보라매병원 사건은 '소극적 안락사'가 아니다. '의학적 충고에 반하는 자의퇴원(DAMA)이며, 이 요구에 굴복한 의사의 치료중단'으로 인한 살인사건이다. 대법원 판결도 이 부분을 분명히 밝히고 있다. 이번 보라매병원 사건은 유능한 젊은 두 의사의 희생을 가져왔고, 의료복지시스템의 재정비를 요구하고 있으며, 소극적 안락사의 입법검토를 우리 사회에 과제로 남겨 놓았다.

의사는 환자가 퇴원할 경우 사망할 가능성이 있음을 알고 있었다. 그러면서도 의사는 가족의 요청에 못 이겨 퇴원을 허용했다. 대법원은 전문의 양 씨와 수련의 김 씨의 행위를 살인방조행위로 보고 각각 징역 1년 6월에 집행유예 2년을 선고한 원심을 확정했다. 이는 의료관행도 형사처벌의 대상이라는 대법원의 첫 확정 판결이었다.

지난 1997년 서울 보라매병원에서 근무하던 한 의사는 뇌수술을 받고 중환자실에 입원 중이던 환자 김 모 씨를 "치료비가 없다"는 아내 이 모 씨의 요구에 따라 퇴원시키고 인공호흡기를 제거, 숨지게 한 혐의(살인)로 기소됐으며, 아내 이씨는 2심에서 징역 3년에 집행유예 4년을 선고받고 상고를 포기했다. 이 판결에 대해 대한의사협회는

"의료현실을 전혀 모르는 처사"라며 재판부를 강하게 비난했다. 의사협회는 성명을 통해 "이번 판결은 의식불명 상태인 환자의 보호자 입장을 존중한 의료진의 판단을 살인방조죄로 처벌한 사건"이라며 "의사가 보호자 및 법적 대리인 등의 의견을 존중할 수 있는 제도보완이 시급하다"고 주장했다. 이 판결 이후 각 언론매체는 "보라매병원 사건과 소극적 안락사 논쟁(KBS/MBC), 한동안 잠잠했던 소극적 안락사 논쟁(연합/부산)"이라며 이 사건을 '소극적 안락사'의 한 형태로 진단하고 있다. 그러나 보라매병원 사건은 '소극적 안락사'가 아니다. '의학적 충고에 반하는 자의퇴원(DAMA)이며, 이 요구에 굴복한 의사의 치료중단'으로 인한 살인사건이다. 대법원 판결도 이 부분을 분명히 밝히고 있다. 그러나 여전히 이 사건의 전말과 판결에 대해 의견이 분분하다. 때문에 우리는 약간의 분석이 필요하다고 본다.

첫째, 보라매병원 사건은 그동안 의료관행으로 치부되어 왔던 환자의 자의퇴원의 한계를 분명하게 설정한 대법원의 첫 확정판결이다. 자의퇴원(자기결정권)에는 4가지 유형이 있다. ① 회복하여 퇴원하는 경우, ② 다른 의료기관으로 전원되는 경우, ③ 가망 없는 퇴원(소극적 안락사), ④ 의학적 충고에 반하는 퇴원(DAMA)이다. 이 중에서 ①, ②는 법적으로 아무런 문제가 없다. 자기결정권이 존중되기 때문이다. 다만 현재 문제가 되는 것은 ③, ④의 경우다. ④에서 말하는 '의학적 충고에 반하는 퇴원'이란 의학적으로 의사의 계속적인 치료가 필요함에도 불구하고, 생존가능성이 있는 환자나 그 보호자가 의사의 충고에 반하여 자의로 퇴원하는 것을 말한다. 보라매병원 사건은 바로 '의학적 충고에 반하는 퇴원' 이다. 이러한 퇴원은 형법적 평가의 대상이 될 수 있다. 왜냐하면 유용한 치료를 통한 회복가능성이 있기 때문이다.

이번 대법원 판결은 경제적 이유로 환자의 가족이 아무리 강력하게 퇴원을 요구한다고 하더라도, '의학적 충고에 반하는 자의퇴원과 이 요구에 굴복한 의사의 치료중단' 에 대해서는 사법부가 이제 적극적으로 나서 형사처벌을 하겠다는 의미다. 즉, 지금까지 '자의퇴원이 환자사망으로 이어지는 생명경시의 의료관행' 에 사법부가 제동을 걸겠다는 의지인 셈이다. 이 판결은 의사가 직권을 남용할 경우 형법이 더 이상 물러서지 않겠다는 것을 뜻한다. 우리 사회의 생명경시를 더 이상 방치할 수 없다는 선언으로 보인다.

둘째, 보라매병원 사건은 '소극적 안락사' 의 사례가 아니다. 우리는 '소극적 안락사' 의 개념을 혼동해서는 안 된다. 대한의사협회 김선욱 법제이사(변호사)는 "이제 의사들은 임종이 임박한 환자라도 퇴원을 허용하지 않을 것으로 본다"고 주장하고 있다. 또 서울대병원 종양내과 허대석 교수도 "경제적인 이유로 병원에 오지 못하고 집에서 임종하는 환자의 보호자도 살인죄가 되느냐. 이제 중환자실은 퇴원하지 못하는 회생 불가능한 환자들로 마비가 될 것이다"라고 주장하고 있다.

그러나 이러한 주장은 '소극적 안락사' 를 입법화하자는 주장이지, 이번 사건이 무죄라는 주장으로 해석해서는 안 된다. 소극적 안락사와 보라매병원 사건은 환자의 생존가능성 여부의 측면에서 보면,

완전히 차원을 달리하는 사례다. 이 환자는 저녁 6시부터 새벽 3시까지 9시간 동안 경막 외 출혈로 인한 혈종제거수술을 받았고, 이후 중환자실로 옮겨 인공호흡기를 부착한 상태로 합병증 및 후유증에 대한 치료를 계속 받았으며, 시간이 경과함에 따라 상태가 호전되어 치료를 계속 받을 경우 회복될 가능성이 높았다. 이 점이 유, 무죄의 중요한 부분이다.

셋째, 의료계가 주장하는 '소극적 안락사'의 합법화 문제는 이제 우리 사회에서 적극적으로 검토해야 한다. '환자를 위한 인권운동'과 '환자가족을 위한 고통해소' 차원에서 우리 사회는 합의를 해야 할 시점에 서 있다.

암 말기인 환자의 병세가 심한 기능장애를 일으키고, 절망적으로 악화되어 가고 있지만, 고가의 혈액순환 촉진제와 영양제를 투여하고 인공호흡기를 사용하는 등 희망 없는 치료행위는 전국의 병원에서 계속되고 있다. 이러한 의료행위는 현대의학이 낳은 '과잉진료'(過剩診療)다.

그러나 '소극적 안락사'는 대한의사협회의 허용윤리지침으로 해결될 것이 아니고, 사회적 합의를 거친 후 법률이 제정되고 하위법령에서 위임되는 한도 내에서 의사들의 개입이 가능하도록 엄격하게 규정되어야 한다. 환자나 그 가족이 퇴원을 요구하면, 담당의사의 1차 소견에 따라 소극적 안락사의 조건(불치, 시기임박, 극심한 고통, 동의)을 충족하는지 판단하고 다음으로 법원이나, 생명윤리위원회에 관련

서류를 보내 종합적인 판정을 해야 한다.

특히 자기결정권 행사의 객관화를 위해 생명윤리위원회 혹은 전담 법원(후견법원)의 판단을 반드시 거쳐야 한다. 이 경우에 객관적으로 '소극적 안락사' 판정을 받는다면, 언제든지 자의로 퇴원을 할 수 있고, 의사는 치료행위를 중단할 수 있다. 이 경우 의사는 형법 제18조 보증인의 의무가 소멸되어 무죄이거나, 형법 제20조 정당행위로서 위법성이 소각된다고 볼 수 있을 것이다. 암 말기 판정을 받고 퇴원해서 통원치료를 하는 것은 법적으로 문제가 안 된다. 진료선택권은 자기결정권의 한 부분이며 각자에게 있기 때문이다.

넷째, 의료복지체계가 획기적으로 개선되어야 한다. 의료복지시스템 미비로 중간에 애매하게 낀 선량한 의사들이 더 이상 희생되어서는 안 된다. 이것 또한 보라매병원 사건이 남긴 귀중한 교훈이다. 의료현장의 수많은 의사들의 심리적 압박을 풀어줄 수 있는 구체적인 대책을 내놓아야 한다.

대한의사협회는 다음과 같이 강변한다.

"의사의 윤리만 규정돼 있을 뿐 경제적인 지원이나 현실적 대책은 크게 부족한 상황에서 이런 문제는 또 발생할 것이다. 사회도 제도적인 책임을 져야 한다."

이는 보건복지가족부가 해결해야 할 시급한 과제다. 우리 사회에서 이 문제를 어떻게 논의하고 구체적인 대책을 세울 수 있는지, 의료계, 법조계, 시민사회가 진정으로 고민해야 한다.

다섯째, 생각건대 보건복지가족부 산하 생명윤리위원회를 설치하고, 지자체와 연계하여 가칭 '환자의 자의퇴원과 치료중단결정위원회' 를 구성해야 한다. 위원은 20인으로 하고, 학계, 법조계, 의료계, 종교계, 시민단체 대표로 구성하면 될 것이다.

이 위원회에서 '회생가능성' 과 '회생불가능성' 에 대한 판단, '소극적 안락사' 판정을 해 주어 의사 개인의 판단이 가져다주는 어려움을 해소해야 한다. 그래야 의사, 병원, 가족들 간의 불필요한 갈등을 줄이고 각자가 부담해야 할 경제적 손실도 줄일 수 있기 때문이다. 이 위원회가 의료현장의 갈등관계를 전담하여 조정역할을 해야 한다.

그리고 전국 각 병원에서 제기되고 있는 의료갈등 사례들을 취합하고, 객관적 기준을 가지고 '소극적 안락사와 의학적 충고에 반하는 자의퇴원' 에 대한 종합적인 판단을 할 수 있어야 한다.

만약 단순히 경제적 이유로 환자나 환자가족이 자의퇴원을 요구할 경우, 환자에게 생존가능성이 있다면, 이 위원회에 사안을 보내야 하고, 여기서 전문가들의 토론을 거쳐 판정하여 판정 결과에 따라 국가와 지자체는 보호환자로 바로 지정하여 치료비 전액을 부담해야 한다.

이때 충분한 복지재원을 어디서 확보하느냐는 비판이 제기될 수도 있다. 또 돈타령이다. 그러나 경제협력개발기구(OECD) 국가 중에 출생과 사망에 대해 우리처럼 복지대책이 없는 나라가 어디 있는가? 가난한 출생과 가난한 죽음 앞에는 반드시 국가가 옆에 서 있어야 한다. 출생 후 3살까지는 전국의 모든 어린이가 차별 없이 깨끗한 기저귀와

우유를 향유할 수 있어야 하고, 고통의 죽음 앞에 국가가 환자와 가정을 보살펴주어야 한다. 21세기 한국은 국가와 지자체가 책임을 더 부담해야 한다.

실질적인 복지행정 시대로 가야 한다. 죽음에 직면한 환자와 가족들의 고통을 해소할 수 있는 시스템은 시급한 과제다. 현재 시행되고 있는 보호환자 관련법 규정을 전면 검토하고 실사해야 한다. 국가가 할 수 있는 것과 지자체가 할 수 있는 것을 분명하게 정리하고 실천해야 한다.

이번 보라매병원 사건은 유능한 젊은 두 의사의 희생을 가져왔고, 의료복지시스템의 재정비를 요구하고 있으며, 소극적 안락사의 입법 검토를 우리 사회에 과제로 남겨 놓았다.

존엄사와 환자의 추정적 승낙

'존엄사' 법률에 근거하여 존엄사심의의원회를 구성해야 한다. 이 법률에 환자의 생존가능성과 환자의 자기결정권이 명문화되어야 한다. 또한 환자의 추정적 승낙에 관한 규정이 있어야 한다. 법원은 존엄사심의위원회가 이러한 기준들을 정확하게 판단했는지 최종적으로 판단하는 사법기관이 되어야 한다. 제1심 판결에 대해 법조계 · 의료계 · 종교계가 서로 엇갈린 반응을 보이고 있다. 왜냐하면 우리나라에서 '존엄사' 법률과 존엄사심의위원회가 구성되어 있지 않기 때문이다. 모두가 혼돈하고 있다. 저자는 바로 이러한 우리나라의 특수상황을 '뒤죽박죽의 상황'이라고 생각한다. '존엄사' 법률과 존엄사심의위원회가 없기 때문에 발생하고 있는 기이한 현상이다.

〉〉법원, 식물인간 '존엄사' 첫 인정

우리나라에서 생명에 대한 환자의 자기결정권을 인정한 첫 판결이 나왔다. 이번 판결은 '존엄사' 논쟁을 알리는 신호탄이라고 말한다. 2009년 법조계 · 의료계 · 종교계가 함께 고민하게 될 우리 사회의 새로운 화두가 될 것이다.

2008년 11월 28일 서울서부지법 민사12부는 회생가능성이 없는 환자의 '존엄사'를 허용하는 판결을 내렸다. 법원은 뇌사상태인 김 모

(76 · 여) 씨가 서울 신촌 세브란스병원을 운영하는 학교법인 연세대학교를 상대로 낸 무의미한 연명치료장치 제거 소송(2008가합6977)에서 원고승소 판결했다. 김 씨는 2008년 2월 폐암 발병 여부를 확인하기 위해 세브란스병원에서 검사를 받다가 과다출혈로 인한 저산소성 뇌 상을 입고 식물인간이 되었다. 2008년 6월 김 씨와 그 자녀들(특별대리인)이 "무의미한 연명치료를 중단해 달라"며 소송을 제기했고, 법원은 원고 일부 승소 판결을 내렸다.

제1심 판결에 대해 세브란스병원은 2008년 12월 12일 비약적 상고를 결정했다. 비약적 상고란 제1심 판결에 대해 제2심을 거치지 않고 곧바로 대법원에 상고하는 제도를 말한다. 민사소송법상 법령 해석에 중요한 사항을 포함한다고 인정되는 사건에 할 수 있는 비약적 상고는 원고 측에서 동의해야 가능하다. 그러나 김 씨와 가족 등이 이를 거부해 제2심을 거치게 되었다. 항소심에서 어떤 결정이 나건 결국 대법원이 판단할 가능성이 높다. 물론 환자가 그때까지 생존해야 한다.

이번 판결은 1997년 보라매병원 사례(대법원 2004. 6. 24. 선고 2002도 995 판결)와 무엇이 다르며, 2008년 세브란스병원 사례에서 제1심 법원은 어떠한 법적 기준을 제시하고 있으며 그 문제점은 무엇인지 검토가 필요하다고 생각한다. 왜냐하면 이러한 분석은 사회적 합의와 함께 '존엄사' 합법화를 위한 입법 과정에서 아주 중요한 논점이 될 수 있기 때문이다.

보라매병원 사례와 세브란스병원 사례의 차이점은 세 가지로 요약된다.

첫째, 보라매병원 사례는 '의학적 충고에 반하는 자의퇴원'으로 '환자가족의 퇴원요구에 굴복한 의사의 치료중단' 사건이다. 7년의 논쟁 끝에 결국 법원은 퇴원을 요구한 환자의 부인과 치료를 중단한 담당 의사들에게 형사책임을 물었다. 그러나 세브란스병원 사례는 민사사건으로 '무의미한 연명치료장치 제거'를 환자의 추정적 승낙에 따라 인정하였다.

둘째, 보라매병원 사례는 치료중단의 대상이 '소생가능성이 있는 환자'였지만, 세브란스병원 사례는 치료중단의 대상이 '소생가능성이 없는 환자'다.

셋째, 보라매병원 사례는 치료중단을 요구한 주체가 환자가족 중 부인이고, 의사는 환자가족의 요구에 따라 치료를 중단하였다. 그러나 세브란스병원 사례는 치료중단의 주체가 환자가족이지만, 법원은 이러한 요구를 인정하지 않고, 환자의 자기결정권을 추정하였다. 즉, 환자의 생존 당시의 의사를 판단 근거로 삼았다.

보라매병원 사례(1997년)	세브란스병원 사례(2008년)
의학적 충고에 반하는 자의퇴원	무의미한 연명치료장치 제거
소생가능성이 있는 환자	소생가능성이 없는 환자
환자가족의 자기결정권 부정 (환자가족인 부인의 의사)	환자의 자기결정권의 추정 (환자 본인의 생존 당시의 의사)

이번 판결에서 재판부는 '존엄사'에 대해 두 가지 요건을 제시하였다. 하나는 객관적 요건이고, 다른 하나는 주관적 요건이다. 객관적 요건은 환자의 생존가능성이었고, 주관적 요건은 환자의 자기결정권이었다. 재판부는 생존가능성 여부에 대한 판단과 관련하여 2008년 10월 8일 서울대병원과 서울아산병원의 신체감정을 했다. 이것은 어느 정도 객관화되었다고 생각한다.

문제는 환자의 자기결정권이다. 만약 환자가 의식이 있다면, 환자의 명시적인 자기결정권(치료중단 의사)을 쉽게 확인할 수 있다. 그러나 만약 환자가 의식불명이라면, 법적인 문제는 복잡하다. 환자의 자기결정권을 확인하기가 어렵기 때문이다. 이때 환자의 진의에 대한 추정이 이루어져야 하는데 '객관적 추정'을 어떻게 확정하느냐 하는 점이다. 이것은 생명과 직결되어 있기 때문에 아주 중요한 문제가 된다.

〉〉 환자의 추정적 승낙에 대한 판단 조건

2008년 세브란스병원 사례로 돌아가자. 제1심 법원은 이러한 '객관적 추정'을 도출하기 위하여 어떠한 논거를 제시하고 있는가. 이것은 자세히 분석되어야 한다. 왜냐하면 제1심 판결의 핵심이기 때문이다. 법원의 존엄사 첫 판결의 의미, 판결에 대한 비판, 그리고 향후 입법 전망도 여기서 나온다.

제1심 법원은 환자의 추정적 승낙에 대한 판단 조건을 아홉 가지로 제시했다. ① 환자가 사전에 한 의사표시, ② 성격, ③ 가치관, ④ 종교관, ⑤ 가족과의 친밀도, ⑥ 생활태도, ⑦ 나이, ⑧ 기대생존기간, ⑨ 환자의 상태 등이다.

재판부는 판결문에서 "환자가 죽음을 맞이할 이익이 생명을 유지할 이익보다 더 큰 경우에는 의사는 인공호흡기의 제거를 요구하는 환자의 자기결정권의 행사를 거부할 수 없다"면서 "치료가 계속되더라도 회복가능성이 없어 치료가 무의미하고 환자가 사전에 한 의사표시, 성격, 가치관, 종교관, 가족과의 친밀도, 생활태도, 나이, 기대생존기간, 환자의 상태 등을 고려해 환자의 치료중단 의사가 추정되는 경우 인공호흡기를 제거할 의무가 있다"고 판시했다.

재판부는 그동안 논란이 된 환자의 치료중단 의사 여부에 대해서는 "환자의 치료중단 의사는 질병과 치료에 관한 정확한 정보를 제공받았음을 전제로 명시적으로 표시돼야 유효하다"고 전제한 뒤 "그러나 환자가 질병으로 의식불명 상태에 처한 경우 환자가 현재 자신의 상태 및 치료에 관한 정보를 제공받았더라면 표시했을 진정한 의사를 추정할 수 있다"고 설명했다.

재판부는 "김 씨의 경우 인공호흡기 부착이 상태회복 및 개선에 영향을 미치지 못하고 증거와 증언을 종합하면 원고가 평소 생명연장 치료를 받지 않고 자연스러운 죽음을 맞이하겠다는 의사를 표시했을 것으로 추정된다"며 판결 이유를 밝혔다.

하지만 재판부는 김 씨 자녀들의 청구에 대해서는 "가족들이 환자의 치료로 인해 경제적, 정신적 고통을 받고 있다 하더라도 그에 대한 입법이 없는 한 타인의 생명을 단축시키는 치료중단을 청구할 권리를 가진다고 보기 어렵다"며 기각했다.

– 법률신문, 법원, 식물인간 '존엄사' 첫 인정, 치료가능성 및 환자의 의사 추정될 때 의사의 소극적 존엄사 인정해야, 2008년 11월 28일자.

〉〉 법원 판결의 문제점과 남겨진 과제

제1심 판결은 상당한 의미가 있다. 왜냐하면 죽음을 앞둔 당사자의 '선택권'을 인정하고 있기 때문이다. 그러나 많은 문제점과 과제를 안고 있다. 몇 가지 대안을 제시하고자 한다.

첫째, '존엄사'와 관련한 국회의 입법이 있어야 한다. 죽을 권리에 대한 합법화 문제는 간단한 문제가 아니다. 왜냐하면 고통경감 치료를 제대로 받지 못하는 소외계층에게 존엄사 선택을 부추길 수 있고, 또한 이들에 대한 사회적 보건의료 서비스를 하락시킬 수 있기 때문이다. 따라서 모든 사회 구성원들이 통증완화 치료를 보장받기 전에는 조력자살과 존엄사를 합법화시켜서는 안 된다고 생각한다(세계보건기구, WHO 권유).

둘째, '존엄사' 법률에 근거하여 존엄사심의의원회를 구성해야 한다. 이 법률에 환자의 생존가능성과 환자의 자기결정권이 명문화되어야 한다. 또한 환자의 추정적 승낙에 관한 규정이 있어야 한다. 법원은 존엄사심의위원회가 이러한 기준들을 정확하게 판단했는지 최종적으로 판단하는 사법기관이 되어야 한다.

셋째, 제1심 판결에 대해 법조계 · 의료계 · 종교계가 서로 엇갈린 반응을 보이고 있다. 왜냐하면 우리나라에서 '존엄사' 법률과 존엄사심의위원회가 구성되어 있지 않기 때문이다. 따라서 세브란스병원은 제1심 판결에도 불구하고 "의료인은 물론 법률가 등이 함께 회의를 열어 병원 견해를 정하게 될 것이다"라고 신중한 태도를 보였다. 모두가 혼돈하고 있다. 저자는 바로 이러한 우리나라의 특수상황을 '뒤죽박죽의 상황'이라고 생각한다. '존엄사' 법률과 존엄사심의위원회가 없기 때문에 발생하고 있는 기이한 현상이다.

넷째, 무의미한 연명치료장치 제거에 대한 결정을 판사 3인이 하는 것은 무리라고 본다. 또한 항소심을 거쳐, 대법원의 합의부에서 몇 분의 대법관이 판단을 하는 것도 무리라고 본다. 사람의 생명을 단축시키는 결정은 법률의 근거 없이는 불가능하다. 법원은 입법기관이 아니고, 법률을 해석하는 기관이다. 따라서 저자는 이번 사례에 우려를 금할 수 없다. 이제 '존엄사' 관련 입법은 국회로 넘어가야 한다. 국회가 '존엄사' 법률을 제정하든, '호스피스 · 완화의료에 관한 법률'

을 제정하든 법률로서 생명 유지에 대한 환자의 자기결정권을 명문화해야 한다. 여기서 그 법적 요건을 정립해야 한다. 왜냐하면 매 사건마다 법원으로 갈 수가 없기 때문이다.

다섯째, 제1심 재판부가 제시한 추정적 승낙에 대한 근거에는 의문이 많다. 그중 성격, 생활태도, 기대생존기간 등이 과연 객관적 조건이 될 수 있는가? 생각건대 법원은 ① 존엄사심의위원회의 판정 결과, ② 생존 시의 가치관, ③ 사생관, ④ 신앙, ⑤ 환자의 진의를 추정할 만한 환자가족들의 의견, ⑥ 이를 신뢰할 만한 근거, ⑦ 마지막으로 환자 본인의 이익을 고려하여 최종적으로 판단해야 한다.

이러한 다섯 단계를 거쳐야 '존엄사' 논란을 최소화할 수 있다. 그러나 우리는 너무도 많이 생략하고, 너무도 빨리 거꾸로 갔다고 생각한다. 그래서 저자는 우리나라의 '존엄사' 논쟁은 지금부터 진짜 시작되었다고 생각한다.

서구에서 존엄사 또는 안락사 논쟁은 수천 년이 걸렸다.

"집에서 편안하게 생을 마감할 수 있도록 해 달라."

이러한 자기결정권의 문제는 어려우면서도 너무도 중요한 문제다. 따라서 우리는 신중하게 법안을 준비해야 한다. 이번 사례는 존엄사에 대한 객관적 요건과 주관적 요건을 어떻게 규범화 할 것인지를 과제로 남겨 놓았다. 모두가 첨예하게 대립하는 부분들이다. 우리 사회는 이제 막 '근대'로 가고 있다. 왜냐하면 이성과 자기결정권을 생명의 영역까지 확대하여 논의를 시작했기 때문이다. 우리는 다양한 가치관과 세계관들이 규범의 영역에서 논의되는 시대에 살고 있기 때문이다.

보건

인간존엄과 생명공학의 충돌

난자와 배아는 인간생명의 기초다. 난자와 배아는 타인의 질병을 치료하기 위하여 단순한 연구용으로 이용해서는 안 된다. 난자와 배아는 인간생명의 기초이기 때문이다. 이것은 오로지 목적으로만 사용해야지 수단으로 이용하는 행위는 도덕법칙에 반하는 행위다. 실증법 사상을 옹호한다고 하더라도, 난자의 기증 절차와 방법은 자발적 동의가 전제되어야 한다.

이 칼럼으로 저자는 몇 통의 모욕적인 이메일을 받았다. 그리고 이 칼럼에 대한 찬반의 댓글이 50여 개가 붙었다. 연구 과정의 진실이 밝혀지면서 저자는 그 모욕을 참을 수 있었다.

결국 학문적 연구라고 하는 것이 인간의 삶에 기여해야 한다고 저자도 확신하지만, 그 연구의 과정들은 '인간의 존엄' 이란 가치 속에서 우리 사회의 합의가 필요하다는 점을 다시 한 번 생각하게 되었다.

황우석 전 서울대 석좌교수에 대한 논쟁은 연구윤리에 대한 자정노력과 함께 우리 사회가 좀 더 성숙해지는 기회를 제공했다고 생각한다.

〉〉 황우석 교수 어떻게 볼 것인가

현재 우리 사회는 '인간의 존엄과 생명공학의 충돌' 과정을 직접 경험하고 있다. '값싼 애국심과 국익론, 그리고 음모론과 국제기준의 윤리'가 대립하고 있다. 황우석 전 서울대 석좌교수는 수의대 관계자와 서로 부둥켜안은 채 눈물을 보이기도 했다. 우리는 황우석 교수의 눈물이 연구의 성과를 폄훼하는 세력에 대한 안타까움의 눈물인지,

아니면 국제적인 윤리기준을 지키지 못한 연구자의 반성의 눈물인지 정확히 알 수는 없다.

우리는 이 시점에서 다시 근본문제를 생각해야 한다. 왜 인간은 존엄한가? 인간으로 태어났기 때문에? 아니면 생명을 가지고 있기 때문에? 아니면 인간은 사유할 수 있기 때문에? 아니면 사유를 통한 도덕적 자율성이 있기 때문에? 그것도 아니면 인간은 스스로 존엄하다고 선언했기 때문에?

우리는 인간이 존엄하다는 것을 실증적으로 증명할 수가 없다. 다만 그것은 우리의 관념세계에 존재할 뿐이다. 전능(全能), 신(神), 영혼의 불멸 등처럼 말이다. 우리는 이것들을 증명할 수 없지만, 또한 그냥 버릴 수도 없다. 관념의 세계에 있는 이러한 것들은 우리 인간의 삶에서 하나의 '통제원리'(統制原理)로 작용하고 있기 때문이다.

칸트(Immanuel Kant)는 인간존엄의 핵심은 도덕적 자율성에 있다고 말했다. 누구도 다른 인간을 함부로 죽일 수 없고, 이유 없이 가혹하게 다룰 수도 없다. 이러한 행위는 모두 타인의 도덕적 자율성을 침해하는 행위이기 때문이다. 강간, 체포감금, 강요 등을 생각하면 된다.

배아줄기세포연구로 다시 돌아가자. 난자와 배아는 타인의 질병을 치료하기 위하여 단순한 연구용으로 이용해서는 안 된다. 난자와 배아는 인간생명의 기초이기 때문이다. 이것은 오로지 목적으로만 사용해야지 수단으로 이용하는 행위는 도덕법칙에 반하는 행위다. 이것은 자연법사상에서 비롯된 것이다.

그러나 사회적 합의를 중요하게 생각하는 실증법 사상의 경우 배아 줄기세포연구는 법을 통해서 어느 정도 허용된다. 더 많은 공익이 있다고 믿기 때문이다. 그러나 실증법 사상을 옹호한다고 하더라도, 난자의 기증 절차와 방법은 자발적 동의가 전제되어야 한다. 자발(自發)이란 바로 윤리적 요소의 핵심이다. 비자발이라는 것은 강간행위와 같다.

돈을 지급하고 난자를 구입하는 것은 돈을 통해 제공자의 자발성을 강제한 것이고, 연구원의 난자를 채취한 것은 연구실 구조상 권력관계에 의한 자발성의 강제에 불과하다. 그렇기 때문에 황우석 교수의 행위가 인간 존엄의 핵심인 도덕적 자율성을 침해한 것이다. 황우석 교수는 본인도 스스로 밝혔듯이, 연구자의 도덕적 자율성을 망각하고,

타인의 도덕적 자율성을 훼손했다. 이것이 국제사회에서 그를 비난하는 이유다.

황우석 교수는 "외국에서도 성공 못하는 난공불락(難攻不落)인 것을 우리가 했다. 그때는 내가 만약 여성이었다면 제 난자를 뽑아서 실험을 하고 싶었던 심정이었다"며 당시 연구원의 난자 기증이 불가피했던 상황이었음을 대변했다.

그러나 이러한 그의 변(辯)은 모두 국익우선의 발상, 연구 중심적 발상에서 기인한다. 따라서 이 경우 국제미아가 될 수밖에 없다. 왜냐하면 이러한 발상은 인간존엄의 핵심인 도덕적 자율성을 완전히 망각하고 있기 때문이다. 문화의 차이라고 변명해서는 안 된다. 그러한 논리로는 국제사회를 설득할 수 없다.

황우석 교수가 칸트의 묘비에 있는 〈실천이성비판〉의 글을 한번쯤 음미했으면 한다. 이것은 서양의 연구자들에게 기본이 되는 정언명령이기 때문이다. 그것을 생각하는 것이 거듭되면 거듭될수록, 또 그 기간이 길면 길어질수록 더욱 더 새로우며, 그리고 더욱 강한 감탄과 숭경(崇敬)의 염(念)으로써 마음을 채워주는 것이 있다.

"그것은 나의 위에 있는 반짝이는 별과 나의 안에 있는 도덕법칙이다."

마지막으로 하나의 우려가 있다. 과학자를 사랑하는 것은 좋다. 그러나 인간존엄과 생명공학의 충돌은 애국심으로 돌파해서는 안 된다. 칸트의 정언명령을 가슴에 새겨야 한다.

"너의 행위의 격률이 너의 의지에 의하여 보편적 자연법칙이 될 수 있듯이 행위하라(Handel so, dass die Maxime deines Willens jederzeit zugleich als Prinzip einer allgemeinen Gesetzgebung gelten können)."

우리는 인간존엄과 생명공학의 충돌 문제를 다시 한 번 진지하게 논의해야 한다. 우리 사회가 합의할 때 황우석 교수는 정언명령에 따라 숭고한 연구를 계속 진행할 수 있다.

언론

피의자 얼굴 및 신원 공개 논란

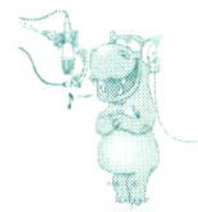

우리 언론사들은 위하와 본보기(소극적 일반예방), 그리고 황색 저널리즘의 유혹에서 이제 벗어나야 한다. 피의자의 얼굴과 신원을 지금 본다고 우리 사회가 얼마나 달라지겠는가? 언론은 정말 이성을 찾고 냉정해야 한다. 피의자 얼굴 및 신원 공개를 주장한 분들에게 다시 한 번 묻고 싶다. 얼굴 공개 이후 무엇이 달라졌는가? 헌법 제10조, 제17조, 제27조 제4항의 정신을 다시 새겨보았으면 한다. 우리 사회에서 아무런 합의 없이 언론사 자의적으로 결정한 사진 공개는 '전형적인 상업주의 저널리즘' 이다. 이러한 보도는 헌법 위반이고, 국회인권위원회의 결정을 위반한 인권침해 행위다. 따라서 경찰, 검찰, 그리고 법무부에서 협의 중인 '얼굴 공개법' 추진은 그만 그쳐야 한다.

〉〉인간존엄과 인격권, 언론의 자유보다 우선

2009년 1월 우리 사회는 연쇄살인범 때문에 충격을 받았다. 그의 범죄 행위가 밝혀지고, 현장 검증이 진행되면서 피의자의 사진 공개가 논란이 되었다. 다수의 언론사들은 "피의자의 마스크를 벗겨라"고 주장하기 시작했다. 그러나 일부 언론사에서는 "공익의 가면을 쓴 사익의 언론"이라고 비난했다. 결국 몇 개 일간지(한겨레, 한국, 경향)를 제외한 모든 언론사들이 피의자의 얼굴을 공개했다. 그러나 우리는 이 문제에 대해서 조금 냉정하게 접근할 필요가 있다.

헌법 제10조(인간의 존엄), 제17조(사생활의 자유), 그리고 제27조 제4항(무죄추정의 원리)은 확정판결이 날 때까지 피고인의 인권을 보호해야 한다는 점을 천명하고 있다.

> 헌법 제10조 모든 국민은 인간으로서의 존엄과 가치를 가지며, 행복을 추구할 권리를 가진다. 국가는 개인이 가지는 불가침의 기본적 인권을 확인하고 이를 보장할 의무를 진다.
>
> 헌법 제17조 모든 국민은 사생활의 비밀과 자유를 침해받지 아니한다.
>
> 헌법 제27조 ④ 형사피고인은 유죄의 판결이 확정될 때까지는 무죄로 추정된다.

2005년 6월 21일 국가인권위원회는 '수갑 찬 피의자의 인권과 사생활 보호'를 경찰에 권고한 바가 있고, 또한 경찰도 '인권보호를 위한 경찰관 직무규칙'에 피의자 신분노출 금지 규정을 마련하였다.

이렇게 발전한 것은 모두 언론을 통한 '인권 학살'에 대한 반성이 있었기 때문이다. 우리는 이 점을 분명히 기억해야 한다. 기자나 방송사의 특종 욕심보다는 개인의 인격권과 그 가족의 인격권이 더 소중하다. 이러한 가치를 우리 사회가 존중하고 준수하고 있는 것이다.

〉〉 공개 수배자의 사진과 피의자의 사진은 성격이 다르다

상업 언론에서는 언론의 자유와 국민의 알 권리가 피의자의 인격권보다 우선한다고 주장하고 있다. 그리고 헌법의 무죄추정의 원리는 수사와 재판의 수칙이지 언론과 일반인에게 강요할 수 없다고 설명한다. 또한 범죄 용의자의 사진과 신원을 공개하는 경찰의 지명수배제도와도 충돌된다고 말한다.

그러나 이러한 주장은 옳지 않다. 왜냐하면 법원에서 유죄판결이 확정되지 않았는데, 언론이 앞서 인격권을 침해하는 것은 헌법을 파괴하는 행위이기 때문이다. 인간존엄과 인격권은 언론의 자유보다 우선한다. 그리고 범인 검거를 위한 용의자 공개 수배는 그야말로 피해자의 인권이 공개 수배자의 인권보다 중요하기 때문에 체포를 위해 불가피하게 공개하는 것이다. 실체적 진실과 정의회복을 위한 불가피한 조치들이라고 보면 된다. 바로 이 경우 우리 헌법은 인격권 침해를 예외적으로 인정하고 있다. 따라서 공개 수배자의 사진 공개와 이미 구속된 피의자의 사진 공개는 명확하게 구분되어야 한다.

〉〉 피의자 비공개 원칙 허물면 … 그 부작용 감당할 수 없을 것

"흉악범의 얼굴을 공개하라"고 주장하는 사람들은 모든 범죄자가 아니고, ① 연쇄살인범, ② 어린이 유괴 살인범, ③ 불특정 다수를 살상한

다중 살인범, ④ 반사회적 반인륜적 흉악범이고 확실한 증거가 확보된 경우에만 공개하자고 주장한다.

그러나 패륜범죄와 식품범죄 등 각종 범죄가 사회적 분위기에 편성될 때 공개 범위는 확대될 수밖에 없다. 그래서 우리는 참아야 한다. 한 번 판도라의 상자가 열리면 지금까지 이룩한 모든 인권 신장의 노력들은 물거품이 된다.

중요한 것은 각 언론사들이 "범인 공개는 언론사의 몫이다", "마스크를 벗겨라"라고 선동하는 것보다, 재판과정에서 드러나는 범죄자의 특징을 꼼꼼히 심층 보도하고, 왜 이러한 범죄가 발생하게 되었는지를 꾸준히 보도하는 것이 바로 국민의 알 권리를 충족시켜 주는 것이고, 공익이며, 형사 정책적으로도 의미가 있는 보도 행태가 될 것이다. 저자는 이것이 우리 언론사들이 철학을 가지고 지켜야 할 언론관이라고 생각한다.

그러나 안타깝게도 학자들은 적극적 일반예방을 말하지만, 이것은 그저 학계에서나 통용되는 하나의 이론일 뿐이고, 언론은 여전히 소극적 일반예방에 머물러 있다. 학자들은 그 파장효과를 생각하고 장기적인 형사정책에 초점을 두고 있지만, 언론사들은 독자들을 생각하고, 단기적인 형사정책에 관심이 더 많다. 물론 자극적인 것이 시원하겠지만, 그 여운은 짧다. 언론사들이 이 점을 망각하고 있다. 원칙보다는 상황을 우선하여 판단하기 때문이다.

》구속된 피의자의 얼굴, 공개 실익 있나?

법원도 연쇄살인사건의 경우 집중 심리를 통해 신속하게 재판을 진행해야 한다. 이를 통해 국민의 알 권리를 충족시켜 주어야 할 것이다. 법원에서 최종 확정판결이 나면, 그때는 언론사가 사진을 공개해도 되지 않을까? 이때는 각 언론사들이 자율적으로 판단하면 될 것이다.

피의자의 얼굴 및 신원을 전면적으로 공개하든, 아니면 얼굴에서 눈 부분만 테이프로 가리고 일부를 공개하든 그것은 각 언론사들의 보도철학에 따르면 된다. 참고로 외국의 정평이 있는 신문들은 1면에 이러한 사진들을 게재하지 않는다. 그 만큼 우리나라 신문들이 감정적이다.

》상업주의 저널리즘, 헌법정신 다시 새겨야

헌법 제17조는 "모든 국민은 사생활의 비밀과 자유를 침해받지 아니한다"라고 규정하고 있다. 여기서 '모든 사람'은 말 그대로 모든 사람을 의미한다. 따라서 당연히 연쇄살인범의 사생활도 존중되어야 한다. 확정판결 이후 그는 형사처벌을 받으면 된다. 더 나아가 피해자의 얼굴 공개는 아무런 죄가 없는 범죄자의 가족들을 희생시키는 결과를 초래할 수 있다. 냉정하게 보면 그들도 피해자일 뿐이다. 그렇다면 그것은 공익이 아니라, 공익의 가면을 쓴 사익일 뿐이다.

우리 언론사들은 위하와 본보기(소극적 일반예방), 그리고 황색 저널리즘의 유혹에서 이제 벗어나야 한다. 피의자의 얼굴과 신원을 지금 본다고 우리 사회가 얼마나 달라지겠는가? 언론은 정말 이성을 찾고 냉정해야 한다.

피의자 얼굴 및 신원 공개를 주장한 분들에게 다시 한 번 묻고 싶다. 얼굴 공개 이후 무엇이 달라졌는가? 헌법 제10조, 제17조, 제27조 제4항의 정신을 다시 새겨보았으면 한다. 우리 사회에서 아무런 합의 없이 언론사 자의적으로 결정한 사진 공개는 '전형적인 상업주의 저널리즘' (한겨레 21, 제747호, 33면)이다. 이러한 보도는 헌법 위반이고, 국회 인권위원회의 결정을 위반한 인권침해 행위다. 따라서 경찰, 검찰, 그리고 법무부에서 협의 중인 '얼굴공개법' 추진은 그만 그쳐야 한다.

언론

감성지향의 언론과 방송

외국에서는 감성적 신문에 세계적인 광고가 없다. 이성적 신문에는 세계의 유수 기업들이 기업 광고를 낸다. 광고문구만 보아도 기분이 상쾌해진다. 여기에는 철학이 있기 때문이다. 한국의 경우 내용 · 진단 · 분석이 없으니, 이렇게 자극 · 감정 · 선정 · 과장적 표현으로 가는 것이 아닌가? 이제 언론언어와 방송언어도 세계적 수준으로 발전해야 한다.

"눈물 흘리는 강 법무. 울부짖는 유족을 보며 참았던 눈물을 흘리고 있다"

〈연합뉴스〉 2004년 7월 17일자 기사로 감정적인 문구어다. 이렇게 표현해도 독자는 안다. "가족들 오열 … 강법무 조용한 눈물" 현실 앞에서 국민을 대표한 장관이 매우 슬퍼했다는 의미다.

〈오마이뉴스〉의 2004년 7월 14일자 기사는 너무 자극적이다.

"이밖에도 노 전 대통령의 혓바닥에 피 묻은 칼을 합성하거나 신체 일부를 흠집낸 사진 등도 게재하였다."

이것은 여야 간 정치 패러디 사진 공방전을 다룬 내용이지만, '혓바닥에 피 묻은 칼' 은 너무도 끔찍하지 않은가?

'서울판 살인의 추억 – 11개월간 19명 살해 엽기살인마 체포, 부유층에 대한 적개심으로 무차별 범행' (중앙일보, 2004년 7월 18일), '정신나간 검찰' (조선일보, 2004년 7월 17일), '독재자 딸이 대표가 되면 한나라당 망한다' (한겨레, 2004년 7월 17일), '레이싱걸 누드삼총사, 셋이라 울지 않았다' (굿데이, 2004년 7월 15일), '배우–감독 등 3천여 명 스크린쿼터 사수(死守) 집회' (스포츠조선, 2004년 7월 15일).

이러한 제목은 외국 언론과 방송에서는 찾을 수 없는 자극적(엽기살인마) · 감정적(정신 나간) · 선정적(누드삼총사) · 과장적(사수) 표현 들이다.

언론과 방송 관계자들은 "자극적이고 선정적인 기사가 많이 읽힌다. 경각심과 카타르시스를 유발하기 위해 경쟁적으로 강하게 쓴다"고 말한다. 그러나 정치분야와 사회분야는 이렇게 다루어서는 안 된다.

분명하게 진단하고, 명쾌하게 해설해야 한다. 우리의 감정지향형 언론과 방송에서는 문제해결과 사회 통합의 실마리를 찾을 수 없다. 독자들은 더 정확히 알고 싶을 뿐이다.

만두파동 당시 언론과 방송에서는 '쓰레기 만두소' 라는 표현을 사용했다. 그 결과 남은 것은 '분노와 만두시장의 냉각' 이었다. 언론과 방송에서는 사안을 이렇게 망쳐 놓는 대신 식품 전반에 대한 진단, 외국의 식품단속기관의 활동과 예방조치, 건전 기업의 식품홍보 사례 소개, 법 개정 문제, 법 집행력 향상 문제를 다루었어야 했다. 돌아온 것은 '검찰 앞으로 먹거리 범죄 철저하게 뿌리 뽑겠다' 라는 머리기사의 제목이다.

한국인의 정서는 매우 온정적이고 냄비근성이 있다. 그 배경에는 오염된 언론언어와 방송언어가 있다. 자극 · 감정 · 선정 · 과장적 표현의 여운은 단기간이지만, 이성적 표현과 진단은 장기간 지속된다.

외국에서는 감성적 신문에 세계적인 광고가 없다. 이성적 신문에는 세계의 유수 기업들이 기업광고를 낸다. 광고문구만 보아도 기분이 상쾌해진다. 여기에는 철학이 있기 때문이다.

한국의 경우 내용 · 진단 · 분석이 없으니, 이렇게 자극 · 감정 · 선정 · 과장적 표현으로 가는 것이 아닌가? 이제 언론언어와 방송언어도 세계적 수준으로 발전해야 한다.

그러기 위해서는 언어에 철학을 심어야 한다. 그리하여 실력을 쌓고, 이성을 회복하길 바란다. 특히 편집부 기자는 '국어사랑은 독자에 대한 사랑' 이라는 점을 명심해야 한다. 국어는 간결하고, 감칠맛이 있지 않는가?

언어는 사람의 얼굴이고 제목은 언론과 방송의 얼굴이다. '1등 신문, 국민을 위한 정론지, 지방언론의 선도지, 도민신문' 운운하지만, 이것 또한 코미디 같은 표현이다.

이런 신문이 되기 위해서는 정확한 비판, 다양한 분석, 분명한 대안 제시가 있어야 한다. 프랑스 〈르몽드〉, 스위스 〈취리히차이퉁〉, 독일의 〈디 차이트(Die Zeit)〉를 비교해 보면 이 같은 사실을 확인할 수 있다.

지금은 인터넷 시대다. 따라서 인터넷 독자들을 위한 서비스도 강화해야 한다. 독일의 〈디 차이트〉 신문은 인터넷 신문에 독일어 사전을 옆에 달아 놓았다. 그래서 우리가 마우스로 단어를 가리키면 바로 설명이 나타난다. 독일인의 독일어 사랑은 이러한 깊은 배려에서 싹이 솟아나고 있다.

한국의 언론과 방송은 깊이 성찰해야 한다. 진단 · 분석 · 대안제시가 자극 · 감정 · 선정 · 과장 보도보다 우선되어야 한다.

사 회

부끄러운 한국의 매춘정책

누가 어디에서 얼마나 성을 파는지 구분할 수 있는 정책을 펴야 한다. 절대적 도덕주의, 감상주의, 페미니즘적 시각으로는 한국의 매춘문화를 해결할 수 없다. 기존의 인식과 발상을 뛰어 넘는 새로운 접근방법이 필요한 시점이다.

도덕주의, 감상주의, 페미니즘으로는 매춘 문제를 해결할 수 없다.

윤락녀 네 명 중 세 명은 정신분열 직전에 있다고 한다. 밤낮 먹고 자는 것을 제외하고는 남자를 상대하는 일만 되풀이하고 있기 때문이다. 이들은 모두 짐승보다 못한 학대를 받고 있다. 언제까지 이러한 현실을 방치할 것인가?

특히 우리나라의 매춘여성은 인권의 사각지대에서 신음하고 있다. 날마다 인간존엄성 말살, 비인간적인 대우를 경험하고 있다. 또한 이들은 보건의 사각지대에 있다. 욕망과 본능의 찌꺼기들을 온통 다 받아내는 역할을 담당하고 있는 것이다. 따라서 각종 성병감염, 임신, 낙태를 경험하며 에이즈에 노출되어 있다.

- 성매매 시장 규모 : 연간 24조 원
- 성매매 종사자 : 이들은 20~30대 전체 여성의 약 4.1퍼센트로 20~30대 취업인구의 8퍼센트에 해당
- 성매매 업소 : 겸업형 5만 8천여 개, 집창촌 3천여 개 등 전국적으로 8만여 개

– 이선주 · 배화정 · 허나윤, 불편한 진실 성매매 시장과 수요, 성매매 예방교육 가이드북, 여성인권중앙지원센터, 2007.

매춘여성은 포주로부터 착취를 당하고 있다. 수입의 절반 이상을 포주에게 빼앗기고, 끊임없는 자책감과 피해의식, 열등감에 사로잡혀 자포자기 상태에 있다.

우리나라의 매춘정책은 정책기능을 상실했다. 현행 윤락행위방지법은 '매매춘 전면 금지주의'를 채택하고 있다. 그러나 현실은 이와는 완전히 다르게 진행되고 있다. 정부는 향락업소 종사자들에게 보건증을 발급하고 있고, 사실상 준공창제도를 인정하고 있는 실정이다. 남성들에게만 책임을 묻고 있기에는 매춘 현실이 너무도 심각하다.

이제 매춘정책은 '제한적 허용주의'로 전환되어야 한다. 그러기 위해서는 매춘정책이 지방자치단체의 통제관리 시스템으로 들어와야 한다. 누가 어디에서 얼마나 성을 파는지 구분할 수 있는 정책을 펴야 하는 것이다. 절대적 도덕주의, 감상주의, 페미니즘적 시각으로는

매춘문화를 해결할 수 없다. 이미 너무도 심각한 수준에 이르렀기 때문이다. 기존의 인식과 발상을 뛰어 넘는 새로운 접근방법이 필요한 시점이다.

여성계, 유림 등 각 사회단체들은 제한적 허용주의(공창제도)의 표현에 거부반응을 보인다. 그 이유로 '여성의 성적 노예화'를 받아들일 수 없다고 주장한다. 그러나 정서상의 문제에 얽매일 경우, 매매춘 문제는 영원히 해결되지 않은 채 속에서 곪아 터질 것이다. 실효성도 없는 윤락행위방지법을 계속 끌고 갈 이유가 없다고 본다.

제한적 허용주의는 전략적 비범죄화를 표방한다. 지방자치단체가 매춘업소를 직접 운영하는 것이 아니라 오히려 매춘업소에 적극적으로 개입하여 통제 · 관리하는 시스템이다. 이러한 전략적 비범죄화를 통해 '매춘업소의 체계적인 압박정책'이 지속적으로 펼쳐져야 한다.

바로 이것이 형사정책이 아닌가? 단계별 전략으로는 지방자치단체별 실태파악, 매춘정책 전환, 지자체별 매춘대책 수립-업소 종사자 전산화, 전담부서 운영, 매춘업소 관리, 쉼터 확대운영, 정당한 세무조사, 유착고리 차단을 들 수 있을 것이다.

결국 매춘정책은 우리나라 국민들이 해결해야 할 문제다. 우리는 매춘 문제를 객관적으로 진단하고, 미래지향적인 해결방안을 모색해야 할 시점에 서 있다. 성숙하고 진지한 토론이 필요하다고 생각한다.

〉〉장안동 성매매 전쟁 성공하려면

2008년 7월 중순. 서울 동대문경찰서에 젊은 서장이 새로 부임했다. 그는 장안동 일대 성매매업소를 단속하겠다고 공표했다.

"성매매는 범죄행위다. 범죄행위에 계도기간이 어디 있나? 완전히 뿌리를 뽑겠다. 성매매 행위자는 물론이고 시설 자체를 없애겠다."

이중구 서장은 이 지역을 이렇게 분석했다.

"장안평역과 장안동사거리 사이 1.3킬로미터에 60~70여 개 성매매업소가 밀집해 있다. 이들 업소는 소규모도 아니고 10억 원이 넘는 돈으로 만든 대형 업소다. 시스템을 보면 무허가는 기본이고 온갖 카메라와 밀실을 설치해 불법 행위를 저지르고 있다."

단속은 7월 29일부터 한 달간 진행되었다. 욕조와 침대, 샤워기, 바디로션 등 성매매에 활용되는 물품을 모두 압수했다. 약 100톤 정도였다. 집중 단속에 앞서 유착 고리를 차단하기 위해 업무를 담당하는 여성청소년계 직원 10명 중 내근직 2명을 제외한 8명이 교체되었다.

서장의 의지는 확고했다.

"내가 여기 근무하는 동안 성매매를 발본색원(拔本塞源)하겠다. 자기 자식 생각해서 안했으면 좋겠다. 빚까지 내며 왜 이 같은 불법행위를 하느냐? 불법과 타협하지 않는 게 내 원칙이다."

상황이 이렇게 진행되자 이번에는 성매매 업주들이 강하게 반발하고 나섰다. 연이어 업주와 종업원들의 자살사건이 발생하였고, 생존권을 내세우며 집단적인 항의시위를 했다.

이 과정에서 기습적인 단속에 따른 부작용과 CCTV 설치로 인권문제가 제기되었다. 그러나 장안동 주민들은 경찰 단속을 절대적으로 지지했다.

문제는 세 가지다.

첫째, 경찰서장이 바뀌더라도 장안동 성매매업소 단속이 지속될 수 있는가?

둘째, 장안동 성매매업소가 사라지면, 그 종사자들은 어디로 가는가? 결국 변종 성매매의 형태로 더욱 음지로 파고들 것이고, 음지로 들어가면 통제할 방법이 있는가?

셋째, 소극적 일반예방을 통해 매춘전쟁에서 승리할 수 있는가? 단기처방인 위하효과는 너무 짧기 때문이다.

저자는 '주택가 밀집 성매매업소 고사정책'은 성공해야 한다고 생각한다. 단속의 정당성과 필요성, 그리고 긴급성이 있기 때문이다. 하지만 그의 임기 중에만 행하는 이벤트성 단속은 안 된다. 지속적인 주민들의 관심과 지지, 지방자치단체와 지역의회의 지원, 그리고 강력하고 투명한 공권력의 행사가 뒷받침되어야 한다.

우리가 잊어서는 안 되는 교훈이 하나 있다. "성매매 금지정책은 잠복을 키우는 정책이 아니고, 근절을 의미하는 정책이다"라는 점이다. 이 말은 정치적 동기에 의하여, 지휘관 혼자 외롭게, 사후 대책 없이, 단기적으로 행하는 집중단속은 형사정책이 아니라는 의미다.

정부와 지방자치단체는 '실효성 있는 성매매 종합대책' 을 마련해야 한다. 그 핵심은 '제한적 허용주의' 와 '적극적 일반예방' 이다. 학교와 주택가 주변에서 행해지고 있는 성매매 행위를 전면 뿌리 뽑아야 한다. 여기에 국가 공권력을 집중해야 한다. 제한된 국가공권력으로 전면적인 매춘전쟁을 수행할 수가 없다. 따라서 특정지역에서는 비범죄화정책을 시행해야 한다. 도덕과 용기보다는 지혜와 전략이 필요하다.

사 회

시민들의 4대 고통

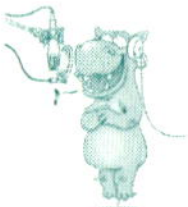

식품에 대한 불안, 폭발사고의 위협, 교통사고의 두려움, 태풍과 집중호우에 대한 공포가 바로 그것이다. 우리는 이러한 생활환경을 안고 하루하루를 아찔하게 보내고 있다. 이러한 문제들은 몸으로만 막을 문제가 아니라 행정기관의 사전예방 시스템이 가동되어야 한다. 무한책임행정이 절실한 것이다.

생활주변이 너무 위험하다. 시민들은 4대 위험에 시달리고 있다. 식품에 대한 불안, 폭발사고의 위협, 교통사고의 두려움, 태풍과 집중호우에 대한 공포가 바로 그것이다. 우리는 이러한 생활환경을 안고 하루하루를 아찔하게 보내고 있다.

최근 만두파동(2004), 멜라민파동(2008), 새우깡, 햄버거, 참치캔 등의 불순물 소동으로 시민들이 분노하고 있다. 그러나 이러한 식품파동들은 식품범죄에선 빙산의 일각에 불과하다. 제조업자와 유통업자가 공모한 '추악한 속임수와 더러운 상술'은 이미 그 한계를 넘어섰다. 한마디로 '식품재료와 식품가공'은 엉망진창이다.

불결한 육류와 어패류, 농약살포 콩나물 · 채소 · 과일, 채색된 고춧

가루, 오염된 수족관, 횟감용 물고기 등이 우리를 위협한다. 그리고 도대체 어떤 물로 어떤 국물을 만들어 내는지 우리는 정확히 알 수가 없다. 식품정보와 식품범죄에 시민들은 거의 무방비 상태로 노출되어 있다. 멜라민파동을 거울삼아 식품안전에 대한 의식혁명이 일어나야 한다. 불량재료와 불결한 음식을 제공하는 제조업체와 음식점은 시민들이 나서서 망하게 해야 한다. 식품범죄는 '음식물을 통한 테러' 다.

저자는 식품위생법 제74조 이하 벌칙조항을 대폭 개정해야 한다고 본다. 그리고 행정기관도 엄정하게 법 집행을 해야 한다. 불량식품 제조업자와 판매업자에 대해서는 반드시 실형을 선고하고 식품범죄로 취득한 수익에 대해서는 전액 몰수하여 경제적으로 파산시켜야 한다. 나아가 영업장을 폐쇄하고 가족들이 영업승계를 하지 못하도록 입법을 강화해야 한다.

식품범죄에 대해서는 우리 사회가 관용을 베풀 이유가 전혀 없다. 선진국도 식품범죄에 대해서는 단호하지 않은가? 시민들이 깨어 있어야 한다.

다음은 폭발사고의 위협이다. 시설관리체계가 소홀하다 보니 LP가스 배달업소가 학교주변, 주택가에 난립하고 있다.

이는 북한 용천참사를 떠오르게 한다. 2004년에 일어난 이 사건은 화물차량과 유조차량이 교체작업을 하던 중에 열차가 충돌하여 대규모 폭발로 이어졌다. 오토바이로 LP가스를 배달하는 장면은 아찔하다. 용천참사와 같은 사고가 우리 주변에서 한 번 더 일어나야 정신 차릴 것인가. 공무원들은 이웃 주민들의 분노를 귀담아 들어야 한다.

작업자들도 문제가 많다. 특별한 안전조치도 없이 실내공간에서 가스 용접을 하고 있다. 선진국에서는 도저히 상상도 할 수 없는 일이다.

작업시간과 안전조치에 대한 제한과 통제가 없다. 엄청난 재난을 불러올 수 있는 상황이 지속되고 있다. 행정관청의 위험관리정책은 획기적으로 개선되어야 한다. 이를 위해서는 현장에서 눈으로 직접 확인해야 한다.

통학버스 안전사고도 심각하다. 우리나라는 경제협력개발기구(OECD) 회원국 중 어린이 교통사고율이 1위다. 인구 10만 명당 어린이 교통사고 사망자 수는 12.6명인데, 이는 스웨덴의 2.5명에 비해

무려 5배나 높다. 도로교통법 제51조(어린이 통학버스의 특별의무) 규정이 있지만 제대로 지켜지지 않고 있다.

어린이 통학차량과 통근버스에 대한 일제 점검을 실시하고 언론을 통해 그 내용을 시민들에게 분명히 알려야 한다. 노후차량의 신속한 교체, 차량의 정비상태 수시 점검, 운전자 운전경력과 사고경력 조회, 차량운전시 안전조치이행 여부 확인, 승차인원과 차량내부 안전요원 확보, 안전벨트 착용 여부가 지켜지는지 항상 감독해야 한다. 오르막, 내리막에서 안전속도 준수의무도 꼭 지켜야 한다. 차량에 노란색만 칠하고 다닌다고 해결될 문제가 아니다.

이러한 문제들은 몸으로만 막을 문제가 아니라 행정기관의 사전예방 시스템이 가동되어야 한다. 무한책임행정이 절실한 것이다. 시민들도 생활주변의 위험요소를 미리 점검하는 등 유비무환의 자세가 필요하다.

Chapter 3

하마의 하품

정치 · 사법 · 입법 · 경제

하품은 의사소통이다. 하품은 갈등에 대한 경고이며, 변화를 요구하는 갈망이다. 하마는 정치, 사법, 입법, 경제와 관련된 주제를 중심으로 15편을 下品했다.

정치

미국 제44대 대통령 버락 오바마 '변화와 희망'

오바마 대통령의 한반도정책은 두 가지로 요약된다. 하나는 한반도의 항구적인 평화체제 구축이고, 다른 하나는 적극적인 북미관계 개선이다. 오바마는 북한의 정책 전환을 유도하기 위해 '오바마-김정일' 정상회담과 북미 양자회담, 그리고 6자 회담이라는 다자 협상을 병행할 가능성이 있다. 미국의 외교력을 과시하기 위해서는 적대적 국가들과의 정상회담이 유용한 카드이기 때문이다. 저자는 오바마 대통령 재임기간 중 북한의 급변이나, 남북 간 통일논의가 거의 이루어지지 않을 것으로 생각한다. 따라서 이 기간 동안 우리의 과제는 대북정책의 로드맵을 공유하면서 상호 조율하는 것으로 만족해야 한다. 평화정책에 중심을 두면서 멀리 보아야 한다. 오바마 대통령은 한 · 미 FTA는 심각한 결함이 있는 협정이라고 말한다. 그러나 그는 극단적인 자유무역 반대론자가 아니다. 오바마도 미국의 7대 교역국인 한국의 위상과 그 중요성을 알고 있다. 따라서 취임 이후 일정기간 조정과정을 거치고 나서 한미 FTA는 비준될 가능성이 있다. 전략적 접근이 필요하다. 미국의 상황변화를 예의주시하면서 불공정 무역관행, 노동 및 환경 기준 강화에 대한 대응해야 할 것이다.

》세계가 오바마를 축하했다

미국은 지금 40대의 검은 혁명이 시작되고 있다. 노예해방 145년 만이다. 2009년 1월 20일. 버락 오바마(Barack Obama)가 미국 제44대 대통령으로 취임했다.

"정치란 사업이 아니라 사명입니다. 사람들이 더 나은 삶을 살 수

있도록 도와주는 것이 정치입니다."(에센스, 2004년 3월)

"이것만은 분명히 말씀드릴 수 있습니다. 대통령 직은 결코 허영이나 야망 따위를 만족시키기 위해 좇는 자리가 아닙니다. 냉정함과 엄숙함이 요구됩니다."(밋 더 프레스, 2006년 10월 22일)

오바마 대통령의 업적 가운데 가장 큰 업적은 대통령 당선이다. 그의 임기가 4년이 되든, 8년이 되든, 끝나도 마찬가지다. 그는 새로운 역사를 쓰기 시작했다.

"여기까지 정말 긴 여정이었습니다. 바로 이 순간, 미국에는 변화가 찾아왔습니다. 그러나 오늘은 단지 변화를 만들 수 있는 기회일 뿐입니다. 저는 여러분의 대통령이 될 것입니다."(미국 대통령 당선 연설문, Yes We Can! 2008년 11월 4일)

오바마 대통령 취임으로 네 가지가 몰락했다. 8년의 부시 공화당 정권의 몰락, 30년의 신자유주의의 몰락, 40년의 보수헤게모니의 몰락, 그리고 1776년 미국 독립 이후 232년의 백인통치의 몰락이다. 그래서 그의 취임은 그만큼 역사적 의미가 있다.

"국민 모두가 모든 행복을 얻을 수 있는 기회는 평등하게 주어져야 합니다. 공포 대신 희망을, 분열보다 화합을, 편견보다는 가치와 전진을, 젊은 나라로 미국을 이어갑시다. 우리의 정신은 살아 있습니다.

우리의 능력은 줄지 않았습니다. 우리는 오늘부터 미국을 재창조하는 일에 나설 것입니다."(미국 제44대 대통령 취임 연설문, 2009년 1월 20일)

〉〉 오바마와 꿈

세계는 오바마의 '말'에 푹 빠져 있다. 그의 연설은 한 곡의 교향곡이다. 오바마는 가장 쉬운 단어를, 가장 감성적으로 연설한다. 그는 말로 사람들을 끌어 들이는 법을 안다. 여유와 겸손이 말을 더 빛나게 한다.

"저의 정치 활동의 뿌리는 어머니가 제게 심어주신 가치입니다. 여기에 맞춰 살아가고 싶은 마음뿐입니다. 이러한 가치를 계급과 인종과 그리고 민족으로 갈가리 찢긴 세상과 조화시킬 방법을 찾고 싶었을 뿐입니다. 저는 의무감에 떠밀려 공직에 나섰습니다."(맨즈 보그, 2006년 가을)

"나의 직업은 여러분 앞에서 워싱턴을 대변하는 것이 아니라, 워싱턴에 가서 여러분을 대변하는 것입니다."(오프라 윈프리 쇼, 2006년 10월 18일)

"저의 성공요인은 오로지 진보적 가치에 충실했다는 점입니다. 저는 진보적 가치를 실현하기 위한 수단으로 잡다한 요소를 절충하는 태도를 보이지 않았습니다."(워싱턴포스트, 2006년 12월 11일)

오바마는 글쓰기 능력과 스피치 능력을 모두 갖춘 최초의 미국 대통령이다. 그가 하는 모든 '말'의 궁극적인 목표는 공감이다. 그는 쉽게, 핵심만, 마음을 헤아려 말한다. 정확한 발음, 명확한 언어 구사, 쉽고 간결한 표현, 반복적이며 점진적인 연설방법, 저음 그러나 시원시원한 음성, 진지한 외모, 그리고 깔끔한 스타일이다. 이것이 대중들에게 호감과 신뢰를 준다.

〉〉 오바마와 용기

오바마는 담대하고, 솔직하고, 절제를 아는 고수다. 제일 좋은 '이미지 메이킹'은 자신을 그대로 드러내는 것이다. 그는 이점을 깨닫고 있었다. 어떤 상황에서도 '희망의 메시지'를 끌어내어 '사랑의 언어' 그리고 '긍정의 언어'로 국민에게 말한다.

"리더십의 근간은 이력서 내용이 아닙니다."(시카고트리뷴, 2006년 12월 15일)

"《담대한 희망》은 선전 책자가 아닙니다. 우리가 어떤 상황에 처해 있는 지를 살펴보는 책입니다. 이 나라와 우리가 가야 할 방향에 대한 성찰에 더 집중한 책입니다."(뉴욕매거진, 2006년 10월 2일)

"사람들이 제가 카메라만 좇는 것이 아니라, 정말로 일을 하려고 이곳에 왔다는 사실을 알아주었으면 합니다."(시카고트리뷴, 2005년 3월 20일)

"저는 많은 사람들이 예상하는 것만큼 쉽게 분류할 수 있는 사람이 아닙니다."(시카고트리뷴, 2005년 3월 20일)

"저는 쉽게 분류할 수 있는 사람이 아닙니다."(시카고트리뷴, 2005년 3월 20일)

"저는 사회에 쓸모 있는 메시지를 전하고 싶습니다."(뉴요커, 2006년 10월 30일)

"고백하자면, 저도 정책 벌레입니다."(시카고트리뷴, 2005년 3월 20일)

"제 피부색에 대해서는 편안합니다."(롤링스톤, 2004년 12월 30일)

〉〉 오바마와 철학

오바마 대통령은 워싱턴 정치의 변화를 상징하는 '아이콘'이다. 그는 복잡한 가정환경을 극복한 입지적인 인물이다. 그는 자신의 삶과 개인적인 경험을 진솔하게 말한다. 그가 가진 강력한 호소력의 근원이다. 그는 사람의 마음을 얻는다.

"인종주의는 다른 형태의 권력 남용의 확장입니다."(크라이시스, 1995년 10월)

"무엇보다 중요한 것은 사람을 녹초로 만드는 이 힘든 여정에 온 가족을 동원해도 좋을 만큼 독특한 구상과 방안을 국민 여러분께 전달할 수 있는가 하는 점입니다."(시카고트리뷴, 2006년 12월 20일)

"저는 모든 사안에서 쟁점의 겉모습보다는 실체에 집중하려고 노력합니다."(시카고트리뷴, 2006년 2월 24일)

"저는 이 나라의 모든 어린이가 인생에서 기회를 얻을 수 있다는 미국의 이상을 실현시키고 싶습니다."(오프라 윈프리, 《최고의 삶을 말하다》)

"국민이 더 나은 삶을 살수 있다면, 정책이 통하기만 한다면, 중도냐, 보수냐, 진보냐를 떠나서 그 정책을 지지해야 합니다."(뉴욕 매거진, 2006년 10월 2일)

"워싱턴 정치는 WWF 레슬링의 복사판이 되고 말았습니다. 서로 때려눕히고 의자를 집어 던집니다. 그렇게 해서는 아무 일도 제대로 되지 않습니다."(휴스턴 크로니클, 2006년 10월 29일)

"남의 집 빨래를 하는 힘든 하루 일을 마치고도 버스를 타지 않고 집에 오던 그 모든 이름 없는 여자들이 자유를 위해 행진하는 모습을 생각해 봅니다. 그 모습이 저에게는 미국 정신의 정수를 구현한 실천이며, 제가 저 자신을 판단하는 기준입니다."(올 싱스 컨시더드, 2004년 7월 27일)

〉〉 오바마와 외교

오바마 대통령은 시장에 대한 규제와 수정, 그리고 책임을 강조하는 경제 질서로 미국과 세계를 재편하려고 한다. 이 경우 자유무역의 원칙이 흔들릴 가능성도 있다.

"우리의 외교정책은 세계 모든 지역에서 미국의 전통적인 이상을 장려하는 방향으로 나가야 합니다. 민주주의와 인권 보장, 자유롭고 공정한 거래와 문화 교류, 시장 경제 내에서 중산층 확대를 보장하는 여러 제도의 발달이 바로 우리의 전통적인 이상입니다."(시카고 외교협회 연설, 2004년 6월 12일)

"우리나라를 전 세계의 희망과 자유의 횃불로 만들었던 가치와 판단을 회복하려면, 우리 리더십의 태도와 방향성도 변할 필요가 있습니다."(시카고 외교협회 연설, 2004년 6월 12일)

오바마 대통령은 유럽연합(EU)과 아시아와 협력을 강화하면서 특히 중국과의 협력도 심화시킬 것이다. 그러나 인권 문제, 위안화 절상 문제, 그리고 시장개방 문제 등은 갈등의 소지가 있다.

"우리는 근로기준법이나, 인권, 미국산 제품에 대한 중국의 시장 개방, 미국 기업과 맺은 법적 계약의 준수 들을 요구해야 합니다. 물론 무역 전쟁을 유발해서는 안 되겠지요."(미국의 리더십 쇄신 보도 자료, 2004년 7월 12일)

〉〉 오바마와 한반도

오바마 대통령은 중도 좌파의 이념적 성향을 갖고 있다. 그럼에도 오바마의 참모들은 부시 행정부의 새로운 대북정책에 기본적으로 찬성하는 입장이다. 따라서 북한 핵문제는 현재의 기조를 유지할 가능성이 높다. 그는 동북아의 안정에 깊은 관심을 가지고 있다.

"우리는 북한이 제기하는 위협을 분명히 말해야 합니다. 3년 6개월 동안 북한과의 협상을 거절한 덕분에 전문가들은 북한이 여섯 개에서 여덟 개의 핵무기를 보유하고 있을 거라고 합니다. 우리는 즉각적으로 북한에 핵보유 능력의 완전하고 입증 가능한 제거를 요구해야 하고, 6자회담을 즉시 시작해야 하며, 비핵화보다 더 광범위한 인도주의적인 개혁의제를 제기해야 합니다."(미국의 리더십 쇄신, 2004년 7월 12일)

"북한도 국가이므로 비합리적으로 행동하지 않을 것이라고 생각하는 것은 잘못입니다. 북한은 러시아보다 더 이데올로기와 환상에 의해 움직이는 체제입니다."(뉴요커, 2007년 1월 15일)

오바마 대통령의 한반도정책은 두 가지로 요약된다. 하나는 한반도의 항구적인 평화체제 구축이고, 다른 하나는 적극적인 북미관계 개선이다. 오바마는 북한의 정책 전환을 유도하기 위해 '오바마-김정일' 정상회담과 북미 양자회담, 그리고 6자 회담이라는 다자 협상을 병행할 가능성이 있다. 미국의 외교력을 과시하기 위해서는 적대적 국가들과의 정상회담이 유용한 카드이기 때문이다.

저자는 오바마 대통령의 재임기간 중 북한의 급변이나, 남북 간 통일논의는 거의 이루어지지 않을 것으로 생각한다. 따라서 이 기간 동안 우리의 과제는 대북정책의 로드맵을 공유하면서 사안별로 미국과 서로 조율하는 것이다. 평화정책에 중심을 두면서 멀리 보아야 한다.

오바마 대통령은 "한 · 미 FTA는 심각한 결함이 있는 협정이다"라고 말한다. 그러나 그는 극단적인 자유무역 반대론자가 아니다. 우리나라는 미국의 7대 교역국이다. 오바마도 한국의 위상과 그 중요성을 알고 있을 것이다. 따라서 취임 이후 일정기간 조정 과정을 거치고 나면 한미 FTA는 비준될 가능성이 높다. 전략적 접근이 필요하다. 미국의 상황변화를 예의주시하면서 불공정 무역관행, 노동 및 환경기준 강화에 대한 대응책을 마련해야 할 것이다.

> "2020년까지 바람이나 태양, 바이오매스(열분해나 발효를 통해 에너지를 얻을 수 있는 생물 자원), 지열 같은 재생 가능한 자원으로 전력 공급의 20%를 충당하고 또 그만큼의 연료를 에탄올이나 바이오디젤 같은 재생 가능한 연료로 공급하는 에너지 독립을 이루기 위해 구체적인 단계를 밟아 나가야 합니다."(미국의 리더십 쇄신 보도 자료, 2004년 7월 12일)

〉〉 오바마와 변화와 희망

오바마 대통령은 많은 과제를 안고 있다. 100년만의 경제위기를 극복해야 하고, 이스라엘과 팔레스타인의 전쟁, 이라크 전쟁, 그리고 아프가니스탄 전쟁을 해결해야 한다. 또한 정부가 금융위기 수습에 주도적 역할을 해내야 하고, 여전히 수렁 속을 헤매고 있는 이라크에서 철군과 평화를 동시에 일궈내야 한다. 그는 4년 임기 내내 힘든 도전과 맞서 싸워야 한다.

> "저는 모든 전쟁에 반대하는 것은 아닙니다. 제가 반대하는 것은 우둔한 전쟁, 경솔한 전쟁입니다. 이데올로기로 밀어붙이는 전쟁, 이성이 아니라 권력과 정치에 기반을 둔 전쟁을 반대하는 것입니다."(찰리 로즈 쇼, 2006년 10월 19일)

2009년 미국은 정치, 경제, 사회, 문화 전반에 변화의 바람이 불 것이다. 그의 가장 최우선 과제는 경기침체로부터의 탈출이다. 임기 초기에는 무엇보다 경제회생에 초점을 맞출 수밖에 없을 것이다. 구제금융 법안의 구체적 집행과 재정 지출 확대를 통해 경기부양을 실시하고, 금융부문에 대한 구조조정과 규제강화 조치가 불가피할 것이다.

오바마의 경제정책은 경제활성화, 조세, 근로자 보호, 무역, 중산층 보호, 교육 등에 집중되어 있다. 특히 그는 시장기능에 대한 신뢰보다는 정부의 시장 개입을 옹호하고 있다. 근로자 및 사회적 약자 보호에 관심이 많다.

〉〉 오바마와 함께 역사의 길을 걸으며…

오바마를 상징하는 키워드는 변화(change), 개혁(reform), 다양성(diversity), 화합(Unity), 새로운 세대(new generation)라고 한다. 그러나 이성과 절제, 인권과 약자 보호가 그의 피에 흐르고 있다.

"준비된 사람이란 일의 막중함을 이해하고 비전과 판단을 결합할 줄 아는 사람입니다. 지식도 중요합니다."(뉴요커, 2006년 10월 30일)

"나라를 바꾸고 싶습니다. 저 나름대로의 독특한 공헌을 하고 싶습니다. 위대한 대통령이 되고 싶은 겁니다."(맨즈 보그, 2006년 가을)

"미국은 페이지를 넘길 준비가 되어 있습니다. 미국은 새로운 도전에 맞설 준비가 되어 있습니다. 지금은 우리의 시대입니다. 새로운 세대는 미국을 이끌 준비가 되어 있습니다."(워싱턴포스트, 2006년 12월 11일)

2009년 1월 20일. 워싱턴의 취임식장에는 20여만 명이 축하했다. 그 광장에는 200만 명이 모여들어 40대 흑인 대통령에게 환호를 보냈다. 그러나 짧은 축제 뒤에는 험난한 여정이 기다리고 있다. 우리는 그의 연설을 기억한다.

"여기는 미국입니다. 전 세계 곳곳에서 삶의 가혹한 운명에 진저리를 치면서도 더 나은 미래를 꿈꾸었던 수많은 활동적인 모험가들이 머나먼 여행길을 뚫고 온갖 고초를 겪어서라도 오고 싶어 했던 그런

나라입니다."(매사추세츠 대학교 졸업식 연설, 2006년 6월 2일)

"이 나라는 지상에서 가장 위대한 나라입니다. 군사력이나 경제력의 규모 때문이 아니라 모든 아이가 자기가 꿈꾸는 이상을 실제로 이룰 수 있는 나라이기 때문입니다."(밋 더 프레스, 2004년 7월 25일)

"미국 상원은 희망도 없고 미래에 대한 꿈도 없이 거리 한 구석에서 서성이는 젊은이들의 목소리에 귀를 기울여야 합니다. 그래야만 우리가 지금 잃어가고 있는 젊은 세대의 문제가 얼마나 심각하고 긴급한지 분명하게 느낄 수 있습니다."(올 싱스 컨시더드, 2004년 7월 27일)

"워싱턴에 필요한 것은 여러분의 성숙한 감시입니다."(기금조성 편지, 2006년 10월)

"제가 할 수 있는 일이라곤 최선을 다해 진심을 담아 일하는 것뿐입니다."(모닝 에디션, 2006년 7월 14일)

오바마의 꿈은 우리의 꿈이다.

오바마의 성공은 우리의 성공이다(존 매케인 미국 상원의원).

세계인에게 존경을 받고 성공한 대통령이 되기를 기원한다.

정치

촛불시위 무엇을 남겼나?

시민들에게 주는 촛불의 의미는 두 가지가 될 것이다. 하나는 가족과 우리 공동체의 건강주권을 위한 촛불이며, 다른 하나는 정부정책을 감시하는 촛불이다. 우리 시민들은 이 두 개의 촛불을 가슴에 안고 가정에서 그 의미를 계속 성찰해야 한다. 이명박 정부도 촛불의 의미를 겸허하게 되새겨야 한다. 하나는 '섬김의 촛불' 이고, 다른 하나는 '소통의 촛불' 이다. '섬김의 정치' 는 '설득의 정치' 가 전제될 때 가능한 것이다. 국민과의 진정한 소통은 바로 여기서 나온다.

2008년 봄. 촛불이 세종로를 뒤덮었다. 연일 전국으로 확산되었다. 종교계도 촛불시위에 가세했다.

대한민국 심장부는 민주화 이후 시민들이 자발적으로 참여한 거대한 정치교육장이 되었다. 이명박 정부는 정권 출범 100일 만에 최대의 위기를 맞았다.

대통령은 대국민사과를 발표했다. 각료들이 전원 사표를 제출하고, 비서실장을 비롯한 일부 장관과 청와대 수석이 교체되었다.

많은 시민들은 왜 촛불을 들고 거리로 나섰을까? 그 배경에 관해서는 다양한 관점에서 설명을 할 수 있을 것이다. ① 광우병 위험이 있는 미국산 쇠고기 수입결정에 대한 시민들의 분노, ② 식품안전 및 검역주권을 지키지 못한 정부의 태도에 대한 분노, ③ 졸속 협상(2008. 4. 8~4. 19 18대 총선부터 한 · 미 정상회담 개최 전까지 11일 동안 신속히 진행된 협상)에 대한 국민들의 분노, ④ 이명박 정부의 정치노선과 인수위 정책 방향에 대한 깊은 불신감의 표출, ⑤ 반미감정 등을 들 수 있다. 이번 촛불시위는 이러한 다섯 가지가 복합적으로 작용했다고 생각한다.

〉〉촛불의 의미를 성찰할 시간

1990년 초 독일에서 경험한 두 가지 사례를 소개하려고 한다. 하나는 '1990년 걸프전쟁과 촛불시위' 이고, 다른 하나는 '1993년 광우병 파동과 영국과 독일 수상의 저녁식사 이야기' 다.

1990년 8월 독일에서도 엄청난 촛불시위가 발생했다. 그 이유는 중동에서 걸프전쟁(Gulf War, 1990. 8. 2~1991. 2. 28)이 발발했기 때문이다. 1990년 8월 2일 새벽. 이라크가 전투부대를 앞세워 쿠웨이트를 점령했고, 미국을 중심으로 한 서방세계는 즉각적인 원상회복을 촉구했다. 그러나 사담 후세인(전 이라크 대통령, Saddam Hussein al-Majid al-Awja, 1937. 4. 28~2006. 12. 30 교수형)은 "쿠웨이트가 원유시장에 물량을 과잉공급하여 유가를 하락시켰고, 이것이 이라크 경제를 파탄지경으로 몰고 있다"고 강하게 비난했다.

이런 가운데 유엔안보이사회는 1991년 1월 15일까지 이라크가

쿠웨이트에서 철군하지 않을 경우 무력 사용을 승인한다는 결의안을 통과시켰다. 미국, 한국, 그리고 독일 등 34개국이 참여한 68만 명(미군 43만 명)의 다국적군(軍)이 결성되었다.

전 세계가 주목하는 가운데 유엔안보이사회가 제시한 최후통첩 시간은 하루하루 지나가고 있었다. 다국적군은 이틀 후 1991년 1월 17일 대공습을 단행했다. 저자는 이 걸프전쟁을 독일 뮌스터(Münster)에서 지켜보았다. 독일의 공영 제1방송(ARD)은 '첨단무기의 실험장' 을 마치 오락게임 중계하듯이 생방송했다.

유럽과 독일의 전역에서는 전쟁을 반대하는 대규모 촛불시위가 일어났다. 이 시위는 사상자에 대한 보도 건수와 정비례하여 점점 고조되었다. 독일 베를린(Berlin)과 뮌헨(München) 등 대도시에서는 수십만 명이, 본(Bonn), 그리고 뮌스터(Münster)와 같은 군소 도시에서는 수만 명이 시위에 참여했다.

당시 독일의 촛불시위의 배경은 여러 가지가 있었다. ① 독일 군대의 다국적 참여는 독일 헌법 제26조 침략전쟁의 금지 규정의 위반이라는 비판, ② 독일 통일(1990. 10. 3) 이후 점점 악화되고 있는 경제상황에 대한 불만심리의 고조, ③ 걸프전쟁을 위한 독일의 전쟁비용부담금에 대한 시민들의 조세저항, ④ 무고한 시민희생 반대 등이었다.

한편 매우 역설적이지만 독일의 촛불시위는 엄청난 정치교육의 효과를 생산했다. 통일 이후 좌우로 양분된 어수선한 사회 분위기 속에서 시민들이 자발적으로 전쟁반대 촛불시위를 함으로써 '인간존중'의 사회적 합의를 도출하고 있었다.

저자는 당시 뮌스터(Münster)대학교 학생이었기 때문에 시위상황을 생생하게 기억하고 있다. 아직도 기억에 남는 것은 학생들의 집단행동이었다. 대학생들은 시민단체와 함께 매일 조를 짜서 저녁마다 난민촌의 주변을 순찰했고, 촛불을 켜고 인간띠를 형성했다. 낮에는 공부하고, 밤에는 보초를 섰다. 이들이 외치는 구호는 "무고한 사람과 죄 없는 약자를 보호해야 한다"는 것이었다. 이러한 인도적인 호소는 대부분의 독일 시민과 대학생들의 양심이었고, 실제 이들의 행동은 극우세력의 테러로부터 난민들을 보호하는 역할을 수행했다. 촛불시위와 시민운동은 독일 사회에서 이렇게 발전하고 있었다.

2주간의 대공습 이후 1991년 2월 28일 걸프전쟁은 끝났다. 이라크의 주요시설은 거의 파괴되었고, 약 20만 명의 사상자가 발생했다. 다국적 군도 378명의 전사자를 냈다. 걸프전쟁은 막을 내렸지만, 전쟁에 참여한 많은 국가들과 군인, 그리고 가족들은 심각한 전쟁후유증에 시달렸다. 한편 중동은 미국의 절대적 영향 하에서 새로운 질서로 재편되었다.

저자가 여기서 말하고자 하는 핵심은 독일의 시민운동이다. 그들은 거리의 촛불을 각 가정으로 가져갔다. 그것은 두 개의 촛불이었다. 첫 번째 촛불은 '전쟁반대', 두 번째 촛불은 '정치적 결정'에 대한 항의의 촛불이었다.

많은 시민들은 '전쟁반대'(Nein Krieg!, No War!)를 집 대문에 써서 붙였고, 정치권에 언제든지 정치적 이슈에 대해 촛불시위를 강행할 수 있다는 경고를 던졌다.

시민들은 일상으로 돌아갔지만, 독일의 정당들은 시민들의 의견을 수용하기에 바빴다. 이것이 독일의 시민운동과 정치권의 경계선이었다. 민주국가에서 시위에 대한 후속조치들은 정치인의 몫이고, 각 정당들의 과제다. 독일의 정당들은 촛불의 의미를 정책에 반영하려고 심각하게 토론했다. 우리나라의 정당과는 너무도 달랐다.

〉〉 영국의 광우병 파동과 독일 사회의 반응

1993년 영국에서는 처음으로 광우병으로 사람이 죽는 사례가 발생했다. 이때 저자는 독일 할레(Halle)대학교에서 박사학위 논문을 준비하고 있었다. 당시를 회상해 보면, 독일 언론들이 연일 광우병 문제를 제기했지만, 시민들은 차분했다. 이웃 국가에 대한 배려도 있었다. 영국산 쇠고기 수입반대 문제로 독일 국민들이 전국적으로 촛불시위를 하는 장면을 저자는 본 적이 없다. 독일 사람들은 냉정했고 현명했다.

물론 사안을 비교해 보면 우리나라와 다른 점이 많다. ① 1993년 영국의 광우병 문제는 유럽 전체가 공동으로 대처해야 할 사안이었고, ② 독일 정부의 협상력이 문제가 된 것도 아니었으며, ③ 독일의 촛불시위로 이 문제가 근본적으로 해결될 성질도 아니었다.

당시 독일 수상인 헬무트 콜(Helmut Kohl)은 인간 광우병 문제로 아주 민감한 시기에 영국을 방문했다. 그의 방문은 독일 공영 제2방송(ZDF)을 통해 독일 전역에 생중계되었다. TV화면을 보면서 놀란 것은 머리에 흰 모자를 쓴 요리사가 오른손에 접시를 들고 영국 수상관저로 들어가는 장면이었다. 접시 위에는 두 정상이 이날 함께 할 저녁식사 메뉴인 영국산 쇠고기 요리가 놓여 있었다.

유럽의 정치인들은 이렇게 양국 국민들을 안심시키며, 정신적으로 위로를 해 주고 있었다. 우리나라처럼 같은 당(黨) 내에서도 이익관계에 따라 사분오열(四分五裂) 한다든지, 혹은 국회를 멀리하고 길거리에 앉아서 시민들과 함께 외치는 것이 아니라, 직접 해당국의 정치인을 만나 외교를 통해 서로 얼굴을 맞대고 격려하고 이해하면서 양해와 협력을 구하는 '대화채널'을 가동하고 있었다는 점이었다.

우리는 너무 강하게, 또 너무 감정적으로, 그리고 너무 적극적으로 촛불을 통해 세상을 바꾸려고 하지 않았나 생각한다. 미국인뿐만 아니라 외국 사람들은 다소 당황했을 것이다. 한국의 민주주의 발전사와 대한민국의 대외이미지 측면에서 보면 조금 과(過)했고, 마무리에 대한 성찰이 아쉬웠다고 생각한다.

특히 안타까운 점은 각종 종교단체들이 쇠고기 문제로 길거리에서 시위를 개최한 점이다. 독일에서 경험한 바로는 독일의 종교단체들은 정부의 정책 결정의 문제로 시민들과 함께 촛불을 들고 거리에 서 있지 않았다. 물론 정치와 종교의 역사가 다르고, 한국 정치권의 무익한 정치행태를 보면 이해가 되는 부분도 있다. 그럼에도 종교와 정치는 엄연히 분리되어야 한다. 이것이 지난 역사가 남긴 교훈이다.

》 촛불은 우리에게 무엇을 남겼는가

2008년 겨울에는 성찰을 해야 한다. 성찰이란 몸부림에 대한 꾸짖음이다. 성찰의 결과는 깨우침이다. 우리는 촛불의 의미를 어떻게 되새기고 있는가? 또한 시민단체와 국회, 그리고 이명박 정부에 남긴 촛불의 의미는 무엇인가? 시민들에게 주는 촛불의 의미는 두 가지가 될 것이다. 하나는 가족과 우리 공동체의 건강주권을 위한 촛불이며,

다른 하나는 정부정책을 감시하는 촛불이다. 우리 시민들은 이 두 개의 촛불을 가슴에 안고 가정에서 그 의미를 계속 성찰해야 한다.

시민들이 도로를 점거하는 촛불시위도 의미가 있지만, 이것을 각 가정에서 실천하는 시민의식도 중요한 의미가 있다고 본다. 시민들은 식품의 안전을 생각하고, 식재료를 구입할 때 신중하게 선택해야 한다. 불량식품은 생산도 하지 말고 철저하게 불매해야 하고, 목록을 냉장고 문에 붙여두어야 한다. 문제가 된 쇠고기도 마찬가지다. 시민들은 정부가 식품수입과 유통에 대해 더 강력하게 감시체계를 구축할 수 있도록 제도개선을 지속적으로 촉구해야 한다.

민주시민은 항상 깨어 있어야 한다. 정부의 실현 가능성이 없는 정책 결정을 비판하고 감시해야 한다. 물론 여기에는 한계선이 있다. 시민들은 불편사항에 대해 문제점을 제기하고, 마무리는 정치권으로 넘겨야 한다. 시민단체가 직접 나서서 정치를 하려고 해서는 안 된다. 왜냐하면 각 시스템이 작동해야 민주주의가 정착되기 때문이다. 2008년 5월의 촛불시위에서는 한계 설정이 모호했다고 생각한다.

국회도 촛불의 의미를 진지하게 성찰해야 한다. 국회의원들이 길거리에서 시민과 함께 시위를 할 것이 아니라, 시민들이 행복하게 생활할 수 있도록 올바른 입법을 해야 한다. 그렇기 때문에 국회의원의 역할이 매우 중요하며, 이를 뒷받침해 줄 수 있는 정당의 역할이 막중한 것이다. 이제 더 이상 국회의원들이 길거리에서 시위를 한다고 시간을 낭비해서는 안 된다. 국민을 위한 입법 작업에 전력투구를 해야 한다. 국회의원들의 존재가치는 바로 여기에 있다.

이명박 정부도 촛불의 의미를 겸허하게 되새겨야 한다. 하나는 '섬김의 촛불' 이고, 다른 하나는 '소통의 촛불' 이다. '섬김의 정치' 는 '설득의 정치' 가 전제될 때 가능한 것이다. 국민과의 진정한 소통은 바로 여기서 나온다.

2008년 겨울이 왔다. 촛불시위가 남긴 상처들을 지혜롭게 그리고 슬기롭게 마무리해야 한다. 이해하고 용서하고 포용하면서 사회를 통합해 나가야 한다. 공권력의 행사는 이러한 방향에서 절제가 필요하다.

촛불을 입으로 훅 불어 끄고 말했다.
"지금 그것이 어디로 갔습니까?"
우리 사회는 이 질문에 대해 아직도 침묵하고 있다.

대한민국 국민 모두 태울 수 있는 큰 수레가 필요하다.
그래서 성찰이 필요한 것이다.

정 치

비난의 표적이 된 도지사 …
단지 '에쿠스' 때문이었나?

21세기형 도지사는 선이 굵고, 비전이 있어야 한다. 자신이 바로 각 '지역의 브랜드'라는 점을 인식하고 세계의 흐름에 맞추는 노력이 필요하다. "세계로! 미래로!"의 실체를 임기 중에 분명하게 밝히고, 초석이라도 닦았으면 한다. 사심이 없고, 역동적이고, 감동을 주며, 젊음을 바친다는 혼(魂)만 있다면, 누가 7천만 원짜리 에쿠스 때문에 비난하겠는가?

〉〉 '경남의 얼굴' … 그에 걸맞은 몇 가지 제안

"역동적 경남도정(慶南道政)에 에쿠스가 웬 말인가."

2005년 1월 19일 공무원노조 경남지역본부가 낸 보도 자료의 제목이다. 이 제목은 상당히 자극적이어서 도민들의 관심을 끌었다. 그 내용을 보면, "도지사가 관용차량을 다이너스티(2002년식, 3000cc)에서 에쿠스 리무진(3500cc)으로 교체했다는 소식을 접하고 경악을 금치 못했다. 내구연한도 되지 않은 관용차량의 교체 이유를 공개적으로 밝히고, 차량 구입에 소요된 예산의 편성, 도의회의 승인과 집행 과정을 직접 공개하라"는 것이었다.

이 보도 자료에는 정책비판도 실려 있다.

"보궐선거로 당선돼 1년도 지나지 않아 도지사 관사문제와 전세 아파트 및 집기 구입 문제가 제기되었고, 관용차량을 바꾼 사실은 도민을 기만하는 행위이며, 경상남도의 지역경제 활성화와 일자리 창출 등은 알맹이 없는 구호에 불과한 것이다."

이 발표 이후 경남도청 홈페이지 게시판에는 분노하는 글들이 빗발쳤다. 결국 젊은 40대 도지사는 하루가 지나 완전히 백기를 들고 사과 성명을 발표했다.

물론 그가 하고 싶은 말도 많을 것이다. 그러나 도민들이 7천만 원짜리 차량으로 술렁이는 데는 이유가 있다. ① 경제상황을 고려하지 못했다. 청년실업, 실직가정, 농어촌 황폐화 문제 등 사회여론이 너무 안 좋다. ② 차량의 교체 시기도 맞지 않다. 차량 10년 타기 운동도 진행되고 있고, 에너지를 절약하자는 홍보도 펼치고 있지 않은가? ③ 도민의 혈세는 정당하게, 투명하게 집행되어야 한다. ④ 보궐선거로 당선되었으면, 다음 선거까지 적어도 자중하는 정치적 감각은 있어야 한다.

이번 에쿠스 파문은 도지사에게 아주 귀중한 교훈을 남겼고, 도민에게는 깨어 있는 이성적 비판의식과 표출이라는 소중한 사례가 되었다.

〉〉에쿠스 파동은 이 정도로 끝내자

에쿠스 파동을 보면서, 도지사와 그를 보좌하는 정책담당자들에게 몇 가지 제안을 하고자 한다.

매년 새해에는 도지사는 이런 사람들을 한번 만나주었으면 한다. 민족 최대의 명절인 설날 연휴 중 하루를 택하여 점심 때 도내 외국인 노동자들을 도청식당에 초청하여 따뜻한 떡국 한 그릇 대접하길 바란다. 외국노동자들은 물 다르고, 언어 다르고, 사람 다르고, 날씨와 문화까지 다른 아주 생소한 곳에서 살아가고 있다. 물론 그들에게는 개인적으로 꿈과 희망이 있겠지만, 3D업종에서 산업발전에 헌신하고 있는 그들의 노고에 감사해야 한다. 가족도 많이 보고 싶고, 그리울 것이다. 상징적이지만, 도지사가 설날에 그들의 손이라도 한번 만져주길 바란다. 도청식당 정면에 이런 문구도 하나 새겨두면 좋겠다.

"먼 훗날 한국이 여러분의 제2의 고향이 되었으면 합니다."

그리고 3월 첫 주는 입학식이 있다. 신학기 시작 전에 도내 신규채용 초 · 중 · 고 · 전문대 · 대학 교수들을 초청하여 도청식당에서 저녁식사와 겸해서 상견례를 한번 하길 바란다. 이런 행사는 매년 봄 학기, 가을 학기 전에 마련되었으면 한다.

"선생님의 교육철학과 열정이 우리나라의 미래를 엽니다."

도청식당 정면에 이런 표현이 하나 붙어 있으면 좋겠다. 선진 외국에서는 모두 하고 있는 행사이지 않는가?

사전 선거운동이라는 비난이 있을 수도 있다. 하지만 조용히 내실있게 행사를 진행하고, 이벤트에 대해서는 보도를 자제하면 될 것이다. 도지사란 도민을 대표하는 사람이고, 도의 이익을 생각하는 사람이며, 도의 양심을 대표하는 사람이다. 따라서 임기 중에 힘 있게 움직이고, 현장에서 책임행정을 펼치며, 감동을 심고 다니면서, 다양한 계층에게 에너지를 불어넣어야 한다. 선진국 도지사들이 자신 있게 추진하는 일들이 바로 이런 것이다.

21세기형 도지사는 선이 굵고, 비전이 있어야 한다. 자신이 바로 각 '지역의 브랜드' 라는 점을 인식하고 세계의 흐름에 맞추는 노력이 필요하다. "세계로! 미래로!"의 실체를 임기 중에 분명하게 밝히고, 초석이라도 닦았으면 한다. 사심이 없고, 역동적이고, 감동을 주며, 젊음을 바친다는 혼(魂)만 있다면, 누가 7천만 원짜리 에쿠스 때문에 비난하겠는가?

정치

과거사 청산 '정치적 카드' 될 수 없다

과거사 청산은 역사인식, 철저한 준비, 국민의 공감대가 수반되어야 한다. 청산의 방향, 청산의 방법, 피해자 복권과 지원방안, 사회통합에 대해 심적 · 물적 · 인적으로 준비가 제대로 되어 있는지를 생각해보아야 한다. 또한 중립적이고 객관적인 '과거사청산위원회' 가 설치 · 유지될 수 있는지도 고려해야 한다. 국제사회도 이 문제에 관심을 가지고 있다. '판도라의 상자' 를 열기 전에 여야 정치권은 심사숙고하길 바란다.

과거사 청산 문제로 나라가 시끄럽다. '과거사 청산은 현재의 문제' 라는 시각도 있고, '국회 밖 독립기구 구성' 이라는 주장도 있다. 전문가의 주장도 가지가지다. 사회학자 동국대 강정구 교수는 〈과거청산은 내일을 낳는 진통〉라는 제목의 칼럼을 통해 "과거사를 청산해야 역사와 후손들에게 얼굴을 들 수 있을 것"이라고 강변하고 있고, 사학자 원광대 이주천 교수는 〈친일파규명법안의 감상법〉에서 "미숙한 정치인들이 과거사를 악용하는 무모한 재집권 야욕, 한국의 시계추가 거꾸로 돌아가는 반동(反動)의 정치계절"이라고 힐난(詰難)하고 있다.

법학자 고려대 김일수 교수는 〈과거청산, 제대로 하는 길〉에서 "왜 과거사의 아픈 상처를 다시 건드려야만 하는가? 이성적 국민의 공감대가 선행되지 않은 과거 청산은 한때의 자학적인 정치 굿에 지나고 말 것"이라고 주장하고 있다.

과거사 청산이란 무엇인가? 이 문제가 왜 등장했는가? 청산의 주체와 대상은 누구이며, 청산기준과 청산범위는 설정되어 있는가? 언제까지 청산작업은 계속될 것인가? 가해자에 대한 처벌, 피해자를 위한 복권과 지원문제는 또 어떻게 해결할 것인가? 이 문제는 한국의 현대사를 관통하는 엄청난 파괴력을 지닌 문제다. 따라서 우리는 다시 한 번 성찰해야 한다.

〉〉청산 개념과 시점이 불투명

첫째, 과거사 청산의 개념과 시점이 불투명하다. 과거사 청산이란 과거에 일어났던 사건에 대해 방치와 망각을 방지하는 적극적 · 구체적 작업이다. 이 작업은 두 가지 의미를 함축하고 있다. 하나는 '역사 연구작업' 이고, 다른 하나는 '역사의식 형성작업' 으로 전자는 과거의 정리이고, 후자는 과거의 파악이다. 주로 국가체제에 엄청난 변동이 왔을 때 이루어진다.

예를 들면 '군주제에 대한 외적 청산' , '나치극우주의에 대한 내적 청산' , '구동독 불법청산' 을 들 수 있다. 그렇다면 노 전 대통령이 언급한 '포괄적 과거사 청산' 이란 위 세 가지 중 도대체 어떠한 청산을 지칭하는가? 그리고 청산의 시점에 있어서도 한국의 국가체제에 혁명적 변동상황이 왔는가? 이 문제에 대해서 명확한 해명이 있어야 할 것이다.

둘째, 과거사 청산의 유형과 방법이 명확하지 않다. 청산 유형에는 세 가지 모델이 있는데, 하나는 완전히 그리고 철저하게 청산하는 유형이다(예 : 나치정권을 청산한 독일, 프랑스, 그리고 유럽국가의 모델). 다른 하나는 반쯤 청산하고 묻어두고 가는 유형이다(예 : '흑과 백' 대결을 종식한 남아프리카가 모델). 마지막으로 청산의 생색만 내다가 역사에 묻어두고 가는 유형이 있다. 이 유형은 형식적 재판절차를 통해 과거불법의 책임자만 단죄하는 유형을 의미한다(예 : 내전을 겪은 스페인과 한국의 5공 청산모델). 전자의 두 유형은 법철학적 정당성에서, 후자는 실정법의 테두리에서 청산방법을 찾았다. 그렇다면 지금 논의되고 있는 청산작업은 도대체 어떤 유형이며, 어떠한 방법으로 추진하려고 하는가?

〉〉 국민 공감대 형성돼야

셋째, 피해자 구제방안도 전무하다. 피해자와 그 가족들을 위로하고, 법으로 구제하는 작업은 가해자 처벌보다 더 중요하다. 어느 정도까지 구제하느냐, 피해자 지원에서 사회적 형평이 유지되느냐가 핵심이다.

차별하지 않고 공평하게 지원해야 하며, 물질적 손실뿐만 아니라 생명, 신체, 직업 등 비물질적 손실까지도 보상해야 한다. 형법적, 직업적, 행정법적으로 나누어 각각의 해당 법률에 따라 복권과 피해자 지원이 이루어져야 한다. 정부는 이러한 준비를 하고서 과거사 청산에 나서고 있는가?

과거사 청산은 정치적 구호와 신념만으로 이루어질 수 없다. 역사인식, 철저한 준비, 국민의 공감대가 수반되어야 한다.

지금이 한국 현대사에서 청산의 적기라고 한다면, 어떤 희생을 감수하더라도 확실하게 털고 가야 한다. 그러나 청산의 방향, 청산의 방법, 피해자 복권과 지원방안, 사회통합에 대해 심적 · 물적 · 인적으로 준비가 제대로 되어 있는지를 먼저 생각해 보아야 한다. 또한 중립적이고 객관적인 '과거사청산위원회' 가 설치 · 유지될 수 있는지도 고려해야 한다. 정치적 악용과 정치인의 사욕이 과거사 청산작업에 개입되어서는 안 되기 때문이다. 이미 국제사회도 이 문제에 관심을 가지고 있다. '판도라의 상자' 를 열기 전에 여야 정치권은 심사숙고하길 바란다.

정 치

불법 감청과 안기부 X파일이 남긴 교훈

'위법수집증거배제의 원칙' 은 정의감에 반하고, 문명사회에 충격을 주면서 수집한 증거를 배제하는 원칙이다. 그렇다면 과연 안기부 X파일의 내용이 정의감에 반하고 문명사회에 충격을 주고 있는지, 아니면 권력에 기생한 파렴치한 정보수집가가 행한 도청행위가 그러한지는 따져봐야 한다. '민주주의에 대한 문명사회의 정의감' 을 이번 사건으로 되찾아야 한다. 광복 60주년에는 60년 동안 잘못된 두 관행을 한번 털고 가야 한다.

〉〉 '판도라의 상자' 를 열기 전에 역사 앞에 다짐해야

2005년에 한반도에는 각종 이슈들이 동시다발(同時多發)로 터졌다. 총기탈취사건으로 최고 수준의 경계 태세인 '진돗개' 가 발령되더니, 대선자금으로 실형을 선고받은 자들이 광복 60주년 8 · 15 특별사면 대상자로 거론되기도 했다.

그런 가운데 안기부 불법 감청(盜聽)과 소위 안기부 'X파일' 이 세상을 뒤흔들었다. 노 전 대통령은 대연정을 제안하고, "정권을 내놓더라도 선거제도는 고쳐야 한다"고 역설했다.

아무리 막혀도
.....
X파멸 본질
정·경·언
유착수사
DJ정권
도청사실
폭로기자
수사
인생
별거 있어?!
쉬어갔다 가면
되지.....

戀情.....
자연스러운
현상...
.....

그중에서도 불법 감청과 안기부 X파일 문제에 대한 의견은 여전히 분분하다. 그 내용은 크게 다음의 세 가지로 요약할 수 있다.

① 불법 감청이 먼저 철저하게 밝혀져야 한다. ② 안기부 X파일의 내용이 우선 분명하게 밝혀져야 한다. ③ 국가기관이 자행한 중범죄와 재벌, 언론권력이 결탁한 민주주의 파괴행위는 모두 함께 밝혀져야 한다.

불법 감청과 안기부 X파일의 청산작업은 어떠한 역사적 의미가 있는가? 하나는 '역사연구 작업'에 있고, 다른 하나는 '역사의식 형성 작업'에 있다. 역사연구 작업은 과거를 정리하는 작업이며, 역사의식 형성 작업은 과거를 파악하는 작업이다. 그렇다면 한국 현대사를 관통하는 엄청난 파괴력을 지닌 이 문제를 우리는 어느 범위에서 청산할 것인가? ① 완전하고 철저하게 과거의 불법을 청산할 것인가, ② 반쯤 청산하고 나머지는 역사에 묻어두고 갈 것인가, ③ 청산의 시늉만 낼 것인가? 우선 이 문제를 명확히 하는 것이 정치권과 국민들이 선택해야 할 선결문제라고 본다. 왜냐하면 선택에 따라 결론은 완전히 달라지기 때문이다.

'불법 감청과 안기부 X파일'에 대해서는 완전히 그리고 철저하게 과거의 모든 불법을 이번 기회에 청산해야 한다.

첫째, 불법 감청을 지시한 책임자, 불법 감청팀 운영자, 불법 감청의 범위와 대상, 불법 감청 결과의 악용과 그 사례, 사실관계를 확실하게 밝혀야 한다. 그리고 법에 따라 엄중히 책임을 물어야 한다.

전직 대통령과 그 아들, 불법 감청 결과를 보고 받았다는 청와대 수석, 당시 국정원장, 국내담당 차장, 정책실장 등 국정원 관계자들도 철저히 조사하여 권력의 타락과 그 적나라한 실상을 국민들에게 모두 알려야 한다. 그리하여 더 이상 대한민국에는 불법 감청이 자리 잡을 수 없도록 역사에 획을 그어야 한다.

법치주의를 파괴하는 "불법 감청을 통해 범죄를 적발하고 이를 처벌하는 것이 좋지 않으냐"와 같은 망상(妄想)은 국민과 권력기관이 더 이상 머릿속에 담을 수 없도록 뿌리를 뽑아야 한다. "도청자료가 다 공개되면 정치, 경제, 사회 모든 분야가 붕괴된다"는 주장이 있다. 이는 몰역사, 반민주적, 몰가치적 상상이다. 검찰수사, 국정원자체조사, 특검, 국정조사 등을 모두 활용해서라도 한 점 의혹 없이 낱낱이 규명해야 할 것이다.

둘째, 재벌기업과 언론, 그리고 정치인이 결탁하여 수단과 방법을 가리지 않고 민주주의를 왜곡하고 파괴한 행위에 대해서는 그 공모내용과 행위자들을 철저하게 밝혀야 한다. "이미 두 번의 대선에서 승리했기 때문에 지금 또 다시 이 문제를 거론하는 것은 승리자들의 복수 행위다"라는 논리가 있다.

그러나 국민은 복수에 관심이 있는 것이 아니라, 민주주의 파괴 행위에 대해 심각한 문제제기를 하고 있는 것이다.

또한 "재벌세력과 정치권의 결탁은 정치구조의 잘못된 관행에서 나왔다"는 논리가 있다. 그러나 이제야 겨우 그 실체가 밝혀진 범죄행위는 당연히 해명해야 한다. 이것이 민주주의를 파괴한 중범죄 행위이기 때문이다.

일부 사람들은 형사소송법상의 '위법수집증거배제의 원칙' 을 언급하면서 안기부 X파일의 수집방법의 부당성을 제기하고 그 내용에 대한 공개를 반대한다.

아무리 범죄의 증명에 합당한 증거라도 그것을 수집함에 있어서 불법이 용인되어서는 안 된다. 만약 이를 용인한다면, 하나의 범죄는 적발할지 몰라도 수많은 다른 사건에서 수사기관의 불법을 용인하는 결과가 되고, 이는 국민에게 더 큰 불이익을 주는 결과가 될 것이다. 이 원칙의 취지는 이번 도청을 둘러싼 언론보도에 관해서도 당연히 존중되어야 한다.

– 강훈, [시론] 불법도청이 핵심이다, 중앙일보, 2005년 7월 29일자

그러나 '위법수집증거배제의 원칙'은 정의감에 반하고, 문명사회에 충격을 주면서 수집한 증거를 배제하는 원칙이다.

그렇다면 과연 안기부 X파일의 내용이 정의감에 반하고 문명사회에 충격을 주고 있는지, 아니면 권력에 기생한 파렴치한 정보수집가가 행한 도청 행위가 그러한지는 따져봐야 한다.(이익형량이론)

여기서 중요한 것은 우리 국민들의 각오다. '민주주의에 대한 문명사회의 정의감'을 이번 사건으로 되찾아야 한다. '판도라의 상자'를 열기 전에 다시 한 번 역사 앞에 다짐해야 한다. 정치적 폭풍이 불더라도, 이번 광복 60주년에는 60년 동안 잘못된 두 관행을 한번 털고 가야 한다.

정치

확실하게 한번 털자

확실하게 한번 털자. 부패공화국, 매춘공화국, 부실공화국, 안전불감증공화국을 우리 모두 한번 털자. 겉으로 명분과 실리를 앞세우며 생색내면서, 속으로 자기영달과 기회주의의 늪에서 허우적거리는 약삭빠른 정치인들을 확실하게 한번 털어 내자. 지금이 곧 희망의 그 순간이다.

새해 아침이 밝았다. 세월은 돌고 도는 바퀴가 아니다. 한번 지나면 영영 되돌릴 수 없는 미망(迷妄)이다.

한국 사람들은 출세를 위해 다른 사람을 모질게 모함하고 '트럭 째로' 권력에 돈을 갖다 바쳤다. 상급자의 힘을 빌렸다. 권력과 이권은 항상 결탁했다. 부패와 정치, 부패와 군, 부패와 행정, 부패와 공무원, 부패와 기업, 부패와 건설공사, 부패와 문화(문단, 음악, 미술), 부패와 연예인, 부패와 스포츠, 부패와 언론, 부패와 병원, 부패와 법원, 부패와 검찰 · 경찰, 부패와 교육(초 · 중 · 고, 그리고 대학) 등은 모두 망하려고 작정한 '부패공화국'의 전형이다.

자유도, 민주도, 평등도, 인간존엄도 이 사회 구조에서는 꽃 필 수가 없다. 부패는 한 나라를 몰락시키는 지름길이다.

2009년 새해 아침 경남 마산시 가포

〉〉 악취 나는 것은 솎아야

한국 사회의 내부는 지금 신음 중이다. '마라도에서 38선까지' 사람들은 매일 고통 속에서 살고 있다. '경제대란' 이 가속화되면서 '자살유혹' 이 급증하고 있다. 남녀노소가 따로 없다. 실직, 투자실패, 사업실패, 카드 빚, 가정불화가 그 이유다. 죄 없는 어린 자식들만 희생되고 있다. 한국 사회에는 '무자본 특수업' (소위 범죄 행위)들이 판을 치고 있다. 사회안전망은 너무도 부실하다. 한 가정을 완전히 붕괴시키는 데도 개인은 생활안전보험에 대해서 별 개념이 없다.

이혼 급증으로 가정은 붕괴되어 가고 있지만, 국가와 지방자치단체는 그저 이러한 상황을 방치하고 있을 뿐이다. 아직도 우리는 2만 불 시대를 꿈꾸고 있는가?

확실하게 한번 털자. 부패공화국, 매춘공화국, 부실공화국, 안전불감증공화국을 우리 모두 한번 털자. 겉으로 명분과 실리를 앞세우며 생색내면서, 속으로 자기영달과 기회주의의 늪에서 허우적거리는 약삭빠른 정치인들을 확실하게 한번 털어 내자.

의식혁명을 통해 불신의 벽과 냉소에 길들여진 규격화된 우리의 천박한 이중 잣대를 확실하게 한번 털어 내자. 증오와 보복, 분쟁의 소용돌이, 골 깊은 엉킴을 한마음으로 한번 풀자. 내용이 없는 공허한 외침과 실현이 불가능한 사회정책들, 국가나 지방자치단체는 즉각 중단하자. 책임을 떠넘기고, 헐뜯기에 조급하면서, 손가락질하기에 여념 없었던 불감증에서 제발 우리 모두 벗어나자. 저마다 이해와 감정이 다르지만, 앞으로는 웃는 얼굴로 따스한 마음으로 역사의 진리와 투명한 사회를 위하여 한번 털고 가자. 가슴을 열고서.

〉〉 움직이지 않으면 절망뿐

앞으로는 지방화시대가 도래할 것이다. 따라서 기존의 의식을 180도로 바꾸어 지방에서도 인재를 양성할 수 있어야 한다. 그리하여 그 인재들이 지방을 위해서 열정을 불태울 수 있어야 한다. 그런 풍토를 이제는 조성해야 한다.

지역 언론도 활성화되어야 한다. 지역실정에 맞는 사회정책들, 가정을 도와주는 사회정책들, 노인들을 공경하는 사회정책들, 청소년에게 희망을 주는 사회정책들, 어린이들이 꿈을 키울 수 있는 사회정책들, 장애인에게 도움을 주는 사회정책들, 외국노동자들이 더 이상 한국에서 눈물을 흘리지 않는 사회정책이 절실하다.

지금이 곧 희망의 그 순간이다. 우리는 쉬고 있을 틈이 없다. 우리가 바라는 것은 지금부터 이루어야 한다.

이부자리와 속옷, 그리고 책 한 수레

'이부자리와 속옷, 그리고 책 한 수레'는 목민관의 행장철학(行裝哲學)이다. 다산의 목소리는 출범식장에 울리고 있다. 대통령에게, 대통령의 가족들에게, 그리고 대통령의 측근들에게 드리는 말이다.

다산 정약용은 《목민심서》에서 부임길에 오르면 "장중하고 화평하며 간결하고 과묵하게 행동하라"고 충언한다. 그 몸가짐에서도 "소리와 풍류를 물리치며, 공손하고 단정하며, 엄숙하며 큰 제사를 받들 듯하며 감히 유흥에 빠져 정사를 어지럽히며 시간을 헛되이 보내는 일이 없도록 하라"고 명령하고 있다.

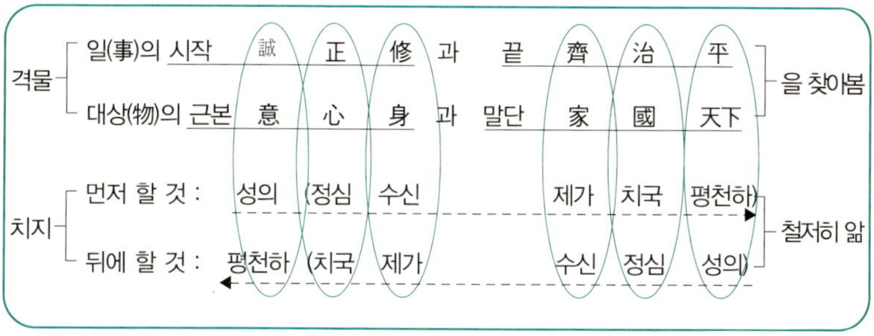

다산의 철학

다산은 "뇌물을 주고받음에 있어서 누가 비밀을 지키지 않으랴만 한밤중에 한 일이 아침이면 드러난다"고 충고한다. 또한 "목민관은 공적 재물을 함부로 쓰는 일이 있어서는 안 된다"고 하면서 그 이유로 "명목 없이 토색케 하여 기생을 끼고 모여서 술추렴을 하거나 거문고를 타고 절을 불며 노는 비용에 충당하게 하니 이것이 무슨 예란 말인가"라고 설파하고 있다.

공직자들이 "국민을 위해 진정 어떻게 봉사하여야 하고 봉사할 수 있는가"를 언명하고 있는 것이다. 이는 한국의 '지도자학, 지도자상, 공직자학, 공직자상' 이다. 따라서 우리는 다산의 글, 표현, 인용하고 있는 교훈에서 조상들이 겪고 느낀 실감과 예지를 찾아야 한다.

'이부자리와 속옷, 그리고 책 한 수레' 는 목민관의 행장철학(行裝哲學)이다. 한반도 평화정착, 민주 · 자유 · 평등의 신장, 보편적 삶의 질의 향상은 앞으로 우리가 해결해야 할 과제다. 이러한 역사적 도전 앞에서 한국형 부패문제를 다시 생각하지 않을 수 없다.

이부자리와 속옷, 그리고 책 한 수레.

다산의 목소리는 출범식장에 울리고 있다.

이부자리와 속옷, 그리고 책 한 수레.

대통령에게, 대통령의 가족들에게, 그리고 대통령의 측근들에게 드리는 말이다.

간통은 민사재판으로!
중혼(重婚)은 형사재판으로!

간통죄는 이혼을 전제로 고소가 가능하다. 역설적으로 가정을 붕괴시켜야 국가는 형벌을 부과한다. 이러한 형벌은 단순한 보복일 뿐이다. 이제 국가는 과도한 국친주의(國親主義) 사상을 버려야 한다. 간통죄를 폐지하고, 중혼죄를 신설해야 한다.

〉〉 형법 제241조 간통죄, 네 번째 합헌 결정

최근 간통재판이 화제가 되었다. 2008년 2월 27일 의정부지법 고양지원 5단독 판사는 헌법재판소에 간통죄에 대한 위헌법률심판을 제청하였고, 간통재판은 약 7개월간 중단되었다.

헌법재판소 전원재판부는 2008년 10월 30일 형법 제241조에 대해 낸 위헌제청사건(2008헌가7)에서 합헌결정을 선고했다. 재판관 4(합헌) : 4(위헌) : 1(헌법불합치)로 위헌결정에 필요한 정족수(6인)를 채우지 못했다.

형법 제241조 간통죄(姦通罪)는 ① 배우자 있는 자가 간통한 때에는 2년 이하의 징역에 처한다. 그와 상간한 자도 같다. ② 전항의 죄는 배우자의 고소가 있어야 논한다. 단, 배우자가 간통을 종용 또는 유서한 때에는 고소할 수 없다고 규정되어 있다. 입법목적은 건전한 성도덕과 성풍속을 보호하고(주된 보호법익으로 사회적 법익), 배우자에 대한 성적 성실의무(부차적 보호법익으로 개인적 법익)를 부과하기 위한 것이다.

하지만 간통죄 논쟁은 여전히 진행형이다. 헌법재판소는 1990년 9월, 1993년 3월, 2001년 10월 등 세 차례에 걸쳐 간통죄가 합헌이라는 결정을 내렸다. 2008년 10월 결정은 헌법재판소의 네 번째 합헌결정이다. 1990년(89헌마82)과 1993년(90헌가70)의 결정에서는 처벌 자체가 헌법에 반한다는 위헌의견 1명과 법정형이 과중하다는 반대의견 2명으로 합헌결정이 나왔다. 2001년 간통죄 헌법소원사건(2000헌바60)에서는 권성 재판관만이 처벌 자체가 헌법에 반한다는 위헌 의견을 냈었다.

이번 헌법재판소의 결정은 상당히 진보된 것으로 사실상 간통죄 폐지가 초읽기에 들어갔음을 시사하고 있다. 이번 결정문을 통해 헌법재판관들의 찬반 논거를 분석할 필요가 있다. 왜냐하면 형사철학과 형사정책을 관통하고 있기 때문이다.

〉〉 헌법 재판관들의 찬반 논거

합헌(간통죄존치론) 의견을 낸 재판관들은 다음의 논거를 제시한다.

① 간통죄의 입법목적은 정당하다. ② 간통 및 상간행위는 순수한 윤리적 · 도덕적 차원의 문제가 아니다. 따라서 형벌로 제재하는 것은 적절한 수단이다. ③ 과잉금지원칙에 위반되지 않는다. ④ 우리의 법의식이 간통죄의 존치를 원하고 있다. ⑤ 법정형이 과중하지 않다.

| 재판관별 간통죄 의견

재판관	결정 의견	결정 취지
이강국 · 이공현 · 조대현	합헌	과잉금지 원칙에 위배되지 않는다.
민형기	합헌	과잉금지 원칙에 위반되지 않는다 – 구체적인 행위에 대해 일률적인 형벌 부과는 입법적 해결 필요
김희옥	헌법 불합치	도덕적 비난에 그쳐야 할 행위까지 형벌 부과한 것은 헌법 불합치
김종대 · 이동흡 · 목영준	위헌	처벌 자체가 성적자기결정권 등 기본권 지나치게 제한해 위헌
송두환	위헌	합헌

– 법률신문, 헌재, '간통죄 규정' 네 번째 합헌 결정, 2008년 10월 30일자

한편 위헌(간통죄폐지론) 의견을 낸 재판관들의 논거는 다음과 같다. ① 성적 자기결정권과 사생활의 비밀과 자유라는 기본권을 지나치게 제한한다. ② 도덕적 비난 행위까지 형벌을 부과하는 것은 법치국가적 한계를 넘어선다. ③ 법정형이 징역형만으로 규정된 것은 헌법에 위반된다.

형법에서 정당성의 문제는 자유주의와 법치주의에서 찾는다. 특히 비범죄화(非犯罪化)를 논할 때는 더욱 그렇다. 현재 간통죄와 관련하여

세계적 추세는 폐지와 대체법률이다. '형법의 탈도덕화'(脫道德化) 경향이 이러한 흐름을 주도하고 있다. 외국의 입법례는 크게 세 유형으로 나뉜다. ① 간통죄 폐지 국가(독일, 일본, 영국, 프랑스, 스웨덴, 노르웨이, 덴마크, 폴란드, 미국, 하와이 등), ② 간통죄 처벌 국가(한국, 오스트리아, 스위스 등), ③ 간통죄 차등처벌 국가(처(妻)의 간통만 처벌하고, 부(父)의 간통은 중한 사유에만 처벌하는 국가-이탈리아, 다수의 라틴아메리카 등).

》 간통죄가 폐지되어야 하는 세 가지 이유

형법 제241조 간통죄는 폐지되어야 한다. 그 이유는 다음과 같다.

첫째, 간통죄를 폐지하는 대신 대체 법률로 중혼죄를 신설하고 이중 혼인자에 대해서만 형사처벌을 하면 된다. 여기서 보호법익은 국가 혼인규정의 보호다. 간통죄를 폐지한 독일과 일본도 중혼죄를 규정하고 있다(독일 형법 제172조 Doppelehe와 일본 제184조 중혼).

독일 형법 제172조 (중혼) 기혼자임에도 혼인을 하거나 기혼자와 혼인을 한 자는 3년 이하의 자유형 또는 벌금형에 처한다.

일본 형법 제184조 (중혼) 배우자가 있는 자가 다시 혼인한 때는 2년 이하의 징역에 처한다. 그 상대방이 되어 혼인한 자도 같다. 일본은 1947년에 간통죄를 폐지하였다.

생각건대 형법은 보호하려는 법익이 형법 이외의 다른 수단으로 불가능한 경우에만 최후의 수단으로 적용될 것을 요구한다. 간통죄도 마찬가지다. 저자는 이러한 대체 법률안이 형법의 보충성의 원칙과 국가형벌권의 최소성의 원칙을 입법을 통해 구현하는 길이라고 생각한다.

둘째, 형법에서 자유주의의 흐름을 대폭 수용해야 한다. 간통 행위의 태양은 매우 광범위하고 다양하기 때문에 국가는 모든 간통 행위를 처벌할 수가 없다. 또한 건전한 성도덕, 성풍속, 성적 성실의무는 형벌로 강제될 수가 없다. 이것은 성숙한 자율의지와 성찰(절제와 반성)을 통해 자발적으로 내면화되어야 가능하다. 자유주의 형법의 핵심은 위하가 아니라, 이성과 설득이다.

생각건대 간통죄는 이혼을 전제로 고소가 가능한 친고죄다. 따라서 가정을 붕괴시켜야 국가는 형벌을 부과한다. 이러한 형벌은 단순한 보복일 뿐이다. 국가는 과도한 국친주의(國親主義) 사상을 버려야 한다. 국가가 해야 할 일은 추상적인 도덕규범을 형벌로서 보호하는 것이 아니라, 오히려 가정을 지켜주는 법률인 혼인규정들을 적극적으로 보호하는 것이다. 국민 대다수가 납득할 수 있는 성적 감정을 해하는 행위를 특정 하는 것이 중요하다. 따라서 장기적으로 간통죄는 폐지되어야 하고, 중혼죄가 신설되어야 한다.

셋째, 간통죄는 형사정책적인 측면에서 이미 사망선고를 받았다.

경찰, 검찰, 법원, 언론, 그리고 방송은 간통사건에 더 이상 국가적 에너지를 낭비해서는 안 된다. 형사사법기관은 개인의 도덕적 심사와 은밀한 사생활 조사에서 벗어나 타인에게 직접적인 해(害)를 끼치는 범죄에 제한된 국가공권력을 집중해야 한다. 형사실무가들은 간통죄를 이렇게 비판하고 있다.

"간통죄의 고소권은 증오심, 복수심, 파괴본능에 의해 남용되고 있고, 이것은 위자료의 수단으로 이미 상업화되어 버렸다."(임웅, 《형법각론》).

생각건대 국가는 간통죄를 폐지하고, 혼인(법이 인정한 생활동반) 관계에서 경제적 약자(弱者)를 실질적으로 보호하려는 입법에 노력을 집중해야 한다. 저자는 이것이 형사철학이고, 형사정책이라고 본다. 이번 간통죄 논쟁이 남긴 교훈이다.

〉〉 간통은 민사재판으로! 중혼은 형사재판으로!

2008년 10월 30일 헌법재판소의 결정은 간통죄 폐지로 넘어가는 징검다리가 될 것이다. 가정을 지키려는 사람들, 그리고 혼인 관계에서 경제적 약자를 보호하려는 국가정책, 이를 뒷받침하는 각종 법규정들(가족법과 사회법 등), 그리고 가족의 가치를 수호하는 법원의 판결들이 종합적으로 반응할 때 그 논의는 계속 고조될 것이다. 입법부, 행정부, 사법부의 노력이 함께할 때 한국 형법에서 간통죄 조문은 폐지될 것이다. 그러나 간통죄 폐지를 위한 길은 다소 시간이 걸릴 것으로 보인다. 공감대 형성과 합의 도출이 중요하기 때문이다.

우리 사회는 2007년 10월 22일부터 2008년 10월 20일까지 어느 한 가정 문제에 많은 관심을 쏟았다. 그들의 가정 문제가 언론을 통해 자주 등장하면서 당사자들은 형벌보다 심한 고통에 시달렸을 것이다. 또한 그들은 경찰, 검찰, 그리고 법정에서 사생활 공개로 많은 상처를 받았을 것이다. 이것이 우리 언론과 사법시스템이 가진 인권보호의 한계라고 생각한다. 자신의 인권이 언론에 다루어지는 것처럼 당사자의 인권도 그렇게 신중하게 다루어야 했었는데 말이다.

〉〉 가족과 가정을 현명하게 지키는 길

언젠가 형법에서 간통죄가 폐지되면, 이러한 일련의 복잡했던 절차들은 모두 구시대의 사회현상으로 남을 것이다.

간통은 민사재판으로!

중혼은 형사재판으로!

저자는 이것이 가족과 가정을 현명하게 지키는 길이라고 생각한다.

이런 사회가 빨리 왔으면 한다.

사 법

일반 시민이 직업법관과 똑같이 '한 표'

독일의 참심제도는 약 100년의 역사를 가지고 있다. 도입 당시 독일에서는 관료법관에 대한 불신이 팽배했고, 사법에 대한 통제와 감시장치가 필요했다. 최근 독일의 참심제도는 많은 비판을 받고 있다. "심리 기일이 길고, 복잡한 형사절차에서 이러한 결과는 엄청난 사법비용으로 직결된다." 이러한 비판에도 불구하고 참심제도는 독일에서 그 역사적 정당성과 시민의 사회적 책무라는 인식을 토대로 성공적으로 운영되고 있다.

〉〉 국민참여재판제도는 참심제도와 배심제도가 혼합된 절충 형태이다

1990년 4월 독일 뒤셀도르프 공항에서 대형 방화사건이 일어나 17명이 사망했다. 이 사건은 국민의 깊은 관심을 모으면서 같은 해 12월까지 33차례의 공판이 진행됐다. 그러나 34번째 공판에서 참심법관(참심원) 한 명이 출석하지 않았다. 경찰관들이 찾아갔을 때 그는 술에 만취해 있었다. 이날 법정에는 약 20명의 변호인, 2명의 검사, 그리고 피해자 가족들이 기다리고 있었다. 의사는 이 참심법관이 한 번 실수한 것이 아니라 만성 알코올 중독자인 것으로 진단했다. 그리하여 이미 진행된 33회까지의 공판은 무용지물이 되었다. 공판은 참심법관이 교체되고 제1회부터 다시 진행됐다.

그러나 재판은 또다시 반전됐다. 새로 들어온 참심법관도 방화사건의 혐의를 받고 검찰에 소환되면서 교체된 것이다. 독일 언론들은 "독일의 사법시스템이 참심법관 때문에 조롱당했다"고 일제히 비판했다. 물론 이 사건은 독일의 참심제도가 낳은 특이한 사례다. 이렇게 크고 작은 구조적 위험을 갖고 있는 참심제도가 독일 국민의 지지를 받는 이유는 무엇일까?

독일의 참심제도는 약 100년의 역사를 가지고 있다. 도입 당시 독일에서는 관료법관에 대한 불신이 팽배했고, 사법에 대한 통제와 감시장치가 필요했다. 참심제도는 직업법관과 일반시민이 공동으로 재판부를 구성해 나란히 앉아서 사실문제와 법률문제를 모두 판단하는 제도를 말한다. 판사 1~3명으로 구성된 재판부에 2명의 참심법관이 참여하는데 대륙법 국가가 주로 채택하고 있다.

2005년 4월 독일 할레에서 열린 극우파 · 살인사건 선고 공판. 공판이 끝나고 변호인과 피고인 측이 법정에서 상고할 뜻을 밝히고 있다. 우리나라 법정에서는 볼 수 없는 인터뷰 장면이다.

4년 임기의 무보수 명예직인 참심법관들은 피고인을 직접 신문하고, 직업법관과 함께 유 · 무죄를 판단하며, 형량까지 결정한다. 모든 결정에 있어 직업법관과 똑같이 '한 표'를 행사한다. 비법률가인 일반시민이 법률전문가인 판사와 분리돼 재판하고 유 · 무죄만 가리는 배심제와는 큰 차이가 있다.

참심법관의 활동분야는 형사, 민사, 행정, 노동, 군사법원까지 그 폭이 매우 넓다. 현재 독일 참심법관의 수는 약 6만 명으로 직업법관 수의 10배를 웃돈다. 참심법관이 될 수 있는 자격은 독일 국민이어야 하고, 임기 중에 25살 미만이거나 70살 이상이 되는 사람은 제외된다. 6개월 이상의 실형을 선고받았거나 소송이 진행 중인 사람도 참심법관이 될 수 없다.

그러나 최근 독일의 참심제도는 많은 비판을 받고 있다. 독일 할레 대학교 법과대학 한스 릴리에 교수(Prof. Hans Lilie)의 얘기다.

"10년간의 형사 실무경험에 비추어볼 때 증거조사 같은 중요한 상황에서 자신들의 권한인 공동참여권을 거의 행사하지 못하고 있다. 참심법관이 간혹 피고인에게 인간적으로 수용할 수 없는 질문을 함으로써 기피신청을 받는 사례가 있다. 이 경우 형사 절차는 정지되고, 법원의 결정에 따라 참심법관이 교체되기도 한다."

또 그는 "심리 기일이 길고, 복잡한 형사 절차에서 이러한 결과는 엄청난 사법비용으로 직결된다"고도 지적한다. 그러나 이러한 비판에도 불구하고 참심제도는 독일에서 그 역사적 정당성과 시민의 사회적 책무라는 인식을 토대로 성공적으로 운영되고 있다.

한편 프랑스는 배심재판관과 직업법관 3인이 사실 문제와 법률 문제를 공동으로 평의 · 평결하는 제도를 운영하고 있다. 프랑스 제도의 실질은 미국 배심제보다 독일의 참심제도에 가깝다. 일본도 2009년 5월부터 시민 재판원이 형량까지 결정하는 재판원 제도를 시행한다.

한국형 국민참여재판제도는 이러한 참심제도와 미국의 배심제도가 혼합된 절충 형태다. 이 제도는 2008년 1월 1일부터 중요사건에 대해 시범적으로 시행되고 있다. 역사적이다.

그러나 많은 문제점들이 나타나고 있다. ① 배심원 선정 절차(시간), ② 무기피사유의 남용(운영), ③ 권고적 효력(정당성), ④ 재판비용(경제), ⑤ 재판의 효율성(경영), ⑥ 피해자 및 피고인 인권보호(인권), ⑦ 제1심 선고에 대한 검찰 항소(실효성), ⑧ 배심원의 숫자(항소심까지 고려한다면 제1심 배심원의 수는 너무 많다), ⑨ 배심원단의 책임감 등이다.

우리 사회가 이 제도를 잘 운영한다면, 국민의 사법신뢰를 높일 수 있을 것이다. 참심제의 요소를 더 과감하게 도입할 필요가 있고, 배심원의 임기제 도입, 그리고 법학교수의 배심원 배제 등도 재검토가 필요하다.

생각건대 국민참여재판제도는 2008년, 2009년, 2010년의 운영 성과가 분수령이 될 것이다. 법원, 검찰, 그리고 국민의 인식이 성패의 열쇄가 될 것이다. 새로운 제도를 시행하는 것도 중요하지만, 그 제도가 바르게 정착될 수 있도록 노력하는 것이 더 중요하다. 국민들의 관심이 매우 아쉽다. 사법부는 더 적극적으로 홍보를 해야 한다.

형사재판 개혁을 위한 제언

형사재판의 개혁안 다섯 가지를 제언한다. 첫째, 검찰작성 신문조서의 실질적 진정성립의 추정력을 높이는 방안을 강구해야 한다. 둘째, 변호인 참여권을 명문화해야 한다. 국선변호인제도를 이원화하여 피의자를 위한 공설변호인제도를 도입해야 한다. 셋째, 검찰은 형사소송법 제184조 증거보전과 제221조의 2증인 신문제도(수사상 증거보전절차)를 적극 활용해야 한다. 넷째, 특수, 강력사건과 같이 나중에 번복할 가능성이 큰 사건의 경우에는 피의자, 참고인, 변호인 등에 대하여 비디오 촬영을 하여 법원에 현출하는 방안도 필요할 것이다. 다섯째, 공판중심주의를 실질적으로 구현하기 위해서는 생활 밀착형 법원이 시 · 군 · 구청까지 증축 혹은 재배치되어야 한다.

〉〉 한국 형사재판의 문제점과 해결방안

할레의 형사재판은 집중심리로 하루 종일 진행되었다. 50분 개정에 10분 휴정. 이 법정에는 마이크도 위압도 없었다. 일반인이 이해하기 쉬운 생활독일어를 구사했으며 피고인 복장은 사복이었다. 우리처럼 비둘기색이나 황토색 수의가 아니었다.

피고인의 가슴에는 수용자(칭호)번호도 없고 흰 고무신도 신지 않았다. 피고인은 변호인 옆에 앉았다. 가족들은 하루 종일 재판을 지켜보았다. 우리처럼 5분도 안 돼 다른 피고인이 입장하지 않았다. 가족들은 5분의 재판 때문에 법정에서 하루를 보내며 기다리지 않았다. '1법정 1사건주의'가 철저하게 이루어졌다. 할레법정은 시민의 가까이에 서 있고, 간편하고, 명료하고, 효율적이었다.

50석 규모의 형사법정은 마치 '사랑방 좌담회'와 같다. 독일의 형사재판은 세 가지 특징이 있다. 신속한 재판, 공판중심주의(공개주의, 구두변론주의, 직접주의, 집중심리주의), 책임주의가 그것이다. 법원은 누가 거짓말을 하고 있고, 사건의 진실을 왜곡하는지 철저하게 검토하고 공판정에서 직접 조사한 증거만을 재판의 기초로 삼는다.

2002년 8월 독일 할레지방법원(LG Halle)의 형사법정

당사자 간의 다툼이 있는 경우 수사관들도 법정에서 증언한다. 우리처럼 서류가 중심이 되는 형사재판이 아니다. 독일의 항소율은 약 13퍼센트다. 독일 형사재판은 대부분 제1심에서 종결된다. 피고인들은 항소해도 별 실익이 없다. 그만큼 독일 시민들은 사법부와 사법시스템을 신뢰하고 있다.

최근 우리나라에서는 검찰이 작성한 신문조서의 증거능력 문제로 검찰조직이 발칵 뒤집혔다. 여기에는 검찰과 경찰의 수사권 조정문제, 공직비리수사처의 수사권 부여 문제 등이 복잡하게 얽혀 있었다. 생각건대 검찰이 작성한 신문조서는 형식적 성립의 진정(서명 날인,

간인의 진정)뿐만 아니라, 실질적 내용적 성립의 진정(조서의 기재와 진술의 일치)이 있는 경우에만 증거능력을 인정해야 할 것이다.

물론 검찰의 입장에서는 상당히 충격적이겠지만, 이는 선진 사법시스템의 구축을 위한 진통이다. 우리나라의 형사재판은 근대사법 시행 이후 약 100년 동안 서류재판을 해 왔고, 검찰은 준사법기관으로서 상당한 특혜를 누려왔다.

법원도 이러한 특혜를 방조해 왔다.

대법원은 서류재판의 관행을 뒤집는 판례변경을 통해 공판중심주의를 화두로 던진 것이다.

대법원 판례를 비판하는 입장도 있다. ① 검찰이 작성한 신문조서의 증거능력을 부인하는 것은 수사를 하지 말라는 것이다. ② 법원이 적극적으로 나서 증거능력에 대한 객관적인 추정력 판단을 해야 한다. 법원은 왜 이러한 노력을 하지 않는가? ③ 과연 우리 현실에서 실질적 공판중심주의가 가능한가?

이 상태를 방치할 경우 예상되는 문제점은 너무 많다. 일단 두 가지만 언급하면, 하나는 검찰의 증거서류 분리제출 가능성이고 나머지 하나는 결정적, 마지막 증거를 공판 중에 전격 제출하는 것이다. 결국 이것은 피고인의 방어권 침해와 공판지연으로 이어질 수 있다.

검찰이 재판 승소율을 높이기 위해 증거서류의 제출시기를 악용할 경우 인권침해 가능성은 그만큼 커진다. 또한 '신속한 재판'이라는 형사소송법의 이념이 현실과 이상의 줄타기에서 혼돈에 빠질 가능성이 있다. 현재의 법정구조(200석)와 소송현실(신건과 구건의 혼합으로 업무가중)은 공판중심주의의 이상을 실현시킬 수 없다.

그렇다면 이대로 방치할 것인가, 아니면 법원, 검찰, 학계, 시민들이 힘을 모아 형사재판을 개혁할 것인가? 형사재판 개혁을 위한 대안은 없는가? 우리는 중대한 기로에 서 있다.

따라서 저자는 형사재판의 개혁안 다섯 가지를 제언한다.

첫째, 검찰작성 신문조서의 실질적 진정성립의 추정력을 높이는 방안을 강구해야 한다.

둘째, 형사소송법 제243조의 2(변호인의 참여 등)의 개정을 통해 변호인 참여권을 명문화해야 한다. 국선변호인제도를 이원화하여 피의자를 위한 공설변호인제도를 도입해야 한다. 피의자 신문에 참석한 변호인의 서명날인을 조서 말미에 받아두는 방법도 실질적 진정성립의 추정력을 높이는 보완방안이 될 것이다. 이는 자백의 임의성, 신문절차의 적법성 및 진술한 대로 기재되어 있는지를 증명할 수 있기 때문이다. 물론 국선변호인제도를 확대할 경우 사법비용은 증가하겠지만, 상소로 인한 소송부담 비용을 획기적으로 줄일 수 있고, 피의자 인권보장을 위해서도 의미가 있다.

셋째, 검찰은 형사소송법 제184조 증거보전과 제221조의 2 증인신문제도(수사상 증거보전절차)를 적극 활용해야 한다. 증거조사가 곤란한 경우, 증명력에 변화가 있는 경우, 진술변경의 가능성이 있는 경우에 수사상 증거보전절차를 거친다면, 검찰이 작성한 신문조서의 증거능력 논란은 줄어들 것이다.

넷째, 특수, 강력사건과 같이 나중에 번복할 가능성이 큰 사건의 경우에는 피의자, 참고인, 변호인 등에 대하여 비디오 촬영을 하여 법원에 현출하는 방안도 필요할 것이다.

다섯째, 공판중심주의를 실질적으로 구현하기 위해서는 생활 밀착형 법원이 시 · 군 · 구청까지 증축 혹은 재배치되어야 한다. 집중심리는 소규모(50석 규모) 법정에서 가능하기 때문이다. 인적, 물적 기반이 없는 공판중심주의는 탁상공론(卓上空論)에 불과하다.

이제 검찰도, 법원도, 언론도, 국민도 더 이상 흥분하지 말고, 이성적으로 접근해야 한다. 선진국 사법시스템 도입, 우리는 지금 무엇을 준비하고 양보해야 하는가? 큰 그림(화두)을 생각하면서 같이 고민해야 할 때이다.

3심제 소송구조의 문제점

우리나라의 심급구조(審級構造)는 형식만 3심제이지, 내용은 매우 낙후하다. 형사소송에서 제1심 재판이 허약하다 보니, 항소심이 사실상 제1심 역할을 하고 있다. 그래서 실질적인 분쟁사건은 대부분 3심까지 가고 있다. 이것은 대단히 후진적이고 비능률적인 심급제도다.

〉〉시민에게 더 가깝게, 더 명료하게, 더 간단하게, 그리고 더 효율적으로

우리나라의 형사재판은 한마디로 운동장 재판이다. 공개재판이라는 미명(美名) 하에 피고인의 인격권은 휴지조각이 되고 있다. 피고인은 아직도 비둘기색과 황토색의 수의(囚衣)를 입고 재판을 받고 있다. 재판부의 동정심을 유발하는 것이 그 이유다. 동일 형사법정에서 하루에 수십 건씩 재판을 진행한다. 남편, 자식, 그리고 피해자 가족들은 짧은 시간의 재판 때문에 법원에서 하루를 다 보내고 있다. 전국의 형사법정이 모두 이와 비슷한 실정이다. 도대체 누구를 위한 형사재판인가?

신평(전직 법관출신) 교수는 우리나라의 형사재판을 이렇게 비판한다.

"건당 1분밖에 안 걸리는 재판, 어떻게 21세기 재판이라고 할 수 있는가? 왜 재판부는 재판을 일주일에 1~2번밖에 열지 않는가? 이것은 국민을 경시하는 야만적 제도일 뿐이다. 사법개혁은 지엽적으로 제도를 고친다고 이뤄지는 것이 아니다. 근본적으로 제도 자체를 모두 개혁해야 자연히 의식도 바뀔 수 있다."

시민들에게 소송의 부담을 경감시키고, 소송 촉진을 실현할 수 있는 21세기형 사법개혁의 방향은 없는가? 저자는 이것을 3심제 소송구조의 개혁과 상소제도의 개혁이라고 본다.

시민에게 더 가깝게, 더 명료하게, 더 간단하게, 그리고 더 효율적으로 발전시키는 것이 사법개혁의 핵심이라면, 이제 사법부의 문제점들은 단지 사법부 내부의 문제로만 남아서는 안 된다.

우리나라의 심급구조(審級構造)는 형식만 3심제이지, 내용은 매우 낙후하다. 형사소송에서 제1심 재판이 허약하다 보니, 항소심이 사실상 제1심 역할을 하고 있다. 그래서 실질적인 분쟁사건은 대부분 3심까지 가고 있다. 이것은 대단히 후진적이고 비능률적인 심급제도다. 대법관 1인이 1년에 1천여 건의 재판을 하고 있다는 사실은 매우 놀랍다. 이렇게 된 원인 또한 복합적이지만, 가장 큰 원인은 제2심의 취약, 더 근본적으로는 제1심 재판이 취약하다는 데 있다.

3심제 소송구조 개혁의 출발점은 첫째, 제1심 재판부의 강화에 있다. 형사소송이 제1심에서 기본적으로 종결될 수 있도록 (항소심이 더 이상 필요하지 않을 정도로) 제1심 재판이 대폭 강화되어야 한다.

둘째, 법원조직법상의 3심제 원칙도 개정되어야 한다. 단독판사 제1심 사건의 경우 본원 합의부에서 항소심(제2심)을 하고, 고등법원에서 상고심(제3심)을 해야 한다. 그렇게 하면 대법원의 업무량이 대폭 줄어들 것이다.

합의부 관할 제1심 사건의 경우 사형 및 무기징역 선고사건과 피고인이 무죄주장을 펴고 있는 사건만 고등법원에서 항소심을 하고, 그 외 사건들은 제2심을 단축하고 대법원에서 법률심을 한다. 사건 중요도(사물관할)에 따라 상고심을 이원화하는 방안이다. 이것은 지방분권과 사법분권이 함께 논의될 때 의미가 있다.

이 사법개혁안에는 몇 가지 비판이 제기될 수 있다. 우선 제1심 재판부를 강화하면 재판에 너무 긴 시간이 소요될 것이라는 점을 들고 소송비용 또한 많이 들 것이다. 그리고 단축된 형사소송은 헌법 제27조 제1항 재판의 받을 권리, 국민의 소송향유권을 침해하는 것이다.

그러나 저자는 제1심 재판 강화와 심급제도 개선은 단점보다는 장점이 더 많다고 생각한다. 제1심 재판이 강화되면 판사보다는 국민을 위한 사법시스템으로 전환할 수 있고, 상소를 함에 따라 소모되는 시간도 줄어든다. 그리고 헌법 제27조 제1항은 상하의 심급제만을 규정하고 있을 뿐 반드시 3심제를 요구하고 있는 것이 아니다. 현재 특허소송과 선거소송도 제2심제로 운영되고 있지 않는가? 따라서 현행 상소제도가 바뀌어야 1사건 1법정주의로 갈 수 있으며, 집중심리도 가능하고, 판결 전 조사제도도 도입할 수 있다고 확신한다.

사 법

부부 강간죄

부부관계의 특수성을 긍정한다. 그럼에도 불구하고 심한 폭행 또는 협박에 의하여 처를 강간하는 것은 법률상 허용되지 않는다. 왜냐하면 혼인계약에 이것까지 포함된다고 볼 수 없기 때문이다. 이번 부부강간죄 판결은 상당히 의미가 있다. 우리 사회는 이제 '근대'로 가고 있다.

〉〉 법률상의 처도 강간죄의 객체에 해당한다

부부간 성행위에 대해 강간죄를 인정한 법원의 첫 판결이 나왔다. 부산지법 제5형사부는 2009년 1월 16일 필리핀인 아내(25)를 흉기로 위협해 강제로 성관계를 가진 혐의(특수강간)로 기소된 L씨에 대해 징역 2년 6개월에 집행유예 3년을 선고했다.

재판부는 판결문에서 "형법상 강간죄의 대상인 '부녀'에 '혼인 중인 부녀'가 제외된다고 볼 아무런 근거가 없으며, 법이 강간죄로 보호하려는 대상은 여성의 정조가 아니라 성적 자기결정권이며 아내 또한 이런 권리가 있다"고 밝혔다.

이번 판결에 대해 L씨는 성폭행 사실은 인정하면서도 국제결혼의 피해자라고 주장하며 법원의 판결에 불복하고 항소했다.

형법 제297조는 "폭행 또는 협박으로 부녀를 강간한 자는 3년 이상의 유기징역에 처한다"라고 규정하고 있다. 강간죄의 행위객체인 부녀의 범위에 법률상의 처를 포함시킬 것인가에 대해서는 학설이 대립되어 있다.

찬성론자들은 부녀의 개념에 당연히 처도 포함된다고 주장한다. 왜냐하면 강간죄의 보호법익은 성적 자기결정권이며, 부녀의 성적 자기결정권도 형법의 보호대상이라고 한다. 만약 부녀의 범위를 아주 제한적으로 해석한다면, 오히려 헌법에 보장된 인간의 존엄과 가치를 역으로 훼손하는 결과를 초래한다. 따라서 부부 간에도 강간죄는 성립될 수 있다.

이에 대해 반대론자들은 부부관계의 특수성을 강조한다. 부부에게는 민법상 동거의 의무가 있고, 동거의무는 성생활도 함께할 의무가 내포되어 있다. 결혼한 부부에게는 배우자의 성관계 요구에 응해야 할 의무가 존재한다. 따라서 형법상 강간죄는 성립할 수 없다고 한다. 그 해결방안으로 ① 폭행죄와 협박죄의 성립, ② 강요죄의 성립, ③ 다만 별거 중인 경우에 한하여 강간죄가 성립한다고 한다.

》혼인계약에 폭행과 협박에 의한 강제 성행위는 포함될 수 없다

저자는 찬성론의 입장이 타당하다고 생각한다. 왜냐하면 심한 폭행 또는 협박에 의하여 처를 강간하는 것은 법률상 허용되지 않는다. 왜냐하면 혼인계약에 이것까지 포함된다고 볼 수 없기 때문이다. 따라서 이번 판결은 상당히 의미가 있다.

한편 대법원은 1970년 판결에서 부부간 강간죄 성립을 부정하였다 (대법원 1970. 3. 10. 선고 70도29 판결). 이 판결은 우리 사회에서 약 40년 동안 지속되었고, 또한 논란의 대상이 되었다. 지난 2004년 8월 20일 서울중앙지법은 처가 이혼을 요구한다는 이유로 안방에 끌고 가 두 손을 꺾어 움직이지 못하게 하고, 강제로 추행해 다치게 한 혐의로 기소된 남편에게 강제추행치상죄를 적용하여 징역 2년 6월에 집행유예 3년을 선고하였다.

당시 재판부는 "결혼을 통해 성관계를 가질 의무가 생기지만, 상대방을 폭행, 협박해 성추행을 하는 것은 위법하다. 부부 간에도 '성적 자기결정권'을 침해하는 행위는 용인될 수 없다"고 판시하고, "대법원 판결은 부부 사이에서 강간뿐 아니라 강제추행도 성립될 수 없다는 취지로 해석될 수 있지만, 이미 30여 년이 지난 현시점에서 재검토할 필요가 있다"고 밝혔다.

이번 부산지법 제5형사부의 판결은 종전 대법원의 판결을 변경하면서, 서울중앙지법의 판결보다도 진일보한 판결이라고 생각한다. 여기에는 여성의 사회적 지위 향상과 성편향의 잘못된 관념을 바꾸려는 의도가 보인다. 또한 성적 자기결정권을 차별 없이 처에게도 인정하려는 재판부의 의지가 묻어 있다. 아마도 많은 사람들이 이 판결에 공감을 할 것이다.

영국은 1994년 부부 강간죄를 인정했다. 독일도 1997년 7월 1일 형법을 개정하여 형법 제177조 강간죄에서 혼인예외 조항을 삭제했다. 일본도 사실상 이혼, 별거 등의 상황 하에서의 제한적 강간죄를 인정하고 있다. 우리 사회도 이제 '근대' 로 가고 있다.

입 법

인터넷 댓글 문화와 사이버 모욕죄 논란

사이버 모욕죄의 신설은 국민들에게 강력한 처벌 의지를 강하게 전달하기 위한 단기적 형사 정책에 불과하다. 그러나 위하의 효과는 짧다는 것이 입증되었다. 형벌과잉의 시대를 만들 가능성이 높다. 그렇다면 특별법 제정 추진은 그 뜻을 접어야 한다. 선진 한국을 건설하려면, 형사 정책도 선진형이 되어야 한다. 소극적 일반예방은 더 이상 안 된다. 아무리 유혹이 오더라도 참아야 한다. 사이버 모욕범죄는 현행 형법으로도 처벌이 가능하고, 법원도 사이버 모욕 행위에 대해 형법 제311조를 적용하여 처벌하고 있다. 대법원 판례도 이미 형성되어 있다(인터넷 게시판에 타인을 비방하는 글을 게시한 행위가 모욕죄에 해당한다).

〉〉 형벌과잉의 시대를 만들 가능성이 높다

2008년 12월. 18대 국회는 여야 정면대결로 아수라장이 되었다. 이번 국회파행에는 사이버 모욕죄 도입 논란이 한몫을 했다. 도대체 이 법률이 무엇이라고 이렇게 심하게 충돌했을까? 우리는 여기서 냉정하게 이 법률안을 검토할 필요가 있다.

2008년 8월에서 10월까지 우리 사회는 유명 연예인들의 자살로 몸살을 앓았다. 그중 한 연예인이 인터넷 악플에 고통을 받고 자살한 것으로 보도되었다. 여당은 사이버 모욕죄와 인터넷 실명제 강화를 위한 법률을 추진했다. 그동안 인터넷 악플로 인한 연예인 자살 사건이 보도될 때마다 사이버 모욕죄 신설에 대한 반짝 여론이 있었다.

그러나 이번 자살사건의 경우 사회적인 충격과 파장이 너무 컸다. 정부와 여당은 법률 제정을 강하게 밀어붙였고, 야당은 결사적으로 반대했다. 사이버 모욕죄 신설을 반대하는 전문가들의 서명운동도 있었다(법학 · 언론학 등 전문가 229명, 2008년 11월 11일 서울 프레스센터 기자회견). 찬반 여론은 비등했다.

사이버 모욕죄란 정보통신망, 특히 인터넷 상에서 타인을 모욕하는 범죄 행위를 말한다. 우리나라는 1990년대 후반부터 정보기술(IT)이 급성장했고, 1996년도부터 초고속 인터넷망이 가정에 보급되었다. 현재 인터넷 보급률 1위의 정보통신국가로 성장했다. 반면 새로운 인터넷 문화에 대한 부작용도 나타났다. 너무 심각해 사회 문제로 대두되었다.

현행 형법 제311조 모욕죄는 공연히 사람을 모욕한 자에 대해 1년 이하의 징역이나 금고 또는 200만 원 이하의 벌금형에 처하도록 규정되어 있다. 고소가 있어야 처벌되는 친고죄다. 이 법률은 제정될 당시에 오프라인 대상 범죄를 처벌하기 위한 법률이었다. 그 당시 우리 입법부는 국경의 개념이 없고, 시간적으로 제한이 없는 인터넷이라는 가상공간을 생각하지 못했고, 이를 통해 반복적으로 확산되는 사이버 모욕 행위의 처벌을 고려한 것도 아니었다. 그러나 인터넷 세상은 날마다 변해갔다.

2008년 12월. 여당은 무리를 해서라도 사이버 모욕죄를 도입하려고 시도했다. 친고죄 삭제와 가중처벌을 통해 사이버 공간에 국가 공권력을 적극적으로 개입하려고 했다. 참고로 형법 제307조는 명예훼손죄를 규정하고 있다. 이와 별도로 정보통신망이용촉진및정보보호등에관한법률 제70조에 소위 사이버 명예훼손죄를 규정하고 있다.

"사람을 비방할 목적으로 정보통신망을 통하여 공연히 사실을 적시하여 타인의 명예를 훼손한 자는 3년 이하의 징역이나 금고 또는 2천만 원 이하의 벌금에 처한다."

이 특별형법은 형법 제307조보다 법정형이 높다. 생각건대 사이버 모욕죄도 인터넷 상의 범죄에 대해 가중처벌하려는 입법의지로 보인다. 발의된 법률은 다음과 같다.

[형법 일부 개정 법률안]

인터넷상에서 허위 사실을 유포해 다른 사람의 명예를 훼손한 경우, 기존보다 무거운 형량인 9년 이하의 징역 또는 5천만 원 이하의 벌금에 처하도록 하고, 다른 사람을 모욕한 경우에는 3년 이하의 징역 또는 1천만 원 이하의 벌금에 처하도록 하였다(나경원 의원 대표발의, 발의년월일 2008. 11. 3).

[정보통신망 이용 촉진 및 정보보호 등에 관한 법률 일부 개정 법률안]

인터넷을 통해 공공연하게 사람을 모욕한 경우 2년 이하의 징역이나 금고, 또는 1천만 원 이하의 벌금에 처하도록 하였다(장윤석 의원 대표발의, 발의연월일 2008. 10. 30).

두 법안은 모두 비친고죄로 발의되었다.

그러나 사이버 모욕죄는 찬반으로 극명하게 대립되었다.

찬성론자들은 이렇게 주장한다. 최근 사이버 모욕범죄는 급증하고 있다. 사이버 명예훼손 사건은 2004년 837건에서 2007년 2천 106건으로 2.6배 이상 증가했다. 방송통신심의위원회에 접수된 욕설정보 심의사건 수도 2006년 2,074건에서 2007에는 35,288건으로 17배 이상 늘어났다. 사이버 모욕범죄로 허위사실 유포나 선의의 피해자가 생기는 것을 막기 위해 반드시 필요한 법률이다(한나라당 장윤석 국회의원).

이에 대해 반대론자들은 다음과 같이 반론한다. 현행 형법으로도 처벌할 수 있고, 필요에 따라 형법을 개정하여 처벌을 강화할 수 있다. 또한 인터넷 실명제는 바로 인터넷 죽이기에 악용될 수 있다. 특히 사이버 모욕죄 관련 법률안이 정권의 여론 통제수단으로 악용될 수 있다. 왜냐하면 명예훼손과 달리 모욕죄의 경우 판단기준이 명확하지 않고, 역사적으로 위정자를 위한 수단으로 제정되었으며 전 세계적으로도 사라지는 추세다.

여기서 중요한 것은 입법 과정과 형벌의 목적이다. 찬성론이든 반대론이든 상관없이 현행 형법상 사이버 모욕 행위는 처벌된다. 또한 찬성론자이든 반대론자이든 사이버 모욕 행위로 인한 선의의 피해를 방지해야 한다는 점에는 동의한다.

특별법을 제정하여 처벌하든지, 현행 형법의 법정형을 강화하든지 결국 양자는 모두 국민들로 하여금 처벌에 대한 두려움을 갖게 하는 것이다. 이를 통해 국가는 범죄를 예방하고자 한다. 그러나 일반예방론의 입장은 형사정책의 유용한 수단이 아니다. 이미 독일 등 발전한 외국에서는 극복된 이론이다.

결국 사이버 모욕죄의 신설 논란도 국민들에게 강력한 처벌 의지를 강하게 전달하기 위한 단기적 형사정책에 불과하다. 그러나 위하의 효과는 짧다는 것이 입증되었다. 형벌과잉의 시대를 만들 가능성이 높다. 그렇다면 특별법 제정 추진은 그 뜻을 접어야 한다.

이러한 입법정책은 헌법 제10조 인간의 존엄에 반한다.

"어떠한 정치가도 위하적 형벌권을 남용해서는 안 된다."

선진 한국을 건설하려면, 형사정책도 선진형이 되어야 한다. 소극적 일반예방은 더 이상 안 된다. 아무리 유혹이 오더라도 참아야 한다. 사이버 모욕범죄는 현행 형법으로도 처벌이 가능하고, 법원도 사이버 모욕행위에 대해 형법 제311조를 적용하여 처벌하고 있다. 대법원 판례도 이미 형성되어 있다(대법원 2004. 6. 25. 선고 2003도4934 판결 인터넷 게시판에 타인을 비방하는 글을 게시한 행위가 모욕죄에 해당한다고 한 사례).

정부는 오히려 차분하고 실효성이 있는 형사정책을 펼쳐야 한다.

첫째, 인터넷 윤리교육을 적극적으로 시행하는 것이다. 자율적으로 인터넷 공간에서 범죄 행위를 자제하도록 교육을 펼쳐야 한다. 사이버 공간에서의 인권침해는 당연히 처벌받을 수 있다는 점을 교육을 통해 배우게 해야 한다. 이것이 특별법보다 강하다.

둘째, 현재 정보통신부와 경찰청은 일선 초 · 중 · 고등학교 재학생들을 상대로 인터넷 윤리교육을 실시하고 있다. 그러나 부정기적이고, 교육시수도 부족하다. 윤리과목과 같이 인터넷 윤리과목을 신설해야 한다. 이 과목을 정규과목으로 편성하여 인터넷을 처음 접하는 초등학생부터 철저하게 교육이 이뤄져야 한다. 여기에는 진보와 보수가 따로 존재할 수가 없다. 호주의 경우 초등학생들의 인터넷 교육시간에는 반드시 부모가 일정시간 같이 교육을 받아야 한다. 그만큼 인터넷 공간은 위험하고, 조심해서 다루어야 하는 공간이기 때문이다. 그동안 우리는 인터넷 공간을 너무나도 방치해 왔다.

셋째, 인터넷 포털과 같은 정보통신서비스 업체들의 자구 정화노력도 강화되어야 한다. 언론 및 시민단체들의 캠페인 등 지속적인 홍보도 함께 진행되어야 한다. 매년 5월과 11월을 사이버 공간 대청소의 달로 설정하고, 유해 사이트와 인권을 침해하는 글들을 정리했으면 한다. 사이버 공간에 인간의 향기를 불어 넣는 공동체의 노력이 필요하다.

저자는 이러한 노력이 특별법 도입보다 유용한 형사정책이라고 생각한다. 법의 최종목표는 법이 없는 사회를 만드는 것이다. 계몽주의에서 비롯된 근대 법치국가의 형법은 더 나은 자유와 안전, 더 높은 합리성과 인간존중성을 지향해 왔다. 그 목표는 아직 도달된 것이 아니다. 우리는 헌법정신이 반영된 형법의 원칙과 형벌의 원칙을 지켜야 한다. 저자는 이것이 형사철학이라고 생각한다.

정치권은 다시 한 번 사이버 모욕죄 신설에 대해 깊이 성찰해야 한다. 과연 이 시대에 필요한 형사입법과 형사정책이 무엇인지 진지한 고민이 필요하다고 본다. 대한민국 18대 국회의 선진화를 기대한다.

입 법

사형제도를 다시 생각한다

최근 정부는 사형수 58명에 대한 사형 재집행을 적극 검토하고 있다. 이러한 조치들은 강호순 연쇄 살인 사건으로 분노한 민심을 달래기 위한 단기처방으로 보인다. 그러나 우리는 명심해야 한다. 우리나라는 유엔인권이사회 이사국이며, 동양인 최초로 유엔사무총장을 배출한 국가다. 또한 지난 10년간 국제사회에서 '생명 문화'를 주도한 국가다. 한순간의 유혹으로 이 모든 노력들을 물거품으로 만들어서는 안 된다. 특히 국가형벌권은 일시적인 사건이나 감정에 좌우되어서는 안 된다. 유럽연합(EU)은 사형집행 국가에게 많은 불이익을 주고 있으며, 우리나라의 사형 재집행에 지대한 관심을 가지고 있다. 정부와 국회는 지금의 사회분위기에서 냉정해야 한다. 18대 국회의 역사적인 입법결단을 촉구한다.

〉〉사형의 효과는 일시적이다

사형이라는 극형에는 일반적으로 형벌이 내포하고 있는 최소한의 윤리적 요소도 찾아볼 수 없다. 단지 야만적이고 잔인할 뿐이다. 사형은 법을 통한 국가에 의한 제도적 복수이며, 제도적 살인에 불과하다. 도대체 누가 인간에게 동포를 학살하는 권리를 부여할 수 있겠는가?(베카리아, 《범죄와 형벌》)

사형의 효과는 일시적이다. 사형집행의 효력은 기껏해야 며칠이다.

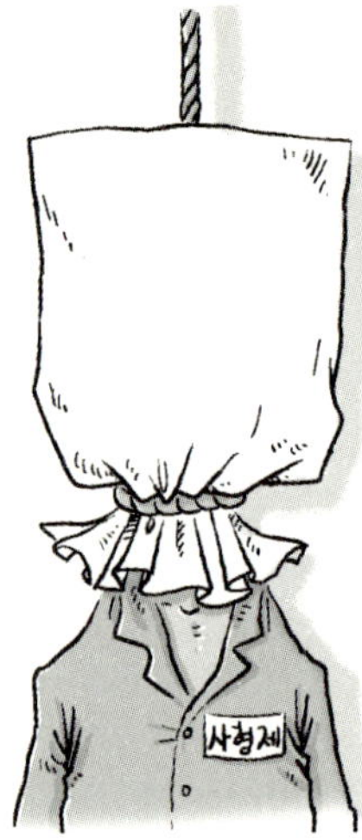

사형은 범죄억지효과를 얻지 못하고 있다. 사형에 범죄억지의 효과가 있다는 가정과 그 가정에 근거한 신뢰의 허구성에서 우리는 이제 깨어나야 한다.

형벌의 효과는 강도가 아니라 지속성이다. 자유를 구속당한 범죄인이 가축으로 전락하여, 과거에 사회에 끼친 불이익을 몸으로써 속죄하는 모습이야말로, 강하고 지속적인 인상을 준다. 지존파와 막가파 등 강력범죄가 발생할 때마다, 일반 국민을 향하여 위하차원에서 사형을 집행해 왔다(법률신문, 김영삼 정부 말기인 1997년 12월 30일 이후 7년 10개월 동안 한 번도 이뤄지지 않았으며, 현재 전국 구치소와 교도소에 수감 중인 사형수는 60여 명에 이르고 있다). 그럼에도 불구하고 강력범죄는 줄어들고 있는가? 사형은 악인(惡人)들의 사회 침해를 저지하지 못했다. 모든 시대의 역사는 경험으로 증명하고 있다.

사형제도가 추구하는 일반예방사상(공포)은 독재주의 시대의 산물이지, 민주 시대의 형사정책이 될 수 없다. 사형제도는 무익한 형사정책일 뿐이다. 사형제도로 흉악범을 억제할 수 있다는 발상은 형사정책의 포기라고 볼 수밖에 없다. 사형으로 잠재적 범죄자를 위하하는 것보다는, 오히려 강력범죄에 대하여 신속하고 철저한 수사로 범죄자를 조속히 검거해야 된다.

〉〉사형은 현대 형사정책의 만병통치약이 아니다

사형이란 국가가 시민에게 선언하는 전쟁이다(베카리아, 《범죄와 형벌》). 잔악한 범죄 행위에 대한 국가의 형사정책은 이제 더 이상 사형제도만으로 방치되어서는 안 된다. 범죄인이 스스로 인간이기를 포기한 야수라고 할지라도 사회는 그를 인간으로 복귀시켜야 한다.

그것이 국가의 의무다. 범죄의 원인에는 범죄인의 악성뿐만 아니라 환경적 요인이 차지하는 비중이 적지 아니하다. 사형은 범죄원인을 모두 범인에게만 책임지우고 있을 뿐이다. 사형제도를 유지하고 있는 것은 문명국의 수치이며, 인간의 존엄을 존중하고 보호하는 법치국가의 헌법정신을 모독하는 것이다.

인간의 존엄을 보장하는 대한민국 헌법은 이제 스스로를 방어해야 한다. 그러나 사형존치론자들은 "정의를 위해, 피해자의 인권을 위해, 똑같은 보복을 해야 한다"고 주장한다. "만약 사형수가 자연사에 예상되는 경우에, 수술을 해서라도 우선 살려 놓고 사형을 집행해야 한다"고 역설한다.

철저하게 보복하자는 것이다. 사형존치론자들이 즐겨 드는 예가 1996년 오클라호마 연방청사 폭파사건이다.

"130여 명의 목숨을 잃었다. 범인 팀 맥베이에게 사형이 집행되었다. 아버지를 잃은 딸은 분노가 마음에 가득했는데, 사형집행 소식을 듣고서야 마음의 평화를 갖게 되었다고 한다. 비로소 분노와 슬픔에서 벗어날 수 있었다."

또 다른 예가 대구지하철참사와 연쇄살인범 유영철, 그리고 2009년 강호순 사건이다.

"범인을 살려 놓고 사형을 집행하라. 사형집행 장면을 TV를 통해 생중계해야 한다. 이것만이 피해자들의 인권과 그 가족들의 분노와 슬픔을 벗겨 줄 유일한 대안이다. 현실과 동떨어진 학문은 가치가 없다."

그러나 범인 한 사람에 대한 사형집행이 분노와 슬픔을 진정으로 치유할 수 있을까? 형벌에서 복수의 감정을 희석시키는 것, 이러한 노력이 200년 근대형법의 발전사다. 왜 120여 개국에서 사형제도를 폐지하고 있는가? 왜 우리는 선한 민족이라고 자부하면서도, 법제도에서 극단적 복수의 감정은 희석시키려고 하지 않는가?

》종신형으로도 복수는 충분하다

0.7평의 방에서 영양가 없는 밥을 먹으며 죽어가는 것이다. 가석방은 거의 불가능하다. 콘크리트 바닥에서 수갑에 매여 짐승처럼 목숨만 연명하는 것이다.

복수에서 이성적 응징으로 형벌의 강(江)을 건너야 한다. 국민소득 80달러의 나라가 2만 달러의 나라로 눈부신 발전을 했지만, 우리는 진화한 바가 없다. 도대체 무엇이 얼마나 질적으로 변했다는 것인가. 동아시아에서 최초다. 통일시대를 대비해야 한다. 극단적 보복 없는 과거사 청산을 위해서 필요하다. 사형폐지론자는 단순한 낭만주의자가 아니다.

2005년 2월 18일 '사형제 폐지에 관한 특별법안' 이 국회법사위원회에 상정되었었다. 여야 의원 175명이 이 법안에 서명했다. 국회가 사형폐지법안을 법사위에 상정한 것은 헌정사상 처음이었다. 15대와 16대 국회에서도 발의는 되었으나, 상정은 하지 못한 채 자동 폐기된 바 있다. 그러나 17대 국회도 사형제도폐지 논의에 종지부를 찍지 못했다.

》18대 국회의 역사적인 입법결단을 촉구한다

18대 국회에 들어서는 2008년 9월 12일 39명의 여야 입법으로 자유선진당 박선영 의원이 대표 발의한 '사형폐지에 관한 특별법안' 이

상정되어 계류 중이다. 그러나 집권 여당은 여전히 당론으로 사형제도의 폐지를 반대한다. 여당 내 사형존치론을 주도하는 의원들은 주로 검찰 출신이다.

최근 정부는 사형수 58명에 대한 사형 재집행을 적극 검토하고 있다. 이러한 조치들은 강호순 연쇄살인 사건으로 분노한 민심을 달래기 위한 단기처방으로 보인다. 그러나 우리는 명심해야 한다. 우리나라는 유엔인권이사회 이사국이며, 동양인 최초로 유엔사무총장을 배출한 국가다. 또한 지난 10년간 국제사회에서 '생명 문화'를 주도한 국가다. 한순간의 유혹으로 이 모든 노력들을 물거품으로 만들어서는 안 된다.

특히 국가형벌권은 일시적인 사건이나 감정에 좌우되어서는 안 된다. 유럽연합(EU)은 사형집행 국가에게 많은 불이익을 주고 있으며, 우리나라의 사형 재집행에 지대한 관심을 가지고 있다. 정부와 국회는 지금의 사회분위기에서 냉정해야 한다. 18대 국회의 역사적인 입법결단을 촉구한다.

≪논쟁≫

이 기고에 대해 많은 논쟁이 있었다. 그중에서 제자와의 논쟁을 정리하였다. 이를 통해 사형제도 존폐논쟁에 대한 여러 쟁점들을 보다 더 정확히 이해할 수 있을 것이다.

[입론] 김재훈, 현실을 반영하지 못한 사형폐지는 무의미하다

우리는 사형제도에 대해 말할 때마다 언제나 가해자 측만 생각하고 피해자 측 입장은 소홀히 합니다. 범죄자의 인권을 논하기 이전에 피해자들에 대한 관심을 더욱 많이 가져야 합니다. 피해자들 처리도 제대로 못하고 있는 상황에서 범죄자의 인권을 운운하는 것은 의미가 없기 때문이지요.

사형폐지를 주장하는 사람들 중 피해자의 인권을 생각하는 사람은 별로 보지 못했으며, 그에 대한 적절한 방안을 제시하는 사람도 보지 못했습니다. 피해자들을 위해 최소한 해야 하는 것은 범죄자들이 진심으로 참회하게 만드는 것입니다. 따라서 사형폐지는 이것이 전제된 후에 고려할 사안이라고 생각합니다.

가석방 없는 무기징역에 처한다고 해도 범죄자가 반성하지 않는다면 아무런 의미가 없으며, 피해자 구제까지는 아니더라도 적절한 배려가 없는 현실에서 사형폐지를 논한다는 자체는 문제가 있습니다. 기본적으로 사형은 폐지되는 것이 옳다고 생각하지만 일반 국민들의 법적 인식을 바꾸지도 못하는 현실에서는 무의미한 처사라고 생각합니다.

일반적으로 사형제 폐지론자들의 주장은 다음과 같습니다.

❶ 사형이라는 극형에는 일반적으로 형벌이 내포하고 있는 최소한의 윤리적 요소도 찾아볼 수 없다. 단지 야만적이고 잔인할 뿐이다.

❷ 사형은 법을 통한 국가에 의한 제도적 복수이며, 제도적 살인에 불과하다.

❸ 사형집행의 효력은 기껏해야 며칠이다. 사형은 범죄억지 효과를 얻지 못하고 있다. 사형에 범죄억지의 효과가 있다는 가정과 그 가정에 근거한 신뢰의 허구성에서 우리는 이제 깨어나야 한다.

❹ 지존파와 막가파 등 강력범죄가 발생할 때마다, 일반국민을 향하여 위하차원에서 사형을 집행해 왔다. 그럼에도 불구하고 강력범죄는 줄어들고 있는가? 사형으로 잠재적 범죄자를 위하하는 것보다는, 오히려 강력범죄에 대하여 신속하고 철저한 수사로 범죄자를 조속히 검거해야 한다.

❺ 사형제도가 추구하는 위하사상은 권위주의 시대의 산물이지, 민주 시대의 형사정책이 될 수 없다.

❻ 사형제도는 그저 무익한 형사정책일 뿐이다. 사형제도로 흉악범을 억제할 수 있다는 발상은 형사정책의 포기라고 볼 수밖에 없다.

❼ 사형은 현대 형사정책의 만병통치약이 아니다. 잔악한 범죄 행위에 대한 국가의 형사정책은 이제 더 이상 사형제도만으로 방치되어서는 안 된다.

❽ 범죄인이 스스로 인간이기를 포기한 야수라고 할지라도 사회는 그를 인간으로 복귀시켜야 한다. 그것이 국가의 의무다.

⑨ 범죄의 원인에는 범죄인의 악성뿐만 아니라 환경적 요인이 차지하는 비중이 적지 아니하다. 사형은 범죄 원인을 모두 범인에게만 책임지우고 있을 뿐이다.

⑩ 사형제도를 유지하고 있는 것은 문명국의 수치이며, 인간의 존엄을 존중하고 보호하는 법치국가의 헌법정신을 모독하는 것이다.

⑪ 인간의 존엄을 보장하는 헌법은 이제 스스로를 방어해야 한다.

저는 위와 같은 이유로 사형폐지를 해야 한다는 데 동참하고 싶지 않습니다. 일반 국민들이 사형폐지의 이유에 대해 진정으로 수긍하고 이해하는 사회가 되지 않으면 사형폐지의 의미는 없기 때문입니다.

[반론] 하태영, 사형이란 국가가 시민에게 선언하는 전쟁이다

사형존치론자들은 정의를 위해, 피해자의 인권을 위해, 똑같은 보복을 해야 한다고 주장한다. 그렇기 때문에 만약 사형수가 자연사할 것이라고 예상되는 경우에, 수술을 해서라도 우선 살려 놓고 사형을 집행해야 한다고 주장한다. 철저하게 보복하자는 것이다. 이러한 주장에 대한 근거로 사형존치론자들은 1996년 오클라호마 연방청사 폭파 사건을 예로 든다. 이 사건으로 130여 명이 목숨을 잃었다. 범인인 팀 멕베이에게 사형이 집행되었다. 아버지를 잃은 딸은 마음에 분노가 가득 했는데, 사형집행 소식을 듣고서야 마음의 평화를 찾게 되었다고 한다. 비로소 분노와 슬픔에서 벗어날 수 있었다는 것이다.

사형 존치론자들은 대구지하철참사 범인을 살려 놓고 사형을 집행해야 한다고 주장한다. 이는 동해동복의 논리에 근거한 발상이다. 이것만이 피해자들의 인권과 그 가족들의 분노와 슬픔을 벗겨줄 유일한 대안이라는 것이다.

그러나 범인 한 사람에 대한 사형집행이 이번 참사의 분노와 슬픔을 진정으로 치유할 수 있을까? 사형집행의 효력은 기껏해야 며칠이다. 사형은 범죄억지효과를 얻지 못하고 있다. 사형에 범죄억지의 효과가 있다는 가정과 그 가정에 근거한 신뢰의 허구성에서 우리는 이제 깨어나야 한다. 사형집행론도 결국 석기시대 수준의 발상이 아닌가? 한마디로 인간은 지난 1만 년 동안 질적(質的)으로 더 진화한 바가 없고 역사는 발전한 것처럼 보이면서도 기실은 석기시대 수준의 되풀이에 불과했다는 이야기나 다름없다. 도대체 무엇이 얼마나 질적으로 변했다는 것인가?

국민소득 80달러의 나라가 2만 달러의 나라로 눈부신 발전을 이룩한 것은 사실이다. 그러나 대구지하철참사에서 드러난 부실국가 대한민국, 엉터리 사회 대한민국, 마구잡이 세태 대한민국은 우리가 여전히 '석기시대' 수준임을 여실히 일깨웠다. 이에 대한 해결방식인 사형집행론도 결국 석기시대 수준의 발상이 아닌가?

[김재훈의 주장] 저는 피해자의 구제가 사형제도와 다른 항목이라고는 생각하지 않습니다. 특히 얼마 전 방한한 사형제도 문제의 전문가인 국제사형폐지연맹 영국대표 피터 호지킨슨 씨는 "지금까지

사형제도 폐지론자들은 범죄의 희생자들에게 많은 관심을 갖지 않아 온 것이 사실이며, 그 문제에 많은 관심을 갖고 피해자들의 보호나 철저한 피해 보상이 이뤄져야 한다"고 주장했습니다. 이 문제를 국가 책임으로 돌리는 건 책임전가라는 생각이 듭니다.

나는 너의 주장에 동의할 수 없다. 피해자들의 보호나 철저한 피해 보상은 국가의 책임이다. '범죄피해자 보상제도' 라는 것이 있다. 이 제도는 범죄피해자가 범죄로 인하여 받을 피해의 전부 또는 일부를 국가가 금전으로 급부하는 구제제도다. 헌법 제30조에 명문으로 규정되어 있다. 헌법 제30조에 근거하여 1987년에 '범죄피해자구조법' 이 제정되었고, 2005년 12월 29일에 개정되어 시행되고 있다.

함무라비법전에서 강도죄의 경우 국가가 검거하지 못하면, 피해자의 손실을 국가가 전보해야 한다는 규정이 있었다. 이후 범죄피해자 보상에 관해 벤담, 페리, 가로팔로, 델배키오 등이 주장한 바 있다. 근대 이후 영국의 사회운동가인 프레이 여사가 '피해자를 위한 정의' 라는 논문에서 '잊힌 존재' 로 취급되어 온 피해자의 구조를 강력히 주장했다. 뉴질랜드가 최초로 1963년 '범죄피해자보상법' 을 제정하였다.

법적 성격에 관해서는 학자들 사이에 논란이 있다. 국가책임설, 사회복지설, 사회보장설 등이다. 나는 사회보장적 성격을 가진 청구권이라고 생각한다.

구조(지원)요건은 ① 타인의 범죄로 인한 피해 발생, ② 피해가 사망이나 중한 장해일 것, ③ 가해자가 불명이거나 무자력일 것, ④ 피해자의 생계곤란, ⑤ 자기 또는 타인의 형사사건의 수사 또는 재판에 있어서 고소 · 고발 등 수사 단서에 제공할 것 등이 있다. 진술, 증언 또는 자료 제출과 관련하여 피해를 입은 경우는 ②와 ③의 요건은 필요없이 보상의 대상이 된다.

제한 요건은 ① 친족 간의 범죄가 아닐 것, ② 피해자에게 귀책사유가 없을 것, ③ 사회통념상 보조금의 전부 또는 일부를 지불하지 아니함이 타당하다고 인정되는 경우여야 한다.

구조금은 ① 사망시 유족에게 지급하는 유족구조금, ② 중장해 시 본인에게 지급하는 장해구조금이 있으며, ③ 외국인이 피해자이거나 유족인 경우도 상호보증이 있는 경우에 해당한다. 구조금은 일시금으로 지급하며 유족구조금은 1천만 원, 장해구조금은 600만 원, 400만 원, 300만 원이다. 그리고 일정한 범위 안에서 가구 조금도 지급할 수 있다.

구조결정 절차를 보면, 구조 사유가 발생한 경우에는 주소지, 거주지 또는 범죄 발생지를 관할하는 지방검찰청에 설치된 범죄피해자구조 심의회(법무부장관의 지휘, 감독을 받는다)에 구조 신청을 한다. 피해 발생을 안 날로부터 1년, 발생한 날로부터 5년 내에 해야 한다.

문제점과 개선방안은 구조적용 범위가 제한되어 있고, 구조지원 금액이 소액이며, 이 제도에 대한 홍보가 부족하여 수혜 대상이 적다는 점이다. 또한 피해자가족에 대한 심리상담, 그 자녀들에 대한 사회적 지원 등이 미비하다.

이것이 형사정책 교과서에 나오는 내용들이다. 나는 재훈이의 생각과는 달리, 피해자에 대한 지원은 국가의 책임이라고 생각한다. 범죄 피해자의 구제제도는 그 자체로서 더욱 발전되어야 하며, 사형제도 폐지와 연계하여 존폐 여부를 따질 문제가 아니다. 이미 이 제도는 입법되어 시행되고 있다.

만약 "피해자들의 보호나 철저한 피해 보상이 이뤄져야 한다"고 강력하게 주장하려면, 구체적으로 "이 법을 개정해야 한다"고 주장해야 한다. 법학을 전공한 사람은 더욱 그렇다. 국가가 적극적으로 나서 더 많은 재정을 확보하여 범죄 피해자를 지원하라고 요구해야 하는 것이다.

재정확보가 어려운 국가가 사형제도를 존치하고, 피해자에게 사형으로 위안을 시키며, 가해자는 법의 이름으로 생명을 제거하는 것이다. 그래서 나는 "참 쉬운 정책이다. 비용이 적게 드는 사형제도는 그저 무익한 국가의 형사정책일 뿐이다"라고 강변하고 있는 것이다. 추상적인 정의와 피해자 인권을 내세우면서, 피해자의 실질적 구조는 방임하고 있는 것이다.

그렇다면 사형집행을 한들 피해자 구조는 진정되는가? 그렇지 않다. 피해자의 심리적 진정해소책은 될 수 있겠지만, 본질적인 문제는 그대로 남아 있는 것이다. 그래서 나는 사형집행과 범죄 피해자 보상제도는 분리해서 접근해야 한다고 본다. 사형집행의 본질을 바로 볼 필요가 있다. 범죄 피해자 보상제도는 당연히 전면 개정되어 확대실시 해야 하며, 사형제도는 조속히 결단을 내려야 한다. 사형제도를 폐지하고자 하는 국민적 의지만 있다면, 사형제도는 폐지될 수 있다.

[김재훈의 주장] 저 역시 사형제도는 폐지해야 한다고 생각합니다. 교수님께서 제시하신 사형폐지의 이유는 타당하고 언젠가는 폐지될 것이라는 것도 동의합니다.

제가 말씀드리고 싶은 것은 사형제도 폐지 그 자체를 말하는 것이 아닌 국민들의 법적 인식 전환과 피해자들에 대한 현실적 배려가 선행되어야 사형제도 폐지 역시 가치가 있다고 생각합니다.

일반 국민들이 사형폐지의 이유에 대해 진정으로 수긍하고 이해하는 사회가 되지 않으면 사형폐지의 의미는 없다는 말은 그 이유에 문제가 있어서가 아니라 그 이유를 국민들이 진정으로 수긍하지 않으면 의미가 없기 때문입니다.

1764년 《범죄와 형벌》에서 사형(死刑, Die Todesstrafe)제도의 폐지를 주장한 베카리아(C. Beccaria)는 한국 국민에게 다음과 같이 조언하고 있다.

"계몽에 힘입은 모든 시민들은 열심히 기도해야 한다.
훌륭한 시민들의 권위가 더욱 커져서,
그들이 이 혐오할 법률을 개정할 수 있을 만큼
충분한 힘을 갖도록."

소위 고전이라고 하는 《범죄와 형벌》 중 제16장에 있는 사형을 요약해 재훈이가 제기한 물음을 나름대로 이해하여 답변하겠다.

베카리아는 누가 인간에게 동포를 학살하는 권리를 부여할 수 있었는지 의문을 제기한다. 사형은 그 어떠한 권리에도 의거하지 않는다는 것이다. 모든 시대의 역사는 경험으로 증명하고 있다. 사형이 악인들의 사회 침해를 저지하지 못했다는 것을 말이다.

또한 인간의 정신에 가장 큰 효과(위하력)를 주는 것은 형벌의 강도(强度)가 아니고, 그 지속성(持續性)에 있다. 이러한 섭리에서 볼 때, 범죄의 길을 걸으려는 자를 저지하는 장애물로써 사형은 강렬한 인상을 주지 못한다.

자유를 구속당한 범죄인이 가축(家畜)으로 전락하여, 과거에 사회에 끼친 불이익을 몸으로 속죄하는 모습이야말로, 강하고 지속적인 인상을 준다. 사형의 효과는 일시적이다.

사형수들이 진심으로 참회하고 반성하는 것은 그들이 해야 할 몫이다. 범죄인이 스스로 인간이기를 포기한 야수라고 할지라도 사회는 그를 인간으로 복귀시켜야 한다. 사회로가 아니고, 인간으로! 그것이 국가의 의무다. 그러나 국가는 인간이 할 수 있는 참회와 반성을 억지로 강요할 수 없다. 참회불능의 사형수는 교도소에서 긴 세월을 보내다 늙고 병들어 죽어가는 것이다.

피해자의 구제는 사형제도와는 다른 항목이다. 이것은 별도로 국가가 관심을 가지고 지원해야 한다. 국가보상, 피해자 가족에 대한 심리상담, 그 자녀들에 대한 사회적 지원 등등. 국가재정이 확보되어야 하는데 돈이 없어 사형집행으로 의무를 다했다고 강변하는 것이다. 피해자 구제는 피해자 가족의 복지 측면에서 접근해야 할 문제다.

나는 재훈이가 주장하는 논지 "피해자 구제까지는 아니더라도 적절한 배려가 없는 현실에서의 사형폐지를 논한다는 자체는 문제가 있다고 생각한다"는 말은 모순이라고 본다.

왜냐하면 이것은 "피해자 구제까지는 아니더라도 적절한 배려가 없는 현실이라면 사형집행을 해야 한다. 비용이 훨씬 싸기 때문이다. 국가는 비용이 비싼 사형폐지를 논한다는 자체에 문제가 있다"라고 들리기 때문이다.

피해자를 위한 구제장치가 없어서 사형집행을 하는 것이기 때문에 사형폐지는 현실성이 없다고? 왜 국가는 너무 쉽게 사형과 피해자 구제를 바꾸려 하는가? 여기에 함정이 있다. 깨어 있는 시민들은 국가의 포장된 설득(정의, 피해자 인권)을 믿지 않는다. 책임전가이기 때문이다. 그래서 나는 값싼 사형제도는 그저 무익한 국가의 형사정책일 뿐이라고 강변하고 있는 것이다.

사형집행을 한들 피해자 구제는 진정 있는가? 그렇지 않다. 피해자의 심리적 진정을 위한 해소책은 될 수 있겠지만, 본질적인 문제는 그대로 남아 있는 것이다. 그래서 나는 사형집행과 피해자 구제는 분리해서 접근해야 한다고 본다. 사형집행의 본질을 바로 볼 필요가 있다.

[김재훈의 주장] 교수님 말씀대로 다른 사람들이 "피해자 구제까지는 아니더라도 적절한 배려가 없는 현실이라면 사형집행을 해야 합니다. 비용이 훨씬 싸기 때문입니다. 국가는 비용이 비싼 사형폐지를 논한다는 자체에 문제가 있다"라고 오해할 소지가 있다는 것 인정합니다.

그러나 지금 우리나라의 사형에 대한 상황을 〈국민일보〉에서는 다음과 같이 밝히고 있습니다.

김영삼 정권시절, 그러니까 1997년 12월 30일 23명의 사형수에 대해 사형집행이 이뤄진 뒤 현재까지 1건의 집행도 없었습니다. 김대중 대통령은 오히려 1999년과 2000년 광복절, 그리고 2002년 12월 31일 등 3차례 특별사면을 통해 모두 11명의 사형수를 무기수로 감형해 새 생명을 찾게 해줬습니다. 비록 법률적으로 사형제도를 폐지하거나 사형집행 중단을 공식적으로 선언하지는 않았지만 집권기간 사형집행을 전면 중단, 사형제도를 유명무실하게 만든 것으로 평가받고 있습니다(국민일보, 2003년 1월 28일 사회면).

그리고 노무현 전 대통령 역시 사형제 폐지에 대해서 긍정적인 입장을 피력했습니다. 이런 상황에서 국민들의 인식전환 및 피해자 구제에 관심을 가지고 철저히 이행해 나간다면 정말 바람직한 사형제 폐지가 될 것이라는 생각으로 말씀드린 것이지, 구제장치가 없기에 사형집행을 인정하자는 의도는 아니었음을 말씀드리고 싶습니다. 그리고 대구참사와 같이 한꺼번에 많은 희생이 생겨야 피해자 구제에 신경을 쓰는 우리나라 정부도 문제가 있다고 생각합니다. 한 사람 한 사람의 생명이 소중한데 말입니다.

유엔인권선언 제5조를 보면, 모든 사람은 잔인하고 비인간적이며 모욕적인 형벌이나 조치를 받지 않을 권리가 있다. 사형은 그 같은 형벌에 해당한다. 1999년부터 유엔인권위원회는 세계 각국에 사형집행을 보류하는 모라토리엄을 권고하고 있는 상태다. 우리 정부는 이 권고안을 받아들인 것으로 보인다.

참고로 사형폐지론자였던 인권변호사 서석구 씨는 코페르니쿠스적 대전환을 통해 《나는 왜 사형존치론자가 되었나》를 발표했다(월간 조선일보사, 2003). 서 변호사는 오랫동안 앰네스티 대구지부에서 사형폐지를 역설하는 등 사형폐지운동을 왕성하게 벌였다.

그는 그의 책에서 "유엔의 사형폐지 권고는 인권을 위협할 것"이라고 주장한다. "유엔은 사형의 남용을 강조하되 사형의 불가피성을 인정하는 자세를 가지지 않는다면, 세계평화가 유린되고 범죄로 고통받는 인류사회를 구원하는 데 실패하고 말 것이고 역사의 준엄한 심판을 받게 될 것이다"라는 것이 핵심 내용이다.

그러나 범인들을 죽인다고 범죄 때문에 잃어버린 것이 복구될 수 없다. 죽음의 문화를 생명의 문화로 바꾸어야 한다. 세계평화 유린, 인류사회 구원, 역사의 준엄한 심판 등등은 너무도 추상적인 얘기다. 사형제도 존치의 논거가 될 수 없다고 본다.

사형이 규정되어 있는 국가에서는 본보기로 징계하는 것을 보여주고자 할 때마다 하나의 새로운 범죄를 요구한다. 그에 반해 종신노역형은 단 하나의 범죄자만 있어도 그를 통해 언제라도 지속적인 본보기를 제공할 수 있다.

사형이란 형벌은 사형에 해당하는 범죄가 자주 행해질 것을 필요로 한다. 사형이 필요하다고 생각될 때 사형은 무용하게 된다.

공공의 의사의 표현인 법률은 살인을 증오하고 살인 행위를 처벌한다.

이러한 법률이 스스로 살인을 범하고, 시민들의 살인 행위를 예방하기 위해서 공공연한 살인을 명령하는 것은 얼마나 불합리한 것인가? 정당하고 유용한 법률이란 어떤 법률인가? 격렬한 정감은 우르르 덮치지만, 그 효과는 오래가지 못한다.

사형이라는 극형에는 일반적으로 형벌이 내포하고 있는 최소한의 윤리적 요소도 찾아볼 수 없다. 살인을 명령하는 법률은 단지 야만적이고 잔인할 뿐이다. 사형은 법을 통한 국가에 의한 제도적 복수이며, 제도적 살인에 불과하다. 사형집행의 효력은 기껏해야 며칠이다. 사형은 범죄억지효과를 얻지 못하고 있다. 대구지하철사건의 방화범에게 억지효과가 있었는가? 또 모방범죄를 하려는 자에게 과연 사형제도가 억지효과가 있는가?

사형에 범죄억지의 효과가 있다는 가정과 그 가정에 근거한 신뢰의 허구성에서 우리는 이제 깨어나야 한다. 종신형으로도 복수는 충분하다. 그냥 0.7평의 방에서 영양가 없는 밥만 먹으며 죽어가는 것이다. 가석방은 거의 불가능하다. 콘크리트 바닥에서 자해방지 사슬에 묶여 짐승처럼 목숨만 연명하는 것이다. 사형폐지론자는 단순한 낭만주의자가 아니다.

[김재훈의 주장] 교수님께서 말씀하신 "가석방 없는 종신형은 언제라도 지속적인 본보기가 될 수 있다", "사형이 필요하다고 생각될 때 사형은 무용지물이다. 이미 위하력을 상실했기 때문이다", "법률이 살인을 증오하는 것이 아니라 명령하고 있다" 등 교수님께서 말씀하신

> 사형폐지 주장에 대한 이유들은 옳다고 생각합니다. 하지만 저는 여전히 이러한 것들이 일반 국민들의 법적 인식을 바꾸지도 못하는 현실에서는 무의미한 처사라고 생각합니다.

현재 무기수는 사실상 15~20년 복역 후 석방되고 있다. 그러므로 사형 대신 종신형이 주어진다면 아마도 20~25년의 복역기간이 지나야 석방될 수 있을 것이다. 그 세월의 무게라면 개심(改心)하기에 충분하다고 생각한다.

재훈아! 나는 사형폐지를 주장하는 나의 사고가 현실과 그렇게 괴리되어 있다고 보지 않는다. 인간이 구성한 제도란 인간들을 믿지 못해 만들어 놓은 인간들의 미래지향형 약속이다. 나는 이러한 약속이 불변이라고 생각하지 않는다.

해방 이후 1950년대부터 오늘날까지 우리나라의 많은 학자들은 사형제도의 폐지를 주장했다. 우리나라에 민주, 자유, 인권의 형법관을 심으려는 노력이었다. 그리고 우리나라도 최근 범죄피해자학회를 통해 범죄피해자의 인권을 보호하기 위해 지속적으로 노력하고 있다. 우리가 잘 모를 뿐이다. 이것은 이것대로 발전시켜야 한다.

재훈아! 다시 한 번 강조한다. 사형제도는 사회악을 일소하는 만병통치약이 아니다. 사형존치론으로 흉악범을 억제할 수 있다는 생각은 너무도 순진한 발상이다. 범죄의 원인에는 범죄인의 악성뿐만 아니라 환경적 요인이 차지하는 비중이 적지 않다. 사형제도는 범죄의 원인을 모두 범인에게 책임지우고 있을 뿐이다.

대구지하철참사의 경우 화재예방설비가 미비한 전동차가 달릴 수밖에 없는 우리의 안전시스템은 결함이 없는가? 이 문제도 진지하게 함께 검토해야 한다. 이 사건은 한 사람의 사형집행으로 끝날 사안이 아니다. 유영철 사건과 강호순 사건도 마찬가지다.

국가형벌에서 복수의 감정을 희석시키려는 노력이 근대 형법의 200년 발전사의 핵심이다. 우리는 왜 120여 개의 국가에서 사형제도를 폐지하고 있는가를 생각해야 한다. 형법을 연구하고 있는 우리나라 학자들은 이러한 노력들을 자꾸만 뒤로 미루어서는 안 된다.

“사형을 집행하지 마십시오. 사형제도를 폐지하십시오.”

“사상과 이념을 떠나 생명의 문화를 정착시키고 인간의 존엄성을 지키는 데 앞장서는 일은 우리의 으뜸가는 사명입니다.”

“정부가 우리의 뜻을 정확히 이해하고 적극 수용해 아시아에서 최초로 사형제도가 없는 나라, 생명을 존중하는 나라로 거듭나길 간절히 기원합니다.”

사형수를 사랑한 고(故) 김수환 스테파노 추기경(1922. 5. 8~2009. 2. 16) 님이 남긴 말씀이다.

경제

탐욕스러운 '폭탄 돌리기'의 대재앙

금융위기는 인간의 탐욕에 대한 천벌이다. 모두가 계층과 상관없이 긴장하고, 또 긴축해야 한다. 분수에 넘친 생활이나 정책, 모험적 이윤추구, 그리고 과소비는 반드시 대가를 치르게 마련이다. 자각과 반성의 성찰이 필요한 시기다.

미국발 금융위기로 세계가 충격에 빠져 있다. 실물경제는 갈수록 악화되고 있고, 자산 가격도 급락하고 있다. 투자도 안 되고, 대출도 안 되고, 소비도 안 돼 실물경제가 침체되는 '가속도 효과'(financial accelerator)가 진행되고 있는 것이다. 그러나 진짜 위기는 시작도 안 됐고, 2009년에는 대폭락의 장이 올 것이라고들 한다.

2005년 말에 금융위기의 1차 징후가 있었다고 한다. 2008년 2월 미국 모기지 업체 2위 회사를 비롯하여, 중소은행과 헤지펀드가 줄줄이 파산했다. 100년의 역사를 가진 세계 3, 4위 투자은행도 한순간에 공중분해가 된 것이다.

〉〉금융위기 … 인간의 탐욕에 대한 천벌

금융위기의 원인은 무엇인가? 그동안 미국 월가는 쉽게 돈을 벌었고, 분에 넘치게 소비해 왔다. 금융기업들도 모두 과도한 레버리지 대열에 뛰어 들었다. 경쟁에서 선점하기 위해서 신용도를 검토하지 않고 대출해 왔으며, 그 결과 신용의 붕괴를 자초하고야 말았다. 바로 이러한 탐욕스러운 '폭탄 돌리기' 가 가장 중요한 원인이다.

주택가격이 하락하면서 서브프라임 모기지의 부실사태를 초래했고, 파생상품의 자산가치 하락으로 이어져 '인간의 욕망' 과 '규제와 감독의 실패' 가 만든 판도라의 상자가 열리게 된 것이다.

〉〉금융회사와 제조회사, 연쇄도산 가능성

이러한 상황이 계속 발생한다면, 금융위기는 실물경제를 더욱 악화시킬 것이다. 벌써 대규모 인력 감축이 시작되고 있으며, 금융기관들의 추가 도산도 우려된다는 걱정스러운 관측이 제기되고 있다.

우리나라가 금융위기를 초래한 주체는 아니다.

그러나 글로벌 사회에서는 금융위기가 어느 한 나라만의 문제로 그치지 않는다. 통신고속도로를 타고 이미 금융 쓰나미는 진원지의 반대쪽까지 거세게 달려들고 있다. 원-달러 환율이 널뛰기를 하고 경기가 하강하면, 국내 금융회사와 제조회사들의 연쇄도산은 불 보듯 뻔하다.

》 계층과 상관없이 긴장하고, 또 긴축해야

우리가 우선적으로 할 수 있는 일은 개인과 가정, 그리고 학교는 물론이고, 기업과 정부가 위험관리 시스템을 가동하고, 세계적인 과잉 유동성 위기에 적극적으로 대처하는 일일 것이다.

모두가 계층과 상관없이 긴장하고, 또 긴축해야 한다. 분수에 넘친 생활이나 정책, 모험적 이윤추구, 그리고 과소비는 반드시 대가를 치르게 마련이다. 정말로 자각과 반성의 성찰이 필요한 시기다.

로벗 펄검(Robert Fulghum)의 말처럼 지혜란 엄청나게 높은 곳에 있는 것이 아니라, 아주 낮은 우리 주변에 항시 있는 법이다. 어느 때보다도 저축을 미덕시하고 검소한 생활을 해야 할 시기인 것이다.

Chapter 4

하마의 눈물

통일 · 분단 · 역사

눈물은 안타까움의 표현이다. 하마는 통일, 분단, 역사와 관련된 주제를 중심으로 11편의 글을 수록했다. 하마의 생각으로 통일은 하늘의 명령에 따라 형성되는 것이고, 국운은 그 결과에 따라 하늘이 내리는 것이다. 길을 내는 것도 천명을 받은 우리 민족이 하는 것이고, 길을 묶혀 버리는 것도 천명을 받은 우리 민족이 하는 것이다.

1989년 11월 9일 저녁 9시. 베를린 장벽은 붕괴되었다. 공산주의 동독은 산산조각이 났다. 329일 동안의 긴 여정을 거쳐 독일은 1990년 10월 3일 다시 하나가 되었다. 저자는 2009년 2월 베를린 장벽 붕괴 20주년을 맞아 냉전의 상징 베를린 장벽을 다녀왔다. ① 무너지는 국경선, ② 장벽 붕괴 당시의 사회분위기, ③ 독일 통일과 남겨진 숙제, ④ 한반도 통일, 어디까지 왔나?, ⑤ 독일 통일의 외교비사(外交秘史), ⑥ 독일 통일 20년, 우리는 뭘 배워야 하나? 등을 현장에서 스케치해 보았다. 2009년 베를린의 겨울 사진은 저자가 베를린 현장에서 직접 찍은 것이다. 우리도 독일 통일을 교훈으로 통일을 준비해야 한다.

통일

베를린 장벽 붕괴 20주년, 그 현장을 가다

독일 통일이 한국에 남긴 교훈은 세 가지다. 한반도 통일 과정에서도 독일의 경우와 같이 세 가지 장애물이 나타날 것이다. 이것은 분단국가가 겪을 수밖에 없는 운명이다. 따라서 우리의 외교는 독일의 외교비사를 타산지석으로 삼아야 한다. 미국, 일본, 중국, 러시아의 최대 관심사가 무엇인지 철저하게 분석해야 한다. 첫째, 주둔하고 있는 미군의 장래 문제와 이와 관련한 주변국들의 입장을 어떻게 조율할 것인지 세밀하게 검토해야 한다. 둘째, 통일 이후 우리 군의 지위 문제를 분명하게 정립해야 한다. 셋째, 통일 이후 우리 군의 병력 수에 관해 정확한 진단 후 합의를 이끌어야 한다. 이 세 가지 문제는 주변국들의 이해관계와 맞물려 있어 간단한 문제가 아니다. 그러나 저자는 결국 이것이 한국 통일의 핵심적인 문제라고 생각한다.

〉〉 독일 분단의 상징, 베를린 장벽이 무너지다

1989년 11월 9일 목요일. 콜 총리의 폴란드 방문 첫날. 공식만찬이 진행되고 있었다. 콜 총리에게 계속 메모가 올라왔다. 저녁 9시 본에서 긴급전화가 왔다. "총리, 지금 막 베를린 장벽이 무너졌습니다." 10시. "이제 정말 베를린 장벽은 끝장났습니다."

1989년 11월 9일 장벽 붕괴는 역사가 독일과 독일 민족에게 준 행운의 선물이었다. 베를린 장벽은 냉전의 상징이었다.

2009년 2월 7일 베를린 브란덴부르크 문(Brandenburger Tor). 서독 쪽에서 본 광경이다. 1989년 11월 9일 베를린장벽의 붕괴로 공산주의 동독은 산산조각이 났다.

1961년 8월 13일, 여름이었다. 미국에서는 케네디 대통령이 취임했고, 독일에서는 베를린 장벽이 구축되었다. 1961년 1월에서 8월 12일까지 동독인 159,753명이 서독으로 넘어왔다.

동독은 8월 13일 아침, 전격적으로 베를린 장벽을 쌓아갔다. 동독군 장교가 철조망 경계를 뛰어넘고 있었고, 경계선 너머로 손자를 인계시키는 할머니도 있었다. 이렇게 베를린의 긴 하루는 흘러가고 있었다.

4일 후 8월 17일, 베를린 장벽을 넘던 청년 페터 페히터(당시 18세)가 장벽을 넘다 동독 군의 총격을 받고 쓰러졌다. 수백 명의 동서독 인파가 이 광경을 지켜보았다.

28년(1961. 8. 13~1989. 11. 9) 동안 동서독을 가로막은 베를린 장벽

50여 분 동안 피를 흘리고 있었는데, 동독 군은 시체를 끌고 나갔다. 이 장면은 시시각각 전 세계에 타전되었고 충격을 주었다. 분단고착은 이제 현실이었다. 1961년 8월 13일 이후 1989년까지 동서독 국경을 넘다 죽음을 당한 탈출 희생자는 모두 200명에 달했다.

〉〉 장벽 붕괴까지 정세의 흐름과 분위기

베를린 장벽이 붕괴되기 3개월 전부터 동독은 이미 파산상태였다. '지상의 공산주의 낙원' 이라는 구호가 모두 허구였음이 드러났다. 경제

2009년 2월 베를린 브란덴부르크 문. 동독 쪽에서 본 광경이다. 베를린 상징물인 곰(자유)과 함께 서 있는 사람들은 당시 동서독 국경선을 지켰던 동독 군이다.

난 악화와 개혁조치 부재에 대한 노골적인 불만이 마구 터져 나왔고, 동독인들은 TV를 통해 모스크바 붉은 광장의 집회장면을 보았다. 그리고 바웬사(Lech Walesa, 1943~)가 폴란드 총리가 되는 것을 보았다. 경호 속에 차를 타고 가는 바웬사의 모습을 보며 동독인들은 몹시 혼란스러웠다.

1989년 여름, 동독인들의 헝가리 휴가신청이 유난히 많았다. 헝가리인들은 아침에 차를 몰고 부다페스트를 출발해 오스트리아의 빈으로 가서 쇼핑을 한 뒤 저녁에 다시 돌아왔다. 동독 사람들은 이제 스스로에게 묻지 않을 수가 없었다. "도대체 동독은 어디로 가고 있는 것일까?

이제 거리로 나갈 때가 온 것인가?" 급변하고 있는 주변국의 모습을 보며 자연스러운 질문이 터져 나오기 시작했다.

1989년 7월, 헝가리에 들어와 있던 동독인들의 대규모 탈출이 시작되었다. 8월 들어 상황은 점점 걷잡을 수 없이 변해가고 있었다. 남녀노소 할 것 없이 자유의 길을 찾고 있었다. 대부분 의사, 간호사, 변호사, 건축가, 엔지니어 등 구동독의 자산인 '전문 인력'이었고 젊은 사람들이 대부분이었다. 동독은 존폐 기로에 놓여 있었다.

1989년 8월 13일, 베를린 장벽 구축 28주년 기념일. 정치선전은 최고조에 달했다. 당 기관지 〈노이에스 도이칠란트〉는 '베를린 장벽은 안정을 위한 보장책'이라고 미화하며 "개혁은 어떤 성격의 것이든 일절 허용하지 않을 것"이라고 말했다. 또한 "장벽은 전쟁의 아비규환으로부터 유럽인들을 보호해 주고 있다"고 외쳤지만 믿는 사람이 별로 없었다. 동독인 모두에게 '심리적 공황'이 온 것이다.

1989년 10월 7일 저녁, 동베를린에서 엄청난 규모의 시위가 벌어졌다. 수천 명이 거리로 뛰어나갔고 짧은 시간 동안 동독 전역으로 번져나갔다. 시위대의 숫자는 하루하루를 지나면서 계속 늘어갔다. 이러한 사태를 지켜보던 서독 정부는 동독 슈타지(Stasi, 국가공안국)의 무력 개입과 유혈사태를 걱정했다.

1989년 11월 9일 저녁 9시. 베를린 장벽이 붕괴되었다. 누구도 예측하지 못한 사건이었다.

2009년 베를린 슈프레(Spree) 강. "지뢰가 터져 죽은 사람, 장벽을 넘으려다 사살된 사람, 그리고 슈프레 강을 헤엄쳐 건너다 죽은 사람들의 영혼을 위해 묵념을 제안했다."

〉〉베를린 장벽 붕괴와 통일 … 329일 동안의 긴 여정

독일 통일의 숨은 주역 호르스트 텔치크(Horst Teltchik, 63, 전 독일 국가안보수석)는 "베를린 장벽이 무너졌을 때만 해도 통일 과정은 5~10년 정도 걸릴 것으로 보았다. 그러나 현실은 329일밖에 안 걸렸다"고 회고록에 적고 있다.

329일 동안 동독 지역 자유선거, 새 동독 지도부와 서독과의 통일 협상, 수도이전 협상, 독일의 나토 가입과 통일 독일의 군사력 협상, 화폐교환 문제, 경제통합, 교육통합, 환경통합, 경찰통합, 행정통합, 법원통합

2009년 2월 베를린 포츠담 거리에 세워진 분단 시대의 장벽 잔해

문제를 논의했고, 1990년 10월 3일 통일 이후에는 통일비용 논쟁, 과거 체제에 대한 청산, 슈타지-불법가해자의 처리 문제, 구동독 자산을 처리하기 위한 신탁청, 법제도 통합을 논의했다.

20년이 지난 2009년까지도 독일 통합과정은 아직 진행 중이고, 고실업, 심리적 갈등, 이등 국민이라는 피해의식이 여전히 남아 있다. 분단의 세월만큼 시간이 필요하다 말한다.

그러나 동독 사람들은 과거로 돌아갈 수 없다는 점은 확실히 공유하고 있다. 저자가 판단하기에 자유, 평화, 그리고 민주화는 완전히 정착된 것으로 보인다. 다만 실업률이 높아 사회분위기는 가라앉아 있다. 베를린에 아직도 남은 일은 서로 판이한 경험과 기억, 그리고 기대를 가진 사람들이 어떻게 제도적, 정치적, 그리고 심리적 통일을 이룰 수 있는가 하는 점이다.

〉〉 한반도 통일, 어디까지 왔나?

독일은 1970년 정상회담 이후 1990년 10월 3일 독일 통일까지 20년이 걸렸다. 지금의 한반도 분위기는 독일과 비교해 보면, 통일을 위한 초기단계이고, 상황은 냉각되어 있다.

2009년 2월 8일 베를린 브란덴부르크 문의 한 중앙. 분단을 넘어 통일로! 무너진 국경선 앞에서 서독을 배경으로 동독을 향해 사진을 한 장 찍었다.

북한의 핵 문제, 김정일 와병설, 미국 오바마 대통령 당선, 북한의 군사행동 위협, 북한 권력승계 문제, 대북 특사 등 한반도의 정치 및 외교적 상황은 어느 때보다도 복잡하다. 그러나 분명한 것은 역사의 수레바퀴는 굴러가고 있다는 점이다.

우리 정부는 미국과 일본과 긴밀한 협력관계를 맺어야 하고, 또한 중국과 러시아와 우호관계를 유지해야 한다. 통일 이후의 안보환경은 이들 주변국가

2009년 2월 베를린 포츠담 거리에서 베를린 장벽 붕괴를 기념하는 사진을 찍고 있는 관광객

와 깊은 연대가 있어야 한다. 이것이 냉엄한 현실이다.

따라서 우리 정부는 동아시아의 평화를 주장하면서, 한국만의 독자적인 길은 없다고 주변 국가들을 안심시켜 주어야 한다. 국제기구를 적극 활용하는 것도 중요하다. 최적의 통일 환경을 기다려야 한다.

2009년 2월 9일 독일 아데나워장학재단의 게에스(Gees) 씨를 만났다. 그는 한반도의 최근 긴장 관계를 이렇게 분석했다.

"미국은 한반도에서 전쟁을 수행할 경제적 여력이 없다. 미국에는 이란, 아프가니스탄, 이스라엘과 팔레스타인 문제 등이 산적해 있다. 여기에 한국의 문제까지 확대된다면, 미국의 외교력은 포화상태가 될 것이다. 따라서 한반도에서 전쟁을 수행하는 것은 불가능할 것이다.

2009년 2월 7일 독일 하노버 행 기차 안에서 만난 프란치스카 포르슈(Franziska Porsch, 1989년 생, 할레대학교 산업디자인학과 1학년)는 건물과 도로 등 사회적 인프라는 상당히 좋아졌지만, 동서독인들의 마음의 벽은 여전히 붕괴되지 않았다고 말한다.

북한은 이점을 노리고 '벼랑 끝 전술'(위협 전술)을 구사할 것이다. 결국 미국과 한국은 인도적 차원에서 경제적 지원을 하는 것으로 생색을 내면서 현 상태를 방치할 것이다. 불쌍한 것은 기아에 허덕이는 북한 주민의 생활이다."

그의 분석을 듣고서 마음이 너무 착잡했다.

〉〉독일의 통일과정, 장애물 그리고 외교비사(外交秘史)

독일은 베를린 장벽 붕괴 이후 통일까지 국내적으로 많은 문제를 헤쳐 왔지만, 국외적으로 통일을 위해 반드시 넘어가야 할 세 가지 장애물이 있었다. 첫째, 통일 후 독일의 나토 가입 문제, 둘째, 독일군 병력 수, 셋째, 동독에 주둔하고 있는 소련군의 장래 문제였다.

1990년 미국과 소련은 다른 생각을 하고 있었다. 소련은 통일 독일의 나토 가입을 거부하면서 '독일의 중립국'을 요구했다. 그러나 미국은 미군의 유럽 주둔을 유지하기를 원했다. 어떻게 이 난관을 헤쳐 나갈 것인가? 독일은 고민했다.

그러나 독일의 입장은 분명했다.

"독일은 20세기에 두 번의 전쟁을 경험했다. 지각이 있는 사람이면 독일과 유럽에 결정적으로 중요한 것이 무엇인지 알 것이다. 유럽에서의 미군철수는 생각해 본 적이 없다."

독일은 소련과의 협상에서 최종 문서에 "독일이 통일 후 자유로운 동맹가입 선택권을 가진다는 점을 분명히 명기해야 한다"고 강조했다. 이

2009년 2월 독일 베를린 연방의회 건물. 독일 국기와 유럽연합의 국기가 게양되어 있다. 연방의회는 많은 관광객들이 즐겨 찾는 장소로 인기가 높다.

것은 나토 가입을 의미했다. 고르바초프는 작은 조건을 달았지만 결국 동의했다. 독일은 '통일 후 조건 없는 나토 가입'을 얻어냈다. 미국과 독일, 그리고 서방세계의 합작품이었다.

다음으로 통일 후 독일군 병력 숫자도 문제였다. 독일 당시 외무부 장관이었던 겐셔는 '통일 독일의 병력이 35만이 넘는 것은 비현실적'이라고 생각했다. 문제는 "소련이 어떻게 나올 것이냐" 하는 점이었다. "독일이 35만이라는 숫자를 갖고 협상에 들어가면 종국에 가선 28만으로 줄어들 것이다. 40만 명으로 협상을 시작해야 된다"고 독일 정부는 생각했다. 이 문제는 이미 런던 정상회담에서 조율된 사항이었다. 이것도

2009년 2월 6일 독일 할레 시 탈리아 서점에서 열린 독일 전 외무부장관 겐셔의 사인회 장면. 그의 신작 제목은《독일의 기회(Die Chance der Deutschen)》이다. 이 책에는 18년 외무부장관의 경험들이 상세하게 소개되어 있다. 그는 독일 통일의 '어머니'라고 불리며, 동서독 국민들에게 모두 깊은 사랑과 신뢰를 받고 있다. 구동독 할레(Halle)는 그의 고향이다. "인간이 자신의 삶을 스스로 결정할 권리를 갖기 위해 역경을 헤쳐 나가는 현장을 오늘 여러분들이 보고 있다." – 1989년 9월 30일 체코 프라하 서독 대사관 발코니에서 동독 이탈자들에게 행한 연설 –

독일 정부안대로 관철되었다.

마지막 남은 외교적 장애물은 독일에 주둔하고 있는 소련군의 장래 문제였다. 철수시기와 철수비용이 쟁점이 되었다. 고르바초프는 "5~6년 안에 철수를 끝내자"고 제안했다. 독일은 수정하여 '3~4년 철수안'을 제안했다. 독일은 귀향하는 소련군 주택문제 해결을 위해 적극 협조하기로 하고, 별도 협정을 통해 "동독의 서독 마르크화 도입 후 주둔 소련군에게 제기되는 모든 문제들을 함께 해결해 주겠다"고 약속했다.

2009년 2월의 눈 내리는 베를린의 장벽. 브란덴부르크 문과 연방의회의 지붕이 보인다. 시민들이 걷고 있는 거리가 장벽이 세워진 곳이다. 지금 시민들은 철거된 장벽 위를 걷고 있다.

1990년 10월 9일. 독일 정부는 "동독 지역 소련군의 한시적 주둔과 철수비용으로 약 120억 마르크(약 7조 2000억 원)를 지원하겠다"고 서명했고, 독일 정부의 '3~4년 철수안'으로 합의했다. 독일의 경제력이 모스크바를 녹여버린 것이다. 마지막 흥정이었다.

〉〉 독일 통일, 한국에 어떤 교훈을 남겼나?

한반도의 급변하는 기류를 보면서 '독일의 통일과정, 장애물, 그리고 독일의 외교비사'를 떠올리지 않을 수 없다. 한국 통일도 독일과 마찬가지로 주변국의 복잡한 이해관계가 얽혀 있다. 비정한 외교 전쟁이라고 할까?

2009년 2월 베를린. 독일의 현대사 40년 : 허상의 붕괴와 통일 선택. 베를린 자유를 선택하다.

2(남한, 북한)+2(미국, 중국). 여기에 2(일본과 러시아)가 개입하고 있다. 일본은 6자 회담을 통해 새로운 역할을 도모하고 있다. 러시아는 철도 연결을 내세워 한반도에 영향력 확대를 추구하고 있다. 중국은 러시아에 대해 견제심리를 노골적으로 표시하고 있다. 미국은 이 틈새에서 북한과의 대화 창구를 열어두고 있다. 이해관계에 얽혀 있는 주변국을 설득하며 우리의 이익을 극대화하는 외교전쟁은 역사적 심판대에 있다.

남한과 북한, 그리고 국민 모두는 지금 한반도에서 벌어지고 있는 역사의 도전을 심각하게 인식해야 한다. 우리들은 태풍의 가장자리에 서 있다.

독일 통일이 한국에 남긴 교훈은 세 가지다. 한반도 통일 과정에서도 독일의 경우와 같이 세 가지 장애물이 나타날 것이다. 이것은 분단국가가 겪을 수밖에 없는 운명이다. 따라서 우리의 외교는 독일의 외교비사를 타산지석으로 삼아야 한다. 미국, 일본, 중국, 러시아의 최대 관심사가 무엇인지 철저하게 분석해야 한다.

첫째, 주둔하고 있는 미군의 장래 문제와 이와 관련한 주변국들의 입장을 어떻게 조율할 것인지 세밀하게 검토해야 한다. 둘째, 통일 이후 우리 군의 지위 문제를 분명하게 정립해야 한다. 셋째, 통일 이후 우리 군의 병력 수에 관해 정확한 진단 후 합의를 이끌어야 한다. 이 세 가지 문제는 주변국들의 이해관계와 맞물려 있어 간단한 문제가 아니다. 그러나 저자는 결국 이것이 한국 통일의 핵심적인 문제라고 생각한다.

저자는 이러한 먼 길을 생각하면서 2009년 2월, 눈 내리는 베를린의 장벽을 본다. 독일 국기가 나부끼는 연방의회와 브란덴부르크 문을 자유로이 통과하는 시민들을 보면서 20년 전 이 거리를 회상해 본다.

우리나라는 먼저 국론이 통일되어야 한다. 그 다음에 어떤 군사적 동맹체가 필요한지 국민들이 합의해야 한다. 이러한 긴 여정에서 여야는 어떤 역할을 해야 하는지 생각하고 각자의 길을 가야 한다. 여야가 힘을 합쳐 이 난국을 지혜롭게 극복해 나가야 한다.

그러나 대한민국 18대 국회는 아직도 문(門)을 부수고 있다. 1년이 넘어 가는데도 아직도 서로를 인정하지 않고 있다. 국회는 매일 매일 국민들의 심장을 망치로 때리고 있다.

베를린 사람들은 추운 겨울을 보내고, 또다시 새로운 봄을 기다리고 있다.

독일에서 만난
두 할머니 이야기

통일은 열정만으로 오지 않는다. 그러나 통일은 열정 없이는 이루어지지 않는다. 몇 년 전 남북정상회담 이후 우리는 통일 문제를 어떻게 토론해 왔는가? 시간이 걸리더라도 모든 분야에서 철저하게 분석하고 꼼꼼히 통일 도면을 그려야 한다. 독일에서 만난 두 할머니의 꿈, 그리고 서로 다른 삶의 형태는 한국 통일 과정에서도 재현될 수 있다.

〉〉 슈미트 할머니와 레만 할머니의 꿈

전쟁과 분단의 역사를 살아온 독일의 두 할머니를 소개하려고 한다. 우술라 슈미트(80 · 서독 빌레펠트) 씨와 그리스텔 레만(60 · 동독 체르브스트) 씨다. 두 할머니를 이렇게 대비하는 이유는 이 두 분의 이야기가 한국 통일에서도 좋은 사례가 될 수 있기 때문이다.

슈미트 씨를 만난 것은 1989년 7월이었다. 독일에서 유학 중일 때 뮌스터 대학교에서 홈스테이 가정으로 소개받은 이곳에서 여름방학 한 달 동안을 보냈다. 그때 묵었던 방에는 대형사진이 하나 걸려 있었다. 남아프리카 출신인 넬슨 만델라(Nelson Mandela)의 젊은 시절 사진이었다. 이 사진으로 나는 바로 집안 분위기를 알 수 있었다. 당시 만델라는 교도소에 수감 중이었는데, 할머니는 만델라의 석방을 위해 백방으로 노력하고 있었다. 오전에 가사에 전념하고 오후에는 '제3세계를 지원하는 단체' (Dritte Welt Haus)에서 일했다.

할머니는 슬하에 3남 1녀를 두고 있었는데 첫째 며느리는 중국인, 둘째 며느리는 에티오피아인, 셋째 며느리는 아버지가 인도인이고 어머니가 독일인이었다. 며느리 모두 국적과 피부색은 달랐지만, 할머니는 며느리들을 좋아했다. 당시 딸은 전(前) 독일연방국회의원으로 활동하고 있었고, 할아버지는 '유럽통합 사회보장법' 을 만드는 독일측 전문위원이었다.

슈미트 할머니와 레만 할머니

할머니는 50대 중반에 제3세계에 눈을 뜨고 남아프리카에 관심을 쏟았다고 한다. 그리고 60대 중반이 되었을 때 분단된 독일은 통일(1990년 10월 3일)되었다.

그해 가을에 할머니는 "시베리아 횡단 열차를 타고 아시아로 간다"

고 말했다. 대륙의 끝 한국을 방문하고 싶은데, 횡단 열차는 아쉽게도 중국 북경이 종착역이라고 했다. 단체 여행이기 때문에 혼자서 한국을 방문하는 것이 어렵다며 매우 아쉬워했다. 시베리아 횡단 여행은 슈미트 할머니가 한평생 간직해 왔던 소녀시절의 꿈으로 나이 80세에도 소중하게 간직해 온 '평화를 향한 꿈' 이었다.

반면 동독이 고향인 레만 할머니는 사회주의국가에서 소녀 시절을 보냈다. 결혼한 이후에도 동독 체제에 순응하면서 분단국가에서 살아왔다. "구동독 시절이 좋았어요?" 라고 묻자 레만 할머니는 이렇게 답했다. "1980년대 중반부터 동독 경제는 완전히 붕괴되었고, 동독에서의 삶과 미래는 모든 것이 불투명했다. 독재정권과 비밀경찰들은 주민들의 일상을 하나하나 관찰했고, 주민들은 정신적으로 지쳐 있었다. 희망이 보이지 않는 나라였다. 자유와 경제회생, 그리고 미래에 대한 희망을 주민들은 몹시도 원했다."

2009년은 독일이 통일한 지 19년이 되는 해다. 하지만 레만 할머니의 꿈은 모두가 허상이었다. 심각한 가족해체와 냉엄한 자본주의가 할머니의 꿈속을 비집고 들어왔다.

"동독 가정은 공중분해 되고 있다. 마을에는 젊은이들이 없다. 단지 노인들뿐이다. 마을 인근에 동독 최대의 필름공장이 있었다. 당시에는 종업원이 1만 7천명이었는데 지금은 100명만 남아 있다. 나는 지금 월 1,300 유로화(150만 원)를 연금으로 받아 살고 있다. 아들은 직장을 찾아 서독 쾰른에 살고 있다. 손자를 만나러 간다. 다행히!(Gott sei Dank!) 며느리는 동독 출신이다."

레만 할머니가 전해 준 동독의 상황은 심각했다. 대량실업, 개인파산, 가족해체, 노인문제, 동서독 사람들의 심리갈등, 마을의 슬럼화, 청소년범죄, 차량파괴, 동서독 사람들 간의 결혼불가(이질화) 등이 그것이다.

통일은 열정만으로 오지 않는다. 그러나 통일은 열정 없이는 이루어지지 않는다. 몇 년 전 남북정상회담 이후 우리는 통일 문제를 어떻게 토론해 왔는가? 시간이 걸리더라도 모든 분야에서 철저하게 분석하고 꼼꼼히 통일 도면을 그려야 한다. 독일에서 만난 두 할머니의 꿈, 그리고 서로 다른 삶의 형태는 한국 통일 과정에서도 재현될 수 있다. 대륙으로 가는 이야기와 생활고를 견뎌야 하는 삶의 드라마, 이 두 간극을 우리는 어떻게 좁혀 낼 수 있을까? 우리들에게 놓인 역사적 과제이다.

통일

브랜드 높이기 왜 이렇게 힘드나?

"교수님! 강원대학교와 강원도가 함께 빅 이벤트 하나 하시지요. 2006년 상반기쯤 대학 전체가 1주간 휴강을 하고 '통일 시대와 강원도의 역할' 이라는 주제로 대규모 학술행사를 개최하시지요. 강원도는 도가 앞장서 대대적인 홍보를 전국적으로 하고, 대학이 이를 뒷받침하는 학술행사로 도와주면서, 최소 경비로 대학의 이미지를 완전히 바꾸어 버리시죠. 1년 정도는 준비를 해야 할 것입니다. 강원도는 통일을 실질적으로 준비하는 대학이 되어야 합니다. 이렇게 강원도와 함께 추진하면, 아마도 평창 동계올림픽은 강원도에서 개최할 수 있을 것입니다. 미리 준비하세요. 독일 통일을 보고 온 저의 경험에서 하는 말입니다."

2004년 12월 둘째 주 주말에 부산에서 형사법학회가 열렸다. 강원대학교 형법 교수님을 만나 이런저런 이야기를 하다 불쑥 이런 말씀을 드렸다.

"교수님! 강원대학교와 강원도가 함께 빅 이벤트 하나 하시지요. 2006년 상반기쯤 대학 전체가 1주간 휴강을 하고 '통일 시대와 강원도의 역할' 이라는 주제로 대규모 학술행사를 개최하시지요. 일요일 저녁 전야제를 시작으로 전쟁, 분단, 인권을 주제로 대규모 음악제를 열고, 월요일부터 토요일까지 북한지역 유아교육 어떻게 복원할 것인가(유아교육), 북한지역 학교교육 어떻게 복원할 것인가(사범대), 북한

지역 법학교육 어떻게 복원할 것인가(법정대학), 북한지역 시민교육 어떻게 복원할 것인가(정치학), 북한지역 행정시스템 어떻게 복원할 것인가(행정학), 북한지역 사회복지시스템 어떻게 복원할 것인가(사회복지학), 북한지역 정보화시스템 어떻게 복원할 것인가(공대 정보통신), 북한지역 영어교육 어떻게 복원할 것인가(영문과, 영어교육), 북한지역 스포츠교육 어떻게 복원할 것인가(체육학과), 북한지역 문화관광 어떻게 복원할 것인가(관광경영) 등의 주제를 중심으로 말입니다. 6일간 전국 학회를 잘 분배하여 유치하고, 강원도 공무원이 함께 참가하여 강원도 비전을 대학과 함께 정리하게 하시죠. 강원도는 도 자체가 분단되어 있지 않습니까? 토요일 저녁은 평화와 화해를 주제로 대규모 종야음악제를 개최하고 전국에 생중계하고, 인터넷으로 전 세계에 전파시키지요. 만델라와 DJ, 클린턴도 초청하고요.

강원도는 도가 앞장서 대대적인 홍보를 전국적으로 하고, 대학이 이를 뒷받침하는 학술행사로 도와주면서, 최소 경비로 대학의 이미지를 완전히 바꾸어 버리시죠. 1년 정도는 준비를 해야 할 것입니다. 예산, 행사 등을 위해 대학에 가칭 '학교 브랜드 고양 및 대학 정체성 찾기 특별위원회' 도 만들어 준비해야 할 것입니다. 이 행사를 2년 주기로 2015년까지 다섯 번만 하시지요. 중간 년도에는 통일의 주역이 될 청소년 캠프를 도와 함께 준비하시고요.

강원도는 통일을 실질적으로 준비하는 대학이 되어야 합니다. 이렇게 강원도와 함께 추진하면, 아마도 평창 동계올림픽은 강원도에서 개최할 수 있을 것입니다. 현대아산도 함께 데리고 가세요. 정주영 명예회장 고향이 강원도 통천 아닙니까?

곧 안개정국이 그치면, 분명히 이런 시대적 요구가 옵니다. 미리 준비하세요. 독일 통일을 보고 온 저의 경험에서 하는 말입니다."

나도 모르게 주제넘게 남의 대학 일들을 말하자, 교수님은 가만히 듣고 나서 좌우지간 엄청난 이야기를 들었다고 고마워하셨다. 이런 이야기를 하면서 우리나라의 대학교가 떠올랐다.

대학이 자체 브랜드를 높이는 데 무엇이 중요한가? 그것은 대학의 에너지, 학생, 교수, 교직원을 에너지로 넘치게 하는 것, 그리고 행동으로 실천하는 데 있다. 이 모든 것이 대학 발전을 위한 거대한 정열 속에서 이루어져야 한다. 그러면 대학의 브랜드는 매일매일 높아질 것이다. 제너럴 일렉트릭(GE)의 잭 웰치 회장은 이렇게 말했다.

"대학구성원 자신이 에너지로 똘똘 뭉쳐 있어야 하고, 다른 사람을 에너지로 넘치게 해야 합니다. 다른 사람을 에너지로 넘치게 하는 것은 혼자 열심히 일하는 것과는 다릅니다. 힘이 넘치는 말과 설득으로 각자의 에너지에 교원, 학생, 교수를 동참시켜야 합니다. 때문에 더욱 어렵습니다. 의사소통의 부분이기 때문에 커뮤니케이션을 잘해야 가능합니다."

오늘날처럼 치열한 경쟁 시대에는 대학과 학부, 교수, 학생, 모두가 자기 자신을 브랜드로 만들어야 한다. 자기 분야에서 최고가 되기 위해서는 열심히 하는 것은 기본이고 지방자치단체, 기업체, 학교, 교수, 학생, 교직원들이 전략적인 커뮤니케이션을 통해서 하나의 브랜드로 만들어 가야 한다. 교육이 강한 대학은 기본이고, 여기에 지역사회와 동문의 관심과 호감, 신뢰할 수 있다는 이미지를 만들어 내야 한다.

우리는 흔히 브랜드로 만들면 기업의 가치는 더 올라간다고 말한다. 그런데 브랜드를 만들기 위해서는 차별화된 이미지를 확보해야 한다. 우리 대학만의 브랜드에 담기 위해서는 전략이 필요하다. 어떤 메시지를 띄울 것인가, 어떤 이벤트와 채널을 통해서 우리 학부의 메시지를 전할 것인가, 홍보는 어떻게 할 것인가, 하다못해 고시원과 공무원준비반, 언론을 통한 대학행사 내용까지도 브랜드를 만드는 데 필요한 세세한 도구들이다. 학생들도 자기 브랜드가 필요하다. 어느 학부하면 떠오르는 이미지, 즉 학부 브랜드가 있어야 경쟁력이 있다. 이러한 학부 브랜드는 늘 지속적인 관리가 필요하다. 교양세미나도 이런 브랜드를 키우는 하나의 과정이다.

"내용이 좋으면 그만이지"라고 생각해서는 경쟁력이 없다. 내용이 좋으면 포장도 좋아야 한다. 학부의 경쟁력은 학부 자체의 능력 외에도 지역사회의 커뮤니케이션을 통한 브랜드 구축에 달려 있다. 이는 학부 구성원, 교수, 교직원, 학생들이 모두 한 덩어리가 되어야 가능하다.

브랜드를 만들기 위해서는 시간이 필요하다. 더 많은 사람과 신뢰를 쌓고 양질의 학생을 더 키워야 한다. 구동독 학생들은 4년이 지나자 서독학생 수준으로 완전히 성장했다. 이는 제대로 된 티칭(Teaching)의 결과이다. 끝으로 지역사회에 더 정확하게 학부의 성과를 알려야 한다.

학부 브랜드가 곧 대학의 브랜드이다. 그래서 홍보와 노력은 해당 학부가 전면에 나서서 해야 한다. 이것이 이 어려운 시기를 헤쳐 나가는 길이다.

통 일

"한반도 분단 극복이 역사의 결(結)"

한국 정부는 우선 동아시아의 평화를 이유로 한국만의 독자적인 길은 없다고 주장해야 한다. 국제기구를 적극 활용하는 것도 중요하다. 그렇게 함으로써 최적의 통일 환경을 기다려야 한다. 우리 또한 자유, 인권, 민주라는 통일 원칙에 의거해 통합방안을 연구해야 한다. 그렇지 않으면 우리에게 앞으로 몰아닥칠 남북통일의 도전들을 어떻게 극복할 수 있을 것인가?

이 글은 저자가 경남대 교수로 재직 중이던 2004년 신문에 연재했던 독일 통일 현장 체험기를 단행본으로 엮은 후 경남도민일보에 실린 인터뷰 기사이다.

》《독일 통일 현장 12년》 펴낸 경남대 하태영 교수

경남대 법행정학부 하태영 교수가 《독일 통일 현장 12년》(경남대학교 출판부, 2004)을 펴냈다. 이 책은 하 교수가 서독 유학기간 중 독일이 통일을 맞은 일, 통일 후 구동독으로 옮겨 박사학위를 받은 현장 체험 등이 올올이 잡힌다. 이에 앞선 지난 2002년 10월, 독일 통일 12

주년을 맞아 경남도민일보가 '하태영 교수의 통일 현장 체험기'(총 20회)를 연재했고 이번에 그것을 단행본으로 엮은 것이다. 하 교수를 만나 독일 통일과 한반도 통일의 맥을 짚어 보았다.

Q. 연재 글을 모아 책으로 냈다. 의의를 찾는다면?

A. 우리는 통일을 많이 말하지만, 사실 무엇을 어떻게 준비해야 하는지, 누가 방해하는지, 누가 우리 편인지, 어느 정도 남아 있는지 너무도 모른다. 답답했다. 그래서 독일 이야기를 통해 통일의 과정이 얼마나 험난한지, 그럼에도 불구하고 분단은 왜 극복되어야 하는지 말하고 싶었다. 이것이 연재의 동기고, 출간의 동기이기도 하다. 나는 이 책을 통해서 한국인이 갖고 있는 '통일의 열망과 환상'을 경험으로 풀어 보았다. 그리고 나아가 12년 후 '한국 통일의 희망'을 담았다.

Q. 독일과 한반도가 같은 점과 다른 점은 무엇인가?

A. 땅이 다르고, 사람이 다르다. 독일은 석회질 땅이고 한국은 황토 땅이다. 독일 사람은 끈질기지만, 한국인은 끈적끈적하다. 독일은 분단의 원인 제공자이고, 한반도는 분단의 희생자이다. 독일은 전쟁 없이 통일이 되었지만, 한반도는 아직도 냉전 상태로 남아 있다. 한반도에는 월드컵 에너지가 흐르고, 혈육의 정이 흐르고, 인터넷 전산망이 각 가정에 깔려 있다. 통합 환경이 독일과 다른 점이다. 같은 점은 두 나라 모두 분단과 불안, 수난삼대(受難三代)의 고통을 겪었다는 점이다.

Q. 《독일 통일 현장 12년》은 우리에게 교과서인가, 참고서인가? 참고서라면 어떤 참고서인가?

A. 지금은 '프린트'에 불과하다. '독일 통일'은 학자들에게는 소개하고 싶지만 독자들은 한 번 읽어보는 데 의미를 두면 좋겠다. 그러나 언젠가는 '독일 통일의 과정과 통합과정'이 한국인에게는 귀중한 참고서가 될 것이다. 하나는 통일이 될 때까지, 또 통일이 된 후에도 완전한 통일을 위해서는 많은 시간이 필요하다는 점이고 다른 하나는 남북한이 상호접근을 통해 통일을 이룩해야 한다는 점 때문이다. 그러나 독일 참고서는 오답이 많기 때문에 가려 읽어야 한다. 경제통합, 몰수재산처리, 인간과 정신의 융합이 그 사례다.

Q. 현재 세계의 정황 속에 한반도 통일의 맥락과 의의를 찾는다면?

A. 이라크전쟁, 6자 회담, 탄핵정국, 룡천참사, 고이즈미 북한방문, 김정일 와병설, 북 전면대결태세 선언, 미국 오바마 정부 출범 등 한반도의 정치 및 외교적 상황은 매우 복잡하다. 그러나 분명한 것은 역사의 수레바퀴는 굴러가고 있다는 점이다. 우선 미국, 일본과 긴밀한 협력관계를 맺는 것이 필요하다. 또한 중국, 러시아와는 우호관계를 유지해야 한다. 통일 이후의 안보환경은 이들 주변국가와 깊은 연대가 있어야 한다. 한국 정부는 우선 동아시아의 평화를 이유로 한국만의 독자적인 길은 없다고 주장해야 한다. 국제기구를 적극 활용하는 것도 중요하다. 그렇게 함으로써 최적의 통일 환경을 기다려야 한다.

Q. 통일을 이야기한 독일인의 말 중 우리가 되새겨 볼 만한 말을 소개해 달라.

A. 헬무트 콜의 말이 먼저 떠오른다. "'독일 문제' 니 '재통일' 이니 하는 개념들이 점차 정치용어에서 사라지고 있다. 하나는 점점 많은 사람들이 역사를 길게 보는 대신 현실에만 매달리는 정치 · 사회적 세계관에 자족했다는 점, 또 하나는 분단 상황만을 경험한 새로운 세대들이 자라났다는 점에 근거한다. 많은 사람들은 자유와 부자유, 민주와 독재와의 차이를 구별할 능력을 상실한 점도 한 가지 원인이었다." 우리 또한 자유, 인권, 민주라는 통일 원칙에 의거해 통합방안을 연구해야 한다. 그렇지 않으면 우리에게 앞으로 몰아닥칠 남북통일의 도전들을 어떻게 극복할 수 있을 것인가?

– 경남도민일보, 한반도 분단 극복이 역사의 결,
2004년 5월 26일자, 진영원 기자

통 일

'국가공안문서관리청' 이야기

독일 '국가공안문서관리청' 주요업무는 여섯 가지로 요약할 수 있다. ① 국가공안부 자료의 열람 · 공개 · 사본교부, ② 피해자 복권 및 보상의 지원, ③ 공공기관 종사자 및 종사희망자들에 대한 인적 심사, ④ 국가공안부의 조직, 수법과 활동방법의 조사 · 연구, ⑤ 구동독 체제범죄 형사소추의 지원, ⑥ 국가공안부 문서의 보존 · 정리 · 보고가 그것이다. 연방의회는 여야 합의하에 후속조치로 '구동독정권범죄 공소시효정지법안' 을 통과시켰다. 독일 이야기를 현명하게 분석하길 바란다.

〉〉 독일 이야기를 현명하게 분석하길 바란다

독일의 '국가공안문서관리청' 을 소개하고자 한다. 정치권에서는 독일의 슈타지 청산이 자주 언급되고 있고, 한국형 '문서공개관리위원회' 의 필요성이 주장되고 있기 때문이다. 노무현 전 대통령의 2005년 8 · 15경축사는 ①과거불법에 대한 민 · 형사 시효의 적용을 배제하는 특별법 제정, ②대법원 확정판결에 대한 재심과 명예회복, ③연말에 출범할 과거사정리위원회를 담고 있다.

1989년 11월 초. 구동독의 전 지역에서 동독민주화혁명은 가속화되고 있었다. 에어푸르트(Erfurt), 드레스덴(Dresden), 라이프치히(Leipzig)

에서는 분노한 시민들이 국가공안부(구동독 국가정보기관, 슈타지) 건물을 점령했다. 이들은 국가공안부의 완전 해체를 주장했다. 시민들은 수집된 자료를 없애려는 국가공안부의 시도를 봉쇄했고, 자료의 보존에 역량을 결집했다. 1990년 1월 중순 베를린 소재 국가공안부 중앙본부건물이 시민들에 의해 점령됨으로써 분노는 절정에 달했다.

국가공안부는 독일 통일(1990년 10월 3일)까지 15개 행정구역에 각 1개 본부, 211개 지방행정구역에 각 1개 지부, 그 외 7개 특별 관리구역에 각 1개 지부를 설치하고, 동독의 모든 지역에서 정치 · 경제 · 문화 · 교육 · 체육 등 전 분야를 감시해 왔다.

국가공안부는 공식요원인 중앙본부 2만 명, 지역 9만 명과 약 15만 명의 비공식요원으로 이루어졌다. 국가공안부의 감시 및 정보수집활동은 동독공산당 최고지도층을 제외하고 전방위로 이루어졌다. 국가공안부가 혁명 과정에서 미처 파기하지 못했던 사찰문서만 178킬로미터로 이는 약 600만 명에 대한 보고서였다.

국가공안부는 베를린 장벽(1989년 11월 9일)이 무너진 이듬해인 1990년 3월 31일 전격 해체되었다. 당시 혁명주도세력은 시민위원회였다. 이들은 가장 먼저 국가공안부에 의하여 수집된 자료 보존에 온 힘을 다했다. 그 목적은 정치적 전환기에서 이 자료에 담긴 정보를 이용하여 과거의 국가공안부 관련자들이 또다시 새로운 권력집단으로 등장하는 것을 막기 위해서였다.

각 지역에서는 시민위원회가 국가공안부문서를 지키고 있었고, 국가공안부 중앙본부(베를린)의 자료는 시민위원회와 원탁회의안전위원회,

국가공안부 해체를 위한 국가위원회가 공동으로 관리했다.

문제는 "누가 이 '문서상자'를 열 것인가?" 하는 점이었다. 1990년 3월 구동독 정권을 대표할 마지막 자유총선거가 실시되었다. 새롭게 구성된 동독인민의회는 '국가공안부 자료 관련 특별위원회'를 만들고 위원장에 요하임 가욱(Joachim Gauck) 인민의회의원을 임명했다.

그해 8월 동독인민의회는 ① 국가공안부 활동의 정치적 · 역사적 · 법적 청산, ② 국가공안부에 의하여 수집된 자료의 오용방지, ③ 자료 이용 및 관련자의 자료열람권 보장을 위하여 '구국가공안부의 개인 관련 자료의 이용과 보존에 관한 법률'을 제정하였다. 그러나 동독은 더 이상 버틸 수가 없었다.

동독 주민들의 요구로 독일은 1990년 10월 3일 통일되었다. 서독 정부도 국가공안부 문서의 중요성을 자각하고 가욱 목사를 '국가공안자료관리특별전담관'으로 임명하여 계속 자료를 관리하게 하였다.

두 달 후인 1990년 12월 2일에는 독일에서 최초로 전 독일 연방의회 선거가 실시되었고, 새롭게 독일 연방의회가 구성되었다. 동독 인민의회에서 의결되었던 위 법률안을 기초로 2년 동안의 논의 끝에 1991년 12월 29일 연방의회는 '국가공안부문서관리법'을 제정 · 발효하였다. 그리고 국가공안부문서 관리를 위한 '국가공안문서관리청'을 신설하여 독일 연방대통령 산하 직속기관으로 두고, 당시 바이체커 연방대통령이 특별 전담관이었던 가욱 목사를 초대 국가공안부문서관리청장으로 임명하였다.

그는 1992년 1월 2일부터 임무를 시작하였다. 당시 독일에서는

'과거청산의 역사적 운명', '해독을 제거하는 역사적 조치' 라는 주장과 '과거문제에 대해 이쯤해서 종결하자' 는 반론이 팽팽하게 대립했다.

독일 '국가공안문서관리청' 주요업무는 여섯 가지로 요약할 수 있다. ① 국가공안부 자료의 열람 · 공개 · 사본교부, ② 피해자 복권 및 보상의 지원, ③ 공공기관 종사자 및 종사희망자들에 대한 인적 심사, ④ 국가공안부의 조직, 수법과 활동방법의 조사 · 연구, ⑤ 구동독 체제범죄 형사소추의 지원, ⑥ 국가공안부 문서의 보존 · 정리 · 보고가 그것이다. 연방의회는 여야 합의하에 후속조치로 '구동독정권범죄 공소시효정지법안' 을 통과시켰다.

당시 가욱 목사는 이렇게 말했다. "국가공안부가 작성한 개인 관련 문서는 마치 개인 일기장을 보는 것 같다." 동독 사람들은 거의 전부가 직접적이든 간접적이든 국가공안부의 활동과 관련이 되어 있었고, 그 내용이 엄청나 정치 · 사회적으로 파장이 확산되었다. 마치 '판도라 상자' 처럼. 개인 사생활 침해를 고려하고, 무고한 제3자의 피해가 없도록 '국가공안문서법' 은 보호규정을 엄격하게 마련하였다. '국가공안문서관리청' 은 두 번의 활동기간을 연장하여 8년간 활동하다가 1999년 12월 31일자로 임무를 끝냈다.

물론 독일의 논의 과정은 한국의 논의 과정과 다르다. 노무현 전 대통령의 광복 60주년 경축사가 국립묘지를 참배한 북한대표단에게 전하는 선문답(禪問答)이었는지는 알 수 없지만, 국정방향이 어디로 향하는지 알 수가 없다. 언론보도가 나온다. '檢, 국정원 압수 · 수색 착수' (2005월 8월 19일) 독일 이야기를 현명하게 분석하길 바란다.

통일

권력에 '미혹' 되는 검사, 지방분권이 '싹' 자른다

진정한 검찰개혁을 이루기 위해서는 검찰조직도 '분권화' 해야 한다. 검사의 신분은 철저하게 보장하고, 부패 관련 검사는 변호사 개업을 할 수 없도록 하는 엄정한 장치를 마련해야 한다. 젊은 평검사들이 호소한 새로운 검찰상은 "검사라는 직업의 발전이 정치력에 있는 것이 아니라 지역주민들의 신망에 달려 있다"는 점을 인식하는 데서 비롯되어야 한다.

2003년 3월 9일, 우리나라에서 역사상 처음으로 현직 대통령과 평검사와의 TV공개토론이 열렸다. 이 토론은 시도 자체가 상당히 충격적이어서 전국적으로 많은 관심을 모았다. 여기에 실린 글은 "TV공개토론, 무엇을 남겼나?" 라는 저자의 기고문을 보도한 경남도민일보의 기사다.

〉〉경남대 하태영 교수 본지 게시판 주장 '눈길'

2003년 3월 9일 열린 대통령과 평검사들 간의 TV공개토론과 관련,

진정한 검찰개혁을 이루기 위해서는 검찰조직도 지방분권화해야 한다는 주장이 제기돼 눈길을 끌고 있다.

경남대 법행정학부 하태영 교수는 3월 10일 경남도민일보 인터넷 홈페이지에 투고한 글에서 3월 9일 TV토론의 경우 개혁의 방향이 제시되지 않았다며 검찰개혁을 이루는 방안 중 하나로 검찰조직의 지방분권화를 주장했다.

〉〉 인사권 분란은 중앙집권 폐단

그는 대통령이 평검사들과 인사권을 놓고 다투는 자체가 검찰조직의 중앙집권화가 낳은 현상이라며 이번 토론을 계기로 검찰분권에 대한 논의가 활성화돼야 할 것이라고 말했다.

하 교수는 이를 위해 첫째, 사법시험 합격자 전체 인원을 인구수에 따라 지자체별로 배당하고 장기적으로는 법학전문대학원(로스쿨)을 도입해야 하며, 둘째, 지방행정공무원을 선발하듯이 사법시험을 지자체 소재 법원과 검찰, 대학, 변호사회에서 문제를 공동출제하고 최종 합격자를 가리는 방향으로 진행해야 한다고 주장했다. 로스쿨이 도입된다고 하더라도 고등법원의 역할이 막중하다고 강조한다.

〉〉 지자체별 사법시험 고안해야

그는 이런 시스템을 통해 지역주민에게 신망 받는 향토검사를 키워야 하며, 이 과정에서 생길 수 있는 지역연고주의는 차단시스템을 만들면 될 것이라고 말했다. 하 교수는 이렇게 될 경우 정치권에 줄을 대는 정치검사가 탄생할 소지가 없어진다며 다산 정약용의 "땀을 흘리고 숨을 헐떡이며 평생 동안 미혹되어 오직 '저곳' 만을 바라보고 '이곳' 을 누릴 줄 모른지가 오래됐다"는 경구를 인용했다. 그는 그대신 검사의 신분은 철저하게 보장하고, 부패관련 검사는 변호사 개업을 할 수 없도록 하는 엄정한 장치를 마련해야 한다고 덧붙였다. 하 교수는 젊은 평검사들이 호소한 새로운 검찰상은 "검사라는 직업의 발전이 정치력에 있는 것이 아니라 지역주민들의 신망에 달려 있다"는 점을 인식하는 데서 비롯돼야 한다고 검찰분권을 강조했다.

그는 중앙 진출에 목을 거는 검사들의 행태에 대해 "또 이삿짐을 준비하는가? 누구를 위한 이사인가?" 라고 질타하면서 젊은 평검사들이 검찰분권을 진지하게 연구해줄 것을 촉구했다. 매년 1월이면 전국의 검사들이 인사 발령에 촉각을 세우는 것이 "어떻게 선진국 검찰시스템이라고 말할 수 있는가" 라고 비판했다.

그는 이번 토론회에 대해 검찰개혁의 신호탄이 오른 것이라며 토론에 나선 평검사들이 개혁의 조역 역할을 한 셈이라고 평가했다. 또 지탄을 받던 일부 인사들이 일거에 정비되는 결과를 낳았다며 TV를 이용한 시나리오가 놀라운 지혜였다고 평했다.

》독일식 연방검사제 대안 삼을 만

하 교수는 이와 관련, 국가 구성 체계는 다르지만 연방국가인 독일의 경우를 사례로 제시하면서 한 가지 참고안이 될 수 있을 것이라고 주장했다. 그는 연방국가인 독일에서는 검찰 고위직과 검사에 대한 인사는 모두 지방정부에서 이뤄지며, 연방검사는 지방정부가 파견한 연락관이라고 지적하면서 이에 따라 연방검찰은 검찰기획업무와 국가범죄(헌법수호사건, 테러, 마약 등)에 집중돼 있고 검찰총장은 연방의회에서, 검사장은 지방의회에서 인사 청문을 받고 있다고 전했다.

– 경남도민일보, 권력에 '미혹' 되는 검사, 지방분권이 '싹' 자른다,
2003년 3월 11일자, 구주모 기자

통 일

"마산 못 잊을 거예요"

돝섬을 둘러본 이들은 도심에서 배로 10분 거리에 해상 휴양시설이 있다는 것 자체에 놀라움을 금치 못했다. "앞에는 바다, 뒤편에 수풀을 끼고 있는 이곳의 경치는 상상도 할 수 없을 만큼 아름다운데 왜 이렇게 한산한지 이해할 수 없다"고 말했다. 슈미트 씨는 "3 · 15에 대해서는 들어본 바가 있지만 공원이 조성되어 그 정신을 보존하고 있는 줄은 알지 못했다"며 "공원 안에 있는 각 기념물에는 필히 영문표시를 하고 영문 팸플릿을 만들어 마산 사람들의 민주화 의식을 이곳을 찾은 외국인을 통해 전 세계에 알리면 더욱 가치가 있겠다"고 말했다.

〉〉 독일 통일 15년을 맞아 분단국 찾은 슈미트 부부

"마산은 역사와 문화, 음식, 역동적인 사람들이 살아 숨 쉬는 곳입니다. 아귀수육, 돝섬, 어시장은 잊지 못할 것입니다. 나와 같은 외국인들이 마산을 꼭 한번 방문할 수 있도록 전 세계 관광 책을 만드는 회사의 편집장에게 편지를 보낼 생각입니다."

2005년 10월 1일 마산을 찾은 독일인 크리스티안 슈미트(52 · Christian Y Schmidt)와 중국인 공영신(39 · Yingxin Gong) 부부의 마산

방문 소감이다. 한국을 찾은 슈미트 씨는 독일의 프리랜서 기자로서 현재 중국 베이징 특파원으로 일하고 있다.

독일 통일 15주년을 맞아 '분단의 섬' 한반도를 찾은 슈미트 부부는 지인의 초청으로 마산을 방문했고, 이곳의 자연을 둘러보고 그 속에서 쏟아지는 역사와 음식 맛에 감탄했다. 특히 마산 오동동에서 아귀수육과 복국을 점심으로 먹은 이들 부부는 "해양도시에 사는 사람들의 정열이 음식에서 나온다는 말을 알 것 같다"며 "독특하고 쫄깃한 맛이 매력적이며 무엇보다 복국의 시원한 맛은 세상 어느 곳에서도 맛보지 못한 것"이라고 말했다. 이들은 젓가락질을 쉬지 않았다.

슈미트 부부

이어 돝섬을 둘러본 이들은 도심에서 배로 10분 거리에 해상 휴양 시설이 있다는 것 자체에 놀라움을 금치 못했다. 슈미트는 "돝섬을 마주하고 있는 육지에 고층 아파트가 있는 것이 다소 슬프긴 하지만,

육지와 10분 거리에 해상 휴양지가 있는 곳은 전 세계 어디에도 없다"며 "앞에는 바다, 뒤편에 수풀을 끼고 있는 이곳의 경치는 상상도 할 수 없을 만큼 아름다운데 왜 이렇게 한산한지 이해할 수 없다"고 말했다.

마산 방문 전에 부산을 찾아 부마항쟁의 흔적을 찾아본 이들은 마산의 민주화 운동의 현장을 찾고 싶어 했다. 그래서 3 · 15 의거 공원과 김주열 열사가 머물렀던 마산의료원 영안실을 찾은 부부는 한국의 민주화 운동의 핵심이었던 3 · 15가 많은 외국인들에게 알려졌으면 좋겠다는 반응을 보였다.

슈미트는 "3 · 15에 대해서는 들어본 바가 있지만 공원이 조성되어 그 정신을 보존하고 있는 줄은 알지 못했다"며 "공원 안에 있는 각 기념물에는 필히 영문표시를 하고 영문 팸플릿을 만들어 마산 사람들의 민주화 의식을 이곳을 찾은 외국인을 통해 전 세계에 알리면 더욱 가치가 있겠다"고 말했다.

경남 마산시 가포유원지

분단

대북송금 특검, 어떻게 봐야 할까?

독일의 '신동방정책'에서 교훈을 얻으면 간단하다. 빌리 브란트의 '동방정책'의 핵심은 '불가피한 것의 인정'이다. '화해를 통한 변화', '동방정책'은 이후 점차 '적'에 대한 인식을 제거해 나갔다. 동독은 국내 여론의 비판에 더 취약하게 되었고, 동독정권의 정통성은 국내 경제위기 심화의 영향과 다른 바르샤바 조약기구 회원국들에서 시작된 정치 개혁의 영향으로 무너져 갔다.

〉〉 독일의 신동방정책과 그 교훈

대북송금 관련 특검으로 나라가 너무 시끄럽다. 정치권 일부에서는 "대북 송금 특검법은 대통령의 헌법활동을 하위 법으로 처벌하는 위헌적 악법이고, 햇볕정책 고위담당자들을 처벌하는 것은 사법적 테러이며, 특검수사는 소영웅심에서 비롯된 과잉수사"라고 비난하고 있다.

반면 또 다른 일부에서는 "민족의 미래를 놓고 흥정한 '추악한 밀거래'다. 대북 뒷거래설, 정확한 지원 규모, 현대그룹과의 유착설, 총감독, 주연, 조연을 밝혀야 한다"고 맹비난하고 있다.

특검은 노무현 전 대통령(2003. 2~2008. 2)에게 수사 기간 연장을 공식 요청할 예정이라고 한다. 청와대는 고심하겠지만, 청와대는 청와대의 길을 가면 된다.

독일의 '신동방정책' 에서 교훈을 얻으면 간단하다. 수사 기간을 연장하고, 수사결과를 기다리는 것이 순리다. 저자는 이것이 한국 통일의 긴 여정에서 2003년에 기록될 역사라고 생각한다. 남북통일의 긴 여정을 생각해 보면, 이러한 진통은 그저 작은 것에 불과하기 때문이다.

〉〉 진상 밝힌 뒤 상황논리 펴라

만약 특검팀이 진상규명을 하지 못하고 꼬리를 내린다면, 또다시 혼란을 자초할 것이 자명하다. 먼저 진상부터 가리고 정상을 참작하는 '상황논리' 를 펴야 한다. 특검을 가동시켜 놓고 수사조차 제대로 못하는 것은 국민적 관심사를 은폐하는 것이다. 역사엔 비밀이 없어야 하며 국민적 의혹은 반드시 풀려야 한다. 아직도 국민들은 궁금하다. 특검수사를 통해 왜곡된 남북관계를 정상화할 수 있는 교훈을 찾아야 한다. 저자는 이것이 시대정신(時代精神)이라고 믿고 있다. 누가 과연 남북정상회담의 의미를 전부 폐기처분 할 수 있을까.

독일 통일이 한국에서 모델이 될 수 있다는 주장이 있다. 사실상 환상(myth)이다. 그러나 독일의 경험으로부터 유용한 교훈을 끌어낼 수는 있을 것이다. 특히 독일 통일 전 기간과, 1960년대 말 빌리 브란트(Willy Brandt, 1913~1992)와 발터 쉴(Walter Scheel)의 사회-자유연합 하에서 추진된 소위 '동방정책' (Ostpolitik)은 교훈이 될 것이다.

빌리 브란트의 '동방정책'의 핵심은 '불가피한 것의 인정'이다. 서독은 동독 정권을 묵인하였고, 그 대가로 베를린의 서독과의 유대강화, 동서독 간 통신과 여행의 기회를 제한적으로 얻었다. 더욱 중요한 것은, 서독이 국제적으로 새로운 재량권을 확보한 점이다. 소련과의 갈등이나 제3국들의 협박가능성을 피할 수 있었고, 심지어 통일 지지를 받기 위해 계속해서 서방에 의존해야 하는 상황도 피할 수 있었다.

〉〉다음 단계들이 기다리고 있다

반면 동독 지도자들은 '관계 정상화'로 자신들의 정권을 국제적으로 인정받을 수 있었다. 그러나 많은 동독 관리들은 동독인들이 자유와 민주주의의 이상에 물들기 시작하지 않을까 우려했다. 사회주의 체제의 탈(脫)정통성이 서서히 진행되는 것을 걱정한 것이다.

'화해를 통한 변화', '동방정책'은 이후 점차 '적'(敵)에 대한 인식을 제거해 나갔다. 반자본주의 선전의 정당성과 공산통치의 정당성은 점차 침식되어 갔다. 동독은 국내 여론의 비판에 더 취약하게 되었고, 동독정권의 정통성은 국내 경제위기 심화의 영향과 다른 바르샤바 조약기구 회원국들에서 시작된 정치 개혁의 영향으로 무너져 갔다.

독일 현대사에서 '동방정책'의 성공은 독일 통일에 기여했다. 그러나 불행히도 '한국형 동방정책'은 지금 어려움에 처해 있다. 1970년대 유럽의 데땅뜨 기간과 같은 것이 동북아시아에는 없고, 당시 유럽보다 더 복잡한 전략적 4강 구도에 둘러싸여 있다.

한국인들은 이 어려운 시기에 현명한 통일방안을 찾아야 한다. 동방정책은 한국 통일의 유일한 모델도 아니지만, 그로부터 얻을 수 있는 교훈을 생각하면, 무의미한 것도 아니다. 이 중 가장 중요한 것은 불가피한 것을 인정하고 개선을 향해 점진적인 변화를 모색하는 것이다.

저자는 특검문제를 한국 통일의 긴 과정에서 극복해야 할 한 단계로 보고 있다. 대북송금은 반드시 털고 가야 할 문제다. 역사에는 반드시 희생양이 필요하다. 특검문제는 이 같은 흐름 속에서 응시해야 하지 않을까.

≪논쟁≫

이 기고에 대해 경남도민일보 인터넷 신문에서 많은 논쟁이 있었다. 그중에서 독자 조석례 선생님과의 논쟁을 정리하였다. 이를 통해 노무현 전 대통령 취임 이후 한국 정치권을 달구었던 사회이슈를 이해할 수 있을 것이다.

[입론] 조석례, 대북송금 자체가 지난 정권의 부패사건입니까?

교수님의 기고 잘 읽었습니다.

3년 전 남북정상회담 때만 하더라도 대다수 국민들은 정말 화해와 동반자 시대를 열어 머지않아 남북통일을 이룰 수 있을 것이라고 입을 모았습니다. 당시 김대중 대통령은 남북정상회담의 성과가 단초가 되어 노벨평화상까지 받는 쾌거를 이루었던 기억이 납니다.

그러나 불과 3년이 채 지나기도 전에 남북정상회담은 지난 정권의 추악한 밀거래니 금전적 대가로 정상회담을 이룬 것이라고 그 역사적 의미를 우리 스스로 폄하하고 있습니다. 그리고 많은 반대와 논란에도 불구하고 노무현 대통령은 대북송금 사건에 대하여 특검을 인준하였고 지금 수사 중에 있습니다.

그런데 그런 특검을 또다시 기한연장을 요청하고 있습니다. 특검의 수사목표는 ❶산업은행의 현대상선 대출금 2억 달러가 남북정상 회담 뒷거래에 사용됐다는 의혹, ❷이익치 전 현대증권 회장 주도의 5억 5천만 달러 송금 의혹, ❸현대전자 스코틀랜드 공장 매각 대금 등

1억 5천만 달러 송금 의혹 등을 규명하는 것입니다. 그러나 지금 특검이 요청한 연장사유를 보면 ❶ 박지원 전 대통령 비서실장에 대한 개인적 비리, ❷ 계좌추적이 진행, ❸ 국가정보원, 현대그룹, 외환은행 등 관련자들에 대한 기소 여부를 결정하기 위한 보완수사가 진행 중이라는 것입니다. 다시 말하면, 당초 특검이 주요 수사 대상으로 삼았던 산업은행과 현대그룹의 불법적 대북송금에 대해서는 밝혀질 만큼 밝혀졌습니다.

국가정보원 김보현 차장과 현대그룹, 외환은행관계자, 그리고 산업은행 관계자의 구속이 이루어졌습니다. 다만 박지원 전 대통령 비서실장과 이익치 전 현대증권 회장 사이에 오간 150억 원의 수수설을 특검이 마무리짓기 위하여 기한을 연장하자는 것입니다. 이것은 송두환 특별검사가 김대중 전 대통령에 대한 수사는 없을 것이라고 한 점에서도 나타나고 있습니다.

지금 특검의 수사 상황을 보면 마치 지난 정권의 비리를 수사하는 부패특검이 아닌가 하는 생각을 떨칠 수가 없습니다. 특검 출범초기의 수사방향과 다르다는 것입니다. 한나라당은 박지원 전 실장이 구속되자 대북송금사건은 지난 정권의 부패사건이라며 이제 그 전말을 밝힐 수 있을 것이라며 특검의 기한연장을 지지하고 있습니다. 과연 대북송금 자체가 지난 정권의 부패사건인지 되묻고 싶습니다. 송두환 특별검사는 수사 중 잠정적으로 대북송금의 대가성은 없는 것으로 밝혔습니다. 이제 대북송금의 진실은 거의 밝혀졌습니다.

이제 김대중 전 대통령에 대한 수사 없이는 특검이 밝힐 내용은 없는 것입니다. 또 김대중 전 대통령에 대한 수사는 현실적으로 어려운 것도 사실입니다. 이러한 수사 상황에서 더 이상 무엇을 위하여 특검을 연장해야 하는 것인지 이해할 수 없습니다. 따라서 특검 연장은 불필요합니다. 나머지 일부 개인의 비리는 특검 이후 검찰의 손에 넘기면 됩니다.

북한과 우리는 아주 비정상적인 관계입니다. 법적으로는 반국가단체이지만 현실적으로는 교류와 협력의 대상인 것입니다. 교수님께서는 "특검수사를 통해 왜곡된 남북관계를 정상화할 수 있는 교훈을 찾아야 한다"고 하셨습니다. 특검을 통하여 모든 의혹에 대해 실체적 진실을 밝히는 것이 과연 남북관계를 정상화할 수 있는지 의문이 듭니다. 오히려 더 이상의 발전을 기대할 수 없는 상황이 오지 않을까 걱정입니다. 그렇기 때문에 당초 특검은 북한에 대한 계좌수사는 할지언정 발표는 하지 않기로 하였던 것입니다.

지난 1990년대 노태우 정권 시절을 거슬러 가보면, 북방정책이라 하여 당시 공산권이던 중국과 구소련과 외교관계를 맺으면서 오고 간 협상과정을 모두 밝힌 것은 아닙니다. 미국도 구소련과 관련된 문서나 자료는 일정기간 일급비밀로 하여 수십 년간 공개하지 않는 예가 있습니다. "역사에는 비밀이 없어야 한다"고 하셨지만 민족의 문제가 걸린 사안에 대하여 부패와 비리가 연결되지 않는 한은 일정기간 비밀로 부치는 것이 남북관계의 특성상 옳은 것이 아닐까 생각합니다.

역사적인 남북정상회담의 모습을 언제 다시 볼 수 있을지…….

[반론] 하태영, 남북통일은 국민의 이해와 동의가 있어야 합니다.

[조석례의 주장] "특검수사 연장 주장은 남북정상회담 그 역사적 의미를 우리 스스로 폄하하고 있습니다. 3년 전 남북정상회담 때만 하더라도 대다수 국민들은 정말 화해와 동반자 시대를 열어 머지않아 남북통일을 이룰 수 있을 것이라고 입을 모았습니다. 당시 김대중 대통령은 남북정상회담의 성과가 단초가 되어 노벨평화상까지 받는 쾌거를 이루었던 기억이 납니다."

조석례 선생님! 반론 잘 읽었습니다. 선생님은 당시에 대가(남북협력자금)를 지불하고 남북정상회담이 성사되었다는 사실을 알고 계셨습니까? 남북교류협력법이 있음에도 불구하고, 당시 이에 대한 깊은 논의가 있었습니까? 언제 선생님은 대북송금 사실을 알게 되셨습니까?

통일은 국민의 이해와 동의가 있어야 합니다. 그렇게 해야 성공합니다. 조 선생님! 오히려 특검수사 연장 주장은 역설적이지만, '남북정상회담과 그 역사적 의미' 를 더욱 강화하는 작업입니다. 저는 소위 '한국형 동방정책' 이 이후 제대로 추진되기 위해서는 다소 복잡하더라도, 2003년에 반드시 (일부) 정리해야 한다고 생각합니다.

이미 걸림돌 하나는 제거되었습니다. 김대중 전 대통령은 회담의 특수성과 그 의미를 밝힌 바 있고, 송두환 특별검사도 김대중 전 대통령에 대한 수사는 없을 것이라고 말하고 있습니다. 수사 연장을 주저할 이유가 전혀 없습니다. 많은 국민들은 전직 대통령의 형사처벌까지는 생각하고 있지 않습니다. 다만 역사적 의미는 보존하되, 그 문제를 일부 정리하자는 것입니다. 저는 이것이 시대정신(時代精神)이라고 믿고 있습니다.

조 선생님! 과연 누가 한국에서 남북정상회담의 의미를 전부 부정할 수 있을까요? '불가피한 것의 인정' (acceptance of the inevitable)을 확인하고, 그 의미를 이어가되, 과정은 이전보다 투명해지자는 것입니다. 독일의 예를 하나 소개하지요. 독일은 빌리 브란트의 신동방정책 이후 야당의 거센 반발을 받았습니다. 그럼에도 불구하고, 여당은 다음 총선에서 승리했습니다. 결국 야당(기민당, CDU)은 그들의 통일정책(강경한 전략적 결단과 경제적 우위확보, 합병)을 바꾸고, 빌리 브란트의 신동방정책을 수용하겠다고 표명했습니다. 이후 기민당은 총선에서 승리했고, 콜은 그 토대 위에서 1990년 10월 3일 독일 통일을 이끌었습니다. 내가 통일의 긴 여정을 이야기한 것은 역사의 흐름에서 이 문제를 보아야 한다는 것입니다. 왜 여기서 그만두어야 합니까? 작은 문제는 털고 가야 합니다.

[조석례의 주장] "당초 특검이 주요 수사대상으로 삼았던 산업은행과 현대그룹의 불법적 대북송금에 대해서는 밝혀질 만큼 밝혀졌습니다. 이러한 수사상황에서 더 이상 무엇을 위하여 특검을 연장해야 하는 것인지 이해할 수 없습니다. 따라서 특검 연장은 불필요합니다. 나머지 일부 개인의 비리는 특검 이후 검찰의 손에 넘기면 됩니다."

저는 다른 견해를 가지고 있습니다. 박지원 전 대통령 비서실장과 이익치 전 현대증권 회장 사이에 오간 150억 원의 수수설은 특검에서 마무리되어야 합니다. 청와대가 우여곡절 끝에 특검을 받아들였다면, 특검이 송금문제의 진실을 규명하는 것이 역사에 대한 의무이고 순리입니다. 특검이 이것까지는 해 주어야 합니다.

특검이 진상을 가려야 합니다. 그 다음에 정상을 참작하든 '상황논리'를 펴야 합니다. 특검을 가동시켜 놓고 이렇게 마무리한다면, 국민을 기만하는 것 아닙니까?

우리 국민들은 바보가 아닙니다. 정해진 절차에 따라 서로 생색내면서 간다면, 이것 또한 미숙하기 짝이 없고, 저항만 불러올 뿐입니다. 특검 이후 검찰 손에 넘기면 된다고 하는데, 너무 간단한 주장입니다. 대검 중수부도 보호해야 합니다. 그들은 지금 해야 할 일이 너무도 많습니다.

[조석례의 주장] "북한과 우리는 아주 비정상적인 관계입니다. 특검을 통하여 모든 의혹에 대해 실체적 진실을 밝히는 것이 과연 남북관계를 정상화할 수 있는지 의문이 듭니다. 오히려 더 이상의 발전을 기대할 수 없는 상황이 오지 않을까 걱정입니다. 미국도 구소련과 관련된 문서나 자료는 일정기간 일급비밀로 하여 수십 년간 공개하지 않는 예가 있습니다. "역사에는 비밀이 없어야 한다"고 하셨지만 민족의 문제가 걸린 사안에 대하여 부패와 비리가 연결되지 않는 한은 일정기간 비밀로 부치는 것이 남북관계의 특성상 옳은 것이 아닐까 생각합니다."

조 선생님! 이제는 국민에게 이해를 구하고, 추진하는 통일정책이 필요합니다. 통일은 낭만이 아닙니다. 언제까지 통치자에 의한 비밀협상으로 남북관계를 이어가야 합니까. 이제 교류의 틀도 정상으로 바로잡고, 차분하게 가야 합니다. 통일은 긴 여정입니다. 이번 특검수사는 그것을 알려주는 역사적 교훈입니다.

특검카드가 한국뿐만 아니라, 북한에도 파장을 줄 것으로 보입니다. "어떻게 해결할 수 있는가", 통일을 앞당기는 전략입니다. 특검 진행 중에 철도가 연결되었고, 육로관광도 시작된다고 합니다. 인과성이 있다고 보십니까. 통일로 가는 정신, 어떻게 한국에서 통합하는가? 지도자의 철학입니다. 특검이 얼마나 좋은 기회입니까. 조 선생님! 그래서 저는 청와대는 청와대의 길로 가면 된다고 주장했습니다.

[재반론] 조석례, 특검은 이제 그 소임을 다했습니다.

하태영 교수님!

반론 잘 읽었습니다.

교수님께서 저의 의견에 조목조목 재반론 해 주시니 몸 둘 바를 모르겠습니다.

끝으로 간단히 저의 의견을 마무리 짓고자 합니다.

저 또한 통일은 투명하고 전 국민의 지지 속에 이루어져야 한다고 생각합니다. 이것은 시대적 요구일 것입니다. 하지만 앞서 말씀드렸듯이 북한과의 관계 특성상 모든 사항에 대하여 공개한다는 것은 사실상 불가능합니다. 일정부분(국가기밀사항이나 체제안보와 관련된)에 대해서는 결국 통치권자의 통치행위에 맡길 수밖에 없다고 생각합니다. 그리고 특검연장 1차 요청으로 그 기간 내에 남아 있는 문제를 해결할지도 미지수인 것이 사실입니다.

1차 연장은 2차 연장으로 이어질 가능성이 많습니다. 왜냐하면 지금 쟁점이 되고 있는 150억 수수설과 현대그룹과 산업은행에 대한 계좌추적은 1차 연장 기간 내에 종결시키지 못할 가능성도 있기 때문입니다. 당초 쟁점으로 떠오른 이외의 사건에 보다 많은 시간이 요구되는 것입니다.

특검수사 중에 나온 문제는 "특검이 마무리해야 된다"라는 것은 특검출범의 취지를 망각한 발언입니다.

이번 대북송금 특검의 핵심은 현대그룹의 불법적 대북송금행위와 정상회담과의 대가성을 밝히는 것입니다. 이미 밝힐 만큼 밝혀졌습니다. 이번 특검의 존재이유가 바로 여기에 있다는 것을 명심해야 할 것입니다.

교수님께서는 "특검이 진상을 가려야 합니다. 그 다음에 정상을 참작하든 '상황논리'를 펴야 합니다"라고 말씀하셨습니다. 어떤 상황논리를 펴야 한다는 건지 이해할 수 없습니다.

이미 특검을 한 이상 상황논리는 펼 수 없습니다. 특검결과에 대하여 섣부른 정치적 해결은 오히려 여론의 반대에 부딪히게 될 것입니다. 특검이 밝힌 진상에 대해서는 사법부의 판단에 맡기면 되는 것입니다.

언론은 마치 특검이 밝힌 모든 사항에 대하여 100% 진실인 양 떠들고 있습니다. 사실관계는 특검이 밝히겠지만 그 진상의 시시비비는 결국 사법부가 판단할 것입니다.

특검은 이제 그 소임을 다했다고 볼 수 있습니다.

[재재반론] 하태영, 이번 기회에 정리를 하고 가야 합니다.

[조석례의 주장] "앞서 말씀드렸듯이 북한과의 관계 특성상 모든 사항에 대하여 공개한다는 것은 사실상 불가능합니다. 일정부분(국가기밀사항이나 체제안보와 관련된)에 대해서는 결국 통치권자의 통치행위에 맡길 수밖에 없다고 생각합니다."

조석례 선생님, 재반론 잘 읽었습니다. 선생님의 글을 읽고, 다시 몇 자 올립니다. 역사의 진실을 규명하는 것과 그것을 모두 공개하는 것은 구분해야 합니다. 객관적으로 사실관계를 정리해 두는 것은 올바른 역사를 이해하는 데 너무도 중요합니다. 한국과 독일은 이 점이 다릅니다. 남북문제를 풀어가는 데 있어 핵심은 올바른 '통일 인식'과 올바른 '통일 실천' 입니다.

2002년 10월 17일 중앙일보에 난 기사내용입니다. 엄낙용 전 산은 총재는 당시 이렇게 하소연합니다. "미안하다. 그러나 대북문제는 더욱더 투명해져야 한다. 북한 지원문제의 경우 너무 무질서하게 이루어졌다."

조 선생님! 프랑스 우화 하나 소개하지요. "쥐란 놈이 철길을 건너다가 기차에 치여 꼬리를 잘렸습니다. 그걸 되찾겠다고 철길을 가다가 이번에는 머리를 잘렸습니다." 이번 기회에 정리를 하고 가야 합니다.

특검 당시 대북송금행위를 두고 통치행위니, 특검이니 하는 갈등이 있었습니다. 잘 아시다시피 통치행위는 현재 일반인들에게 법의 심판을 받지 않는 대통령의 권위적 행위로 해석되면서, 근절해야 할 구시대의 유물로 인식되고 있습니다. 권위주의 국가의 독재자가 권력을 남용하면서 이를 합리화하기 위해서 들먹이는 것이 바로 '통치행위' 입니다. 노무현 대통령이 과거 청문회 스타로서 비리 공직자를 맹공할 때 주된 메뉴도 통치행위였습니다.

대통령이 한 모든 행위가 통치행위가 될 수 없습니다. 통치행위에는 법이 심판의 대상이 되는 상대적 통치행위와 심판의 대상이 되지 않는 절대적 통치행위가 있습니다. 대통령이 특검을 받아들인 것은 이미 통치행위가 아니라고 판단한 것입니다.

[조석례의 주장] "특검연장 1차 요청으로 그 기간 내에 남아 있는 문제를 해결할지도 미지수인 것이 사실입니다. 1차 연장은 2차 연장으로 이어질 가능성이 많습니다. 왜냐하면 지금 쟁점이 되고 있는 150억 수수설과 현대그룹과 산업은행에 대한 계좌 추적은 1차 연장 기간 내에 종결시키지 못할 가능성도 있기 때문입니다. 당초 쟁점으로 떠오른 이외의 사건에 보다 많은 시간이 요구되는 것입니다."

저는 조 선생님의 주장에 동의하지 않습니다. 특검에서 1차 수사 기간 연장을 요청하였다면, 대통령은 그 요청을 받아들이면 됩니다. 해결을 할 수 없느니, 미지수니 하는 것은 모두가 특검이 판단할 문제입니다. 또한 2차 수사 기간 연장 문제는 그때 가서 판단하면 됩니다. 이것도 특검의 문제입니다. 국민들은 이후 최종적으로 특검을 평가하면 됩니다. 왜 대통령이 사실상 수사를 중단시킬까요?

조 선생님이 주장하는 논지를 보면, "미지수, 가능성, 가능성, 보다 많은 시간 등등"입니다. 이것은 법치국가에서 특검의 독립성을 훼손하는 아주 위험한 사고입니다. 대통령이 특검을 수용했다면, 특검의 의견(1차 수사기한 연장)을 존중하는 것이 법 이론상 타당합니다.

조 선생님, 수사는 수사를 담당하는 자가 가장 많이 알고 있으며, 수사 주체가 그 책임을 져야 한다는 점은 알고 계시지요. 특검무용론이 나오더라도, 특검을 수용했으면, 특검의 의견을 당연히 반영해야 합니다. 그 결과는 특검의 몫입니다. 대통령의 특검 수사 기간 연장 요청에 대한 거부는 아주 좋지 못한 선례가 될 수 있습니다.

[조석례의 주장] "특검수사 중에 나온 문제는 특검이 마무리해야 된다는 것은 특검출범의 취지를 망각한 발언입니다. 이번 대북송금 특검의 핵심은 현대그룹의 불법적 대북송금행위와 정상회담과의 대가성을 밝히는 것입니다. 이미 밝힐 만큼 밝혀졌습니다. 이번 특검의 존재이유가 바로 여기에 있다는 것을 명심해야 할 것입니다."

저는 조 선생님의 주장에 동의할 수 없습니다. 이익치 전 현대증권 회장이 "2000년 4월 총선전후에 박지원 씨에게 150억 원 상당을 전달했다"고 진술하고 있습니다. 이에 따라 이 돈의 성격과 흐름이 최대 관심사항이 되고 있습니다. 4.13전후에 권력실세 박지원 씨에게 건네진 그 돈이 정치자금 등으로 사용되었을 가능성이 있는 만큼 추가조사가 불가피하다고 합니다. 이는 민주주의를 파괴하는 행위들이기에 실체 진실이 규명되어야 합니다. 그럼에도 불구하고, 청와대는 특검을 종결시키려 하고 있는 것입니다.

조 선생님은 대북 송금 자금의 조성경위를 밝힌다는 당초 특검 목적도 거의 달성했다고 주장합니다. 그러나 아직까지 뒷거래 자금의 총규모, 뒷거래 배달사고 설, 뒷거래 배후설 같은 의혹과 논란이 많은 사항에서 무엇이 목적에 맞게 달성되었다는 것인지 저는 아직도 의문입니다.

조 선생님, 송두환 특별검사도 김대중 전 대통령에 대한 수사는 없을 것이라고 말하고 있습니다. 국익을 해친다는 논리로 특검제 기한 연장을 반대하는 것은 국민을 알 권리를 침해하는 것입니다. 국민을 기만하는 행위입니다. 차라리 통치행위로 규정하고, 특검을 수용하지 말았어야지요. 오히려 그렇게 결정을 내렸더라면, 차라리 정직하다고 볼 수 있지요.

[조석례의 주장] "교수님께서는 "특검이 진상을 가려야 합니다. 그 다음에 정상을 참작하든 '상황논리' 를 펴야 합니다"라고 말씀하셨습니다. 어떤 상황논리를 펴야 한다는 건지 이해할 수 없습니다. 이미 특검을 한 이상 상황논리는 펼 수 없습니다. 특검결과에 대하여 섣부른 정치적 해결은 오히려 여론의 반대에 부딪히게 될 것입니다. 특검이 밝힌 진상에 대해서는 사법부의 판단에 맡기면 되는 것입니다."

'상황논리' 라고 하는 것은 남북정상회담의 의미와 대북 송금의 불가피성의 논리입니다. 한반도 평화정착, 월드컵과 아시안게임의 성공적 유치, 북한 경제난에 대한 원조성 송금, 붕괴 및 호전성의 차단 등 이런 것이 상황논리가 될 수 있을 것입니다.

이러한 상황논리가 기소여부에 있어 중요한 판단자료가 될 수 있을 것입니다. 다수의 국민은 특검의 수사발표에 오히려 설득 당하고 싶어 합니다. 섣부른 정치적 해결이 아니라, 역사적 판단이 될 수 있을 것입니다. 우리 국민들은 남북문제에 대해 이해할 수 있다고 봅니다.

그래서 저는 오히려 특검수사는 역설적이지만, '남북정상회담과 그 역사적 의미'를 더욱 강화하는 중요한 작업이라고 말씀드렸습니다. 소위 '한국형 동방정책'이 이후 제대로 추진되기 위해서는, 다른 표현으로 '한국형 신동방정책'이 정권과 상관없이 연속적으로 펼쳐지기 위해서는 다소 복잡하더라도, 2003년에 반드시 (일부) 정리해야 한다고 말씀드렸던 것입니다.

독일의 신동방정책은 '수많은 화학작용' 끝에 성공할 수 있었습니다. 수많은 화학작용이란, 동독 정확히 알기, 이산가족교류, 체제 경쟁 종결, 성숙한 기다림 등등이 성숙한 통일의식과 실천을 배양해 왔다는 것입니다. 독일 통일의 핵심은 '신동방정책과 통일정책의 투명성'입니다.

[조석례의 주장] "언론은 마치 특검이 밝힌 모든 사항에 대하여 100% 진실인 양 떠들고 있습니다. 사실관계는 특검이 밝히겠지만 그 진상의 시시비비는 결국 사법부가 판단할 것입니다. 특검은 이제 그 소임을 다했다고 볼 수 있습니다."

조 선생님의 언론관은 이성적이지 않습니다. 그리고 구체성도 없습니다. 특검이 중간에 밝힌 발표 내용이 어떻게 왜곡 보도 되었는지를 지적해 주셔야 합니다. 저도 언론을 그렇게 신뢰하지 않습니다만, '100% 진실인 양 떠들고' 등은 이해하기 어렵습니다.

물론 특검이 밝힌 공소사실에 대해 공방이 있을 것이고, 최종적으로 사법부가 판단을 하겠지요.

그러나 특검은 소임이 끝났다고 생각 안 합니다. 하지 말았어야 할 특검을 해 놓고, 이제 정치적으로 부담이 되니 이쯤에서 접는다고 보고 있습니다. 소임이 끝났다는 표현은 최선을 다해 할 수 있도록 해 주고, 마지막으로 국민들이 평가할 때 사용할 수 있는 표현입니다.

끝으로 조 선생님께 한마디 올립니다. 우리는 '통일의 원칙' 과 '통합의 원칙' 을 곧장 혼동합니다. 자유, 인권, 민주가 통일의 원칙입니다. 이 원칙이 흔들려서는 안 됩니다. 이 원칙 위에 통합방안이 서야 합니다. 북한을 철저히 알고, 북한을 이해하는 것이 통일로 가는 길입니다. 특검은 그동안 무원칙으로 진행된 무소불위의 통일정책을 다시 한 번 재점검하자는 데 있습니다. 특검의 역사성을 과소평가해서는 안 될 것입니다. 저는 통일된 독일 현장(1989~1996)에서 동서독을 직접 보고 왔습니다. 통일은 낭만이 아닙니다.

[마무리 편지] 조석례, 통일문제를 이해하는 좋은 기회가 되었습니다

교수님께서 독일의 예를 들어가며 말씀해 주신 부분은 독일 통일과정을 다시 한 번 상기시킬 수 있는 계기를 마련할 수 있었습니다. 감사합니다.

[답장] 하태영, 진지한 토론에 감사합니다

분단

정몽헌 회장 자살과 대북문제 전망

이제 우리는 정몽헌 회장의 자살과 대북문제의 전망을 성찰해야 한다. 여기서 우리는 진정으로 지속가능한 통일정책이 무엇인지 고민해야 한다. 독일 통일의 교훈과 그의 유언의 의미도 참고해야 할 것이다. 저자가 내린 결론은 '남북교류정책의 투명성 확보와 신통일정책의 강력한 추진' 이다. 정 회장이 뿌렸던 통일의 씨앗은 반드시 열매를 맺을 것이고, 그의 대북사업은 훗날 역사적 평가를 받을 것이다. 고인의 명복을 빈다.

〉〉 다소 복잡하더라도, 투명성 문제 해결하고 가자는 메시지

2003년 8월 4일 오전 5시 52분. 음력으로 칠월 칠석 새벽. 정몽헌 씨가 정주영 씨 곁으로 갔다. 정몽헌 회장은 현대 계동 사옥 12층 자신의 사무실 방에서 창문(가로 95센티미터, 세로 54센티미터)으로 투신하여 스스로 목숨을 끊었다. 그가 세상에 남긴 것은 세 통의 유서와 손목시계, 그리고 안경뿐이었다.

아침 뉴스는 온통 자살 관련 소식이었다. 국민들은 충격을 받았다. 그는 대북민간경제협력창구의 중심이었고, 대기업(현대 아산) 회장이었기 때문이다.

》 소떼 500마리 … 한국인의 정서

1998년 6월 16일 새벽 5시. 정주영 명예회장은 현대 서산농장에서 키운 소떼 500마리를 몰고 군사분계선을 넘었다. 독일 통일 과정에서는 전혀 볼 수 없었던 한국인의 독특한 정서가 담긴 거대한 이벤트였다. 소를 실은 트럭들은 불빛을 밝히며 판문점으로 달렸다. 그 역사적인 장면은 방송 3사와 미국 CNN을 통해 전 세계에 생중계되었다. 그때 정몽헌 회장도 수행단의 일원으로 북한을 방문했다. 첫 방문이었다.

이 '소떼 500' 사업 이후 김정일은 정주영 명예회장을 2000년 6월까지 세 차례 더 만났다. 정몽헌 회장도 2000년 한 해에만 김정일을 세 번 만났다. 북한은 현대 일가를 이렇게 남다르게 대우했다.

2000년 6월. 정몽헌 회장이 현대아산 회장에 취임하면서 대북사업은 가속도가 붙었다. 이후 정 회장은 북한을 40여 차례 방문했다. 그러나 대북사업은 우여곡절을 겪게 되면서, '돈 먹는 하마' 가 되었다.

금강산 관광사업은 사스(SARS)로 중단되었고, 북한은 걸핏하면 금강산 관광을 중단시켰다. 북한은 그동안 정몽헌 회장을 '민족화해의 초석을 놓은 위대한 기업인' 이라고 칭송했다. 그러나 이것은 정 회장에게 감당할 수 없는 시련을 안겨 주었다.

》유분은 금강산에 뿌려 주시길

정 회장의 유서가 언론에 일부 공개되었다.

"어리석은 사람이 어리석은 행동을 했습니다. 또 다른 어리석은 행동을 하는군요. 여러분의 용서를 구합니다."

"나의 잘못입니다. 당신에게 모든 짐만 남기는 군요."

"나의 유분은 금강산에 뿌려 주시길 바랍니다."

누가 정몽헌 회장을 죽였을까? 정몽헌 회장은 남과 북의 정치가들에 의해 끊임없이 뜯어 먹히면서 대북사업으로 자금압박을 받고 자살을 선택했을까? 이제 대북민간경제협력은 어디로 갈 것인가? 하루 종일 우울했다.

》자살 열풍 … 의식혁명이 필요한 시기

2003년 한국. 우리 사회는 연일 자살 열풍에 시달리고 있었다. 자살의 원인은 다양했다. 채무관계와 빚 독촉, 경영난과 사업실패, 주식붕괴와 미래 불안감, 생활고와 구직난 부부싸움과 가족해체, 정신질환(우울증 · 유전병)과 마약, 애정관계와 처지비관 등이었다. 사람들의 의식지수는 극도로 악화되어 있었다. 이는 서민의 자살이 아니라, 회장의 자살이었다.

데이비드 호킨스(David R. Hawkins)의 《의식혁명》을 읽었다. '자살을 충동받는 사회'란 강한 수치심, 깊은 죄의식, 극도의 무력감, 반복되는 분노와 슬픔, 공포의 의식세계로 사람을 몰아가는 사회를 말한다. 희망이 없고, 미래가 불투명하며, 허무(虛無)뿐이다. '자살을 꿈꾸는 자'와 '살인을 꿈꾸는 자', 이 두 부류의 사람군은 아마 100대 100이다. 의식세계는 같다는 의미이다.

언론매체들은 정 회장의 자살을 다각도로 분석했다. ① 기업경영난(자금난)과 대북사업 부진, ② 현대상선 비자금 검찰조사와 정신적 패닉 상태, ③ 정치권의 보호막 붕괴로 인한 극도의 허탈감과 상실감, ④ 우울증, ⑤ 인간관계의 괴로움 등으로 보도했다.

만약 그렇다면 그는 삶의 컨트롤 상실과 현실도피(기업경영난과 대북사업 부진), 인간적 배신감과 열등감(비자금 검찰조사와 정신적 패닉), 그리고 스트레스와 심리적 압박(허탈감, 상실감, 괴로움)을 강하게 받았을 것이다. 그의 의식세계는 분노와 복수, 수치심과 두려움, 슬픔과 자책, 죄책감과 무력감이 교차했을 것이다. 유서 내용이 이것을 말하고 있다. 그의 투신자살은 누군가에 대한 공격과 시위, 그리고 좌절과 허무가 혼재되어 있다.

〉〉 투명성 해결하고 가자

정몽헌 회장의 자살은 남북경협에 어떠한 영향을 미칠까? 단기적으로는 냉각이 불가피할 것이다. 현대 비자금 수사발표가 남아 있고, 북한도 일정 기간 금강산 관광을 중단한다고 발표했기 때문이다. 또한 정몽구 현대자동차 그룹 회장도 정몽헌 회장 빈소에서 "대북사업은 절대 하지 않겠다"고 밝혔다. 여기에 '한국형 신동방정책'을 추진하기 위해서는 다소 복잡하더라도 이번 기회에 "남북협력의 투명성 문제를 해결하고 가야 한다"는 비판도 만만찮다.

〉〉 독일의 교훈 … 희생 없는 역사란 없다

1990년 10월 3일. 독일은 통일되었다. 사람들은 "갑자기 통일이 왔다"고 말하지만, 사실 독일의 통일은 사민당(SPD, Sozialdemokratische Partei Deutschlands) 빌리 브란트(Willy Brandt, 1913~1992)의 신동방정책(New Ostpolitik) 이후 기민당(CDU, Christlich Demokratische Union Deutschlands) 헬무트 콜(Helmut Kohl, 1930~)까지 20년 동안(1970~1990) 지속적으로 추진된 것이다.

이 동방정책을 통해 ① 동독 정권 바로 알기, ② 인도적 이산가족 교류 확대, ③ 동서독주민 왕래, ④ 민주주의와 경제발전, ⑤ 체제 경쟁에서 승리, ⑥ 동서독의 경제협력, ⑦ 나토(NATO)의 집단안보방위 체제 강화, ⑧ 서독 국민들의 성숙한 인내들이 순차적으로 이루어졌다. 결국 이것이 원동력이 되어, 독일은 통일에 성공했다.

이 과정에서 동독과 서독은 남북관계처럼 충격적인 사건들을 수없이 경험했다. 수많은 곡절과 이로 인한 화학반응이 일어났다. 그러나 독일은 이성과 지혜로 이 난제를 극복했다. 그리고 통일의 장애물들을 하나하나 제거해 나갔다. 때로는 여야가 충돌했고, 또 때로는 여야가 한목소리를 냈다. 서독은 일관성 있게 '자유와 평화, 그리고 독일 전체의 미래'(국익)를 생각했다. 주변 국가들을 안심시키며 설득했고, 국민들을 차분하게 통합시켰다.

국민들도 통일에 대한 난관에 대해 정부와 인식을 공유했고, 인내하면서 실천력을 배양해 나갔다. 그리고 독일 사람들은 역사적인 순간에 통일을 쟁취했다. 현재 우리는 이러한 과정을 한 단계 한 단계 밟아 가고 있는 것이다. 희생이 없는 역사란 없다.

〉〉 신동방정책의 추진과 남북교류정책의 투명성 확보

현대의 대북사업은 독일과 비교해 보면, 너무나도 다른 환경에서 출발했다. 정 회장은 두 가지를 염두에 두었을 것이다. 하나는 누구보다 먼저 북한에 진출해 통일의 초석을 쌓는 영광과 명예를 생각했을 것이고, 다른 하나는 기업가로서 수익창출을 기대했을 것이다.

그러나 안타깝게도 정 회장은 대북사업의 새로운 패러다임을 완성해 놓고, 그의 경영철학이 현실화되기를 고대하다가, 끝내는 기회를 얻지 못하고, 비운의 세상을 마친 대북기업가가 되었다. 그의 야심은 처절한 좌절과 깊은 상처뿐이었다.

〉〉 대북사업의 핵심 세 가지 … 관광 · 공단 · 철도

차분하고 조용하면서 정곡을 찌른다는 정몽헌 회장(현대그룹 창업주 다섯째 아들). 일부에서는 남과 북의 정치권에서 항상 이용만 당했고, 김대중 정부에서 노무현 정부로 바뀐 그 시기에 남북 양측에서 버림을 받고 고립되었다고 이야기한다. 그리고 이 과정에서 대북 송금 수사로 괴로워했고, 심각한 자금의 압박을 받았다라고 말한다.

그가 생전에 꿈꾼 대북사업의 핵심은 관광 · 공단 · 철도 세 가지였다. 첫째 금강산 관광사업, 둘째 개성공단 개발사업, 셋째 경의선, 동해선, 철도 · 도로 연결사업이었다. 이것은 정부가 할 수 없는 거대한 통일사업이었다. 또 정권과 상관없이 연속성이 요구되는 사업이었다. 그러나 그는 그러한 여건 조성의 희생양이 되고 말았다.

〉〉 남북교류정책의 투명성 확보와 신통일정책의 강력한 추진

이제 우리는 정몽헌 회장의 자살과 대북문제의 전망을 성찰해야 한다. 여기서 우리는 진정으로 지속가능한 통일정책이 무엇인지 고민해야 한다. 독일 통일의 교훈과 그의 유언의 의미도 참고해야 할 것이다. 저자가 내린 결론은 '남북교류정책의 투명성 확보와 신통일정책의 강력한 추진' 이다.

"명예회장님께서 원하는 대로 모든 대북사업을 강력히 추진하시길 바랍니다."

그의 유언대로 모든 대북사업을 강력히 추진하기 위해서는 투명성의 확보가 먼저 해결되어야 한다. 그렇지 않을 경우 우리는 제2, 제3의 정몽헌 회장을 잃어야 한다. 대북경제협력사업에 투명성만 확보되면, 신통일정책은 가속화되어야 한다. 몸부림(행동)에는 꾸짖음(성찰)이 있어야 하고, 그렇게 해야 깨달음이 있는 것이다(교훈).

"나의 죽음으로 투명성을 확보하고, 모든 대북사업을 강력히 추진한다면, 남북경제협력은 급물살을 탈 것이다."

우리는 그의 유언을 이렇게 읽어야 한다. 적어도 우리들은 ……. 유언의 의미를 이렇게 가슴에 새길 때 우리는 그의 헌신(獻身)이 남북통일의 씨앗이었음을 기억하게 될 것이다.

〉〉 투신자살사건의 진실, 통일 후에 밝혀질 것

2003년 8월 16일. 국내 언론과 방송은 아주 흥미 있는 외신을 하나 보도했다. 그것은 북한의 대북창구 역할을 했던 김용순 사망사건 기사였다.

"북한 김정일 국방위원장의 측근인 김용순 노동당 비서가 교통사고로 머리를 크게 다쳤다고 일본의 도쿄신문이 보도했습니다. 김용순 당서기는 2003년 6월 김정일 위원장의 황해북도 염소목장 시찰에 동행한 후 사고를 당했으며 머리를 크게 다쳐 뇌수술까지 받았다고 이 신문은 전했습니다."

저자는 두 사람의 죽음 사이에는 공통점이 있다고 생각한다. 그것은 남북경협 1세대의 퇴장이다. 그 죽음들 사이에서 어떠한 인과관계를 찾는 것은 흥미로운 일이지만, 지금은 알 길이 없다.

〉〉 한줌의 재 … 통일의 재단에 뿌려지다

정주영 명예회장의 고향은 강원도 통천이다. 그는 1998년 6월 16일 남북통일을 염원하며 소떼 500마리를 고향으로 몰고 갔다. 그리고 5년 후 2003년 8월 3일 그는 총애하는 아들까지 통일사업에 바쳤다. 정 회장은 결국 한줌의 재가 되어 유언대로 금강산에 뿌려졌다. 그의 혼은 금강산에서 우리를 기다리고 있다. 먼 훗날 우리는 정몽헌 회장의 투신자살사건의 진실을 알게 될 것이다. 누가 그를 죽였는지?, 아니면 왜 그가 투신자살을 했는지?

정 회장이 뿌렸던 통일의 씨앗은 반드시 열매를 맺을 것이고, 그의 대북사업은 훗날 역사적 평가를 받을 것이다. 고인의 명복을 빈다.

동아시아, 거대한 체스판인가?

60년 동안 쌓아온 동아시아의 보편적 가치를 어느 국가도 파괴해서는 안 된다. 동아시아인을 더 이상 희생시킬 수는 없다. 일본과 중국은 이성을 찾아야 한다. 우리 이웃들은 북한의 핵문제 해결에 집중해야 한다.

〉〉 동아시아의 파국은 절대 안 된다

중국의 반일시위는 점점 과격양상을 띠고 있고, 일본도 물러서지 않고 "사과하고, 배상하라"며 정면대응을 하고 있다. 하지만 중국은 일본에 대해 "역사 인식부터 교정하라"고 말한다.

한국은 중국과 한 목소리를 낸다. 일본의 교과서 왜곡과 독도문제를 한국이 도저히 받아들일 수 없기 때문이다. 미국은 이 같은 현상에 대해 침묵한다. 미국의 관심은 북한의 핵문제다. 노 전 대통령은 '동북아 균형자론' 을 밝힌 바 있다.

동아시아에서 벌어지고 있는 거대한 체스판은 비장하다. 각국이 서로 어떤 수를 두고 있는지? 과연 동아시아는 어디로 갈 것인지?

미국은 동아시아의 미래를 위해 무엇을 생각하고 있고, 어떠한 조정역할을 할 수 있을까? 어느 나라가 동아시아의 분열현상에서 최대 수혜국이 될 것이며 동아시아의 대폭발로 이어질 수 있을까?

60년 전 전쟁이 남긴 교훈과 60년 동안 쌓아 온 동아시아의 평화와 공통가치는 과연 무엇이었는가? 동아시아의 양심세력들은 이제 이 문제를 냉정하게 자문해야 할 시점이다.

일반인들이 보기에는 미국, 중국, 일본, 한국, 북한이 게임을 벌이고 있는 거대한 체스판이 너무도 위험하다. 미국은 지금 '전쟁을 통한 세기의 도박'(賭博)을 하고 있다.

하나는 중동지역을 절단(切斷)하는 전쟁이고, 다른 하나는 동아시아를 절단하는 전쟁 시나리오다. 중동은 이라크 전쟁으로, 동아시아는 제2의 한국전쟁으로 말이다. 여러 가지 분석이 가능하겠지만, 그중에서도 가장 공감을 얻고 있는 것은 '미국의 신대륙 고립론과 탈출론'이다(브레진스키, 《거대한 체스판》).

유라시아는 세계의 인구와 경제가 집중되어 있는 곳이다. 그러나 공산주의 몰락 이후 유라시아는 더욱 통합된 반면, 미국은 신대륙의 한편에 고립되어 있다. 여기에 미국은 전통적인 우방 국가들의 이탈현상에 불안해 하고 있다.

그 한 예로 한국은 2000년 6월 15일 남북정상회담 이후 기회가 있을 때마다 "이제는 북한의 위협을 느끼지 않는다"고 천명해 왔다. 그리고 쿠웨이트는 더 이상 이라크와 싸울 필요가 없다고 주장했다.

또 프랑스는 유럽에서 유일하게 미국에 대해 독자성을 지킨다고 자랑했다. 독일도 미국의 외교정책에 대해 분개했다. 미국의 추종자라고 할 수 있는 영국마저도 이러한 현실에 대단히 불안해 하고 있다. 유라시아 반대편 끝에 있는 일본은 침묵을 지켜왔다.

9·11사태가 발생하자 미국은 이를 기회로 테러리즘을 보편적인 세력으로 격상시키면서 전 세계적 차원에서 항구적인 전쟁상태를 제도화하기 시작했다(엠마뉘엘 토드, 《제국의 몰락》). 미국은 일정한 수준의 국제적인 긴장을 유지하고, 제한된 규모이지만, 대신 고질적인 전쟁 상황을 유지하려고 하고 있다. 이것이 미국의 전략이다.

미국의 입장에서 보면, 동아시아의 갈등은 미국이 원하는 동아시아의 전략구상과 일치한다. 매우 역설적이지만 미국의 엘리트들은 미국의 주변부(블록)화에 대한 공포에 사로잡혀 있다. 이들은 지구촌의 '지역화'(regionalisation)가 가져올 근본적인 위협을 인식하고 있으며, 이와 함께 미국의 경제, 재정, 체제의 잠재적 취약성을 심각하게 인식하고 있다. 만일 유럽연합(EU)과 일본이 각자 자기의 영향권을 조직한다면, 이 세계에서 미국이라는 중심지의 존재는 불필요해질 것이다. 때문에 미국은 냉전 후 세계로부터 고립되는 것을 두려워하고 있다(로버트 길핀, 《세계 정치경제》).

여기에는 미국의 전략적 현실주의가 내재되어 있다. 때문에 최근 동아시아 현상의 최대 수혜 국가는 미국인 셈이다.

중국은 '아시아의 패권'이라는 전략을 갖고 있다. 파탄상태인 북한 정권을 보면서, 남북통일 이후의 지정학적 변동을 심각하게 고민하고 있다. 동북공정(東北工程)도 그 준비의 하나이며 일본과 역사문제로 첨예하게 대립하는 것도 전략이다. 여기에는 한국을 한 · 미 · 일의 전통적인 동맹관계에서 이탈시키려는 목표가 숨어 있다. 중국은 지금이 적기(適期)라고 보고 있다. 만약 한국이 중국으로 점점 기울고, '남북통일 이후 통일정부가 친중친화적인 정권이 된다' 는 전망만 나온다면, 어느 시점에서든 북한정권을 포기할 수도 있을 것이다. 왜냐하면 중국은 한국의 수명이 길어보아야 20년이고, 자국의 변방으로 바꿀 수 있다고 믿기 때문이다. 그들의 눈에 서울은 한성(漢城)일 뿐이다. 그래서 중국은 때를 노리고 있는 것이다.

일본의 입장도 선명하다. 미국과 혈맹관계를 유지하면서, 유엔 상임이사국 진출을 시도하고 있다. 국제외교의 역량을 격상시킨다는 전략이다. 자위대의 역할을 강화하고, 극우노선을 촉진시키는 신사참배를 감행하는 등 북핵문제와 안보문제를 직결시킴으로써 재무장하고 있다. 일본은 이제 "미일동맹 외에는 대안이 없다"고 말한다.

일본 정치인들의 최근 발언은 너무 노골적이다. 독일이 유럽에서 도저히 할 수 없는 발언들이다.

그렇다면 동아시아의 미래는 어디로 갈 것인가? 유럽연합은 이제 큰 지붕에서 유럽의 평화를 구축하고 있다. 그러나 동아시아는 완전히 다른 길을 가고 있다. 노 전 대통령이 말한 '동북아 균형자론' 은 따지고 보면 옳은 말이다.

그러나 사실 전혀 불필요한 말이다. 오히려 공격의 빌미만 주고 있다. 미국과 일본은 '불가능하다' 고 생각하고 있으며, 중국 정부도 '말장난에 불과하다' 고 고개를 흔든다. 노 전 대통령은 차라리 '동아시아

의 미래'에 대해 말했어야 했다.

60년 동안 쌓아 온 동아시아의 보편적 가치를 어느 국가도 파괴해서는 안 된다. 동아시아인을 더 이상 희생시킬 수는 없다. 일본과 중국은 이성을 찾아야 한다. 그리고 독도문제 등 일부 분쟁지역은 일본의 패전과 함께 국제법상 마무리되었다. 독일과 폴란드의 경우를 보라.

우리 이웃들은 북한의 핵문제 해결에 집중해야 한다. 동아시아의 파국은 절대 안 된다.

이것이 동아시아의 양심이고, 동아시아의 균형론이다. 동아시아의 거대한 체스판은 정점을 향해 가고 있다.

역사

일본의 양심들에게 고한다

일본의 양심들에게 고한다. '범아시아의 이익이 자국의 이익'이라는 사실을 일본의 양심들은 깊이 새겨야 한다. 일본과 일본의 지식인 사회는 이제 '보편적 아시아의 의식'으로 돌아와야 한다. '칼의 민족' 일본은 '독일 병정'의 역사청산에서 아직도 많은 것을 더 배워야 할 것이다.

〉〉 '칼의 민족' 일본, '독일병정' 역사 청산 더 배워야

학술행사차 독일을 다녀왔다. 3년 만에 다시 본 독일은 여전히 공사 중이었다. 음악의 아버지 헨델의 고향 할레(Halle), 저자는 마산에서 여기까지 20시간을 날아왔다. 프랑크푸르트에서 라이프치히 · 할레공항까지 1시간, 그러나 이 공항은 두 지방정부가 연합하여 노력한 결과 완전히 국제공항으로 바뀌었다.

독일의 전설 속에 '하멜른의 피리 부는 자'라는 것이 있다. 이것은 아돌프 히틀러의 출현을 예언했다고 말할 수 있다. 히틀러는 피리소리로 독일 민중의 마음을 흔들어 매료시켜 결국에는 민중을 심연으로 이끌었다.

그의 마음속에는 '인종망상'이 있었다. 고등의 '북유럽계' 인종을 숭상하고, 다른 모든 것들은 '열등인종'이라고 주장했다. 여기에는 격한 반감과 우월의식이 뒤섞여 있었다. 히틀러의 주장은 인간의 가장 저급한 본능에 호소하고 있었다. 그의 선전은 매우 위험했다. 그의 피리소리는 진정한 교양인에게까지도 전이되었다. 바이러스에 의한 '전염성 정신병'이었다.

토마스 만은 1945년 여름, 발터 폰에게 편지를 보냈다.

"독일인은 12년간 약을 먹어왔다."

그의 편지의 마지막 구절은 참담했다.

"우리는 악마에게 마음을 빼앗겨 버렸다."

전 세계를 뒤흔들어 놓은 6년간의 전쟁, 독일식 표현으로 '히틀러 전쟁'(HITLERS KRIEG)은 이렇게 처절하게 끝이 났다.

1945년 7월 17일에서 8월 2일까지 미국, 소련, 영국 3개국 수뇌부는 포츠담 협정을 체결했다. 연합전승국은 독일의 공적 생활에서 나치즘의 모든 자취를 말살하기 위해 일련의 조치를 강구했다. 그 핵심은 네 가지다. ① 나치스의 법률폐지, ② 전범자의 처벌, ③ 나치당과 그 조직원이었던 모든 독일인의 권리 박탈, 소위 비나치스화, ④ 독일인 전원의 재교육이었다. 독일인들은 스스로에게 물었다. "독일인들에게 조국은 무엇인가(Was ist das Deutschen Vaterland)?"

독일 거리의 가판대에는 수십 종의 잡지와 신문이 걸려 있었다. 잡지 중에서 특히 〈슈피겔 특집호〉가 눈에 들어왔다. '베를린의 폭풍, 수도의 종말'(Sturm auf Berlin-Das Ende der Hauptstadt)이라는 제목

아래 히틀러 제국의 숨겨진 이면과 폭탄공격으로 완전히 내려앉은 독일, 독일의 마을과 사회, 그리고 독일인의 자화상을 상세히 다루고 있었다. 이 잡지에는 82분짜리 CD 1장이 첨부되어 있었다.

일본을 생각했다. 그리고 독도 문제로 분노하고 있는 우리 국민들의 모습이 떠올랐다. 독일의 극단적 민족주의, 나치즘은 제2차 세계대전 패배, 그리고 동서독 분단이라는 방식으로 외부에 의해 강제로 억압돼 왔다. 왜곡되고 억압받아 온 20세기 게르만의 역사가 21세기를 꼭 10년 앞두고 '통일' 이라는 이름으로 원상회복됐다고 할 수 있다. 지난 한 세기 동안의 좌절과 고통 속에서 성숙한 독일이기에 과거 나치즘과 같은 극단적 민족주의가 다시 나타날 가능성은 거의 없다.

그러나 독일의 급격한 경제력 확산과 공격적 민족주의 부활에 대한 우려의 목소리가 적지 않다. 영국의 마거릿 대처 전 총리는 유럽연합(EU)에 대한 비판에서 "독일은 유럽에 가장 많은 재정기여를 하고 있고, 이 사실을 결정권 쟁취에 이용할 것이다. 다시 유럽에 대한 지배권을 갖게 된 것이다. 그래서 저자는 유럽을 '독일의 유럽' 이라고 본다"고 꼬집었다.

최근 주목을 받고 있는 극우파 정당인 신나치당(NPD)의 활동에 대해 할레대학교 릴리에 교수(법학)는 "동독의 붕괴로 생겨난 이데올로기적 진공상태를 민족주의의 경향이 대체하고 있으며, 공격적 민족주의는 통일의 피해자를 결집시키고 있다"고 우려한다. 새로운 게르만 민족주의의 지배를 예고한 것이다.

주변국은 "독일의 민족주의가 희석될 때만 유럽과 세계의 평화는 가능하다"고 늘 강조하고 있다. 20세기를 뒤흔들었던 게르만 민족주의가 새로운 세기를 맞아 다시 한 번 주목을 받고 있다. 일본에 주는 교훈이다.

일본의 양심들에게 고한다. 일본은 전후 아시아문화의 방향을 알고 있는가? 우리는 "진정한 반성 없이는 전쟁의 분명한 의미는 없다"고 말한다. '범아시아의 이익이 자국의 이익'이라는 사실을 일본의 양심들은 깊이 새겨야 한다. 일본과 일본의 지식인 사회는 이제 '보편적 아시아의 의식'으로 돌아와야 한다. '칼의 민족' 일본은 '독일 병정'의 역사청산에서 아직도 많은 것을 더 배워야 할 것이다.

"독도는 한국의 정신(魂)이 박혀 있는 곳이다."

Chapter 5

하마의 꿈

자전거 도시 성공하려면!

꿈은 희망이다. 꿈은 춤과 노래, 하품과 눈물이 없이는 불가능하다. 하마는 자전거 타는 하마를 10편 수록했다. 창원이라는 도시를 모델로 삼았다. 창원시가 추진하는 자전거 도시를 성공하려면, 시민과 시청이 인식을 함께 공유해야 한다. 지금은 시작에 불과하지만 끊임없는 노력으로 자전거 도시를 건설해야 한다.

철 학

빙판길 불편까지 해결한 독일서 배운다

독일 뮌스터 시장은 시민들에게 약속했다. "앞으로는 자동차 도로와 같이 자전거 도로도 눈이나 비가 올 때 철저하게 대비하겠습니다. 사고 지점을 기재하고, 치료비 영수증을 첨부하여 시청으로 보내주시면 여러분의 계좌로 바로 입금처리를 하겠습니다. 향후 자전거 도로 관련 민원은 시정에서 우선적으로 조치하겠습니다."

창원시가 '자전거 도시'를 선포한 지 5개월이 지났다. 경남도민일보는 창원 자전거 도시의 성공 여부가 경남도 내 전체는 물론 한국사회에도 큰 의미를 가진다고 본다.

그러나 최근 시의회에서 자전거 시책과 관련한 예산이 전액 삭감되는 사태가 벌어졌다. 이에 따라 자칫 이번 시책이 꽃을 피우기도 전에 시들어 버릴 수도 있다는 우려도 나오고 있다.

이 시점에서 창원시 자전거 시책의 문제는 뭔지, 부족한 점은 없는지를 짚어보고 성공을 위한 조건과 구체적인 방안을 알아보는 기획을 마련했다.

자전거 도시를 꿈꾸는 박완수 창원 시장(경남도민일보 제공)

2007년 2월 21일 창원 시장이 공무원 자전거 출퇴근제에 솔선수범하기 위해 자전거에 서류를 넣고 출근했다. 이것은 전국적으로 매스컴을 탔다. 외국의 경우로 보면 우스운 1면 보도였다.

그러나 창원시는 '자전거 도시의 이미지'로 이날의 홍보를 극대화했다. 이 이벤트의 홍보가치는 수억 원에 달했다. 일부 공무원들은 보도를 보고 참 행복했을 것이다.

2007년 3월 2일. 자전거 출퇴근제 시행 첫 날이었다. 창원시청 직원들은 봄비를 맞으며 자전거를 타고 출근을 했다. 비가 오는 날인데도 대부분 양복 차림이었다. 이것 또한 외국에서 보면 아주 코미디 같은 장면이었다. 이벤트였지만 그래도 당시 많은 시청자와 독자들은 창원시의 의지에 공감하고 박수를 보냈다.

창원 시장의 논리는 간단했다.

"창원시는 환경수도가 될 것이다. 대기오염의 주범인 자동차 배출

가스를 줄일 것이다. 시민의 건강을 위해 자전거 타기 운동을 적극적으로 추진할 것이다. 3월부터 공무원을 중심으로 시행할 것이다."

창원 시장과 공무원들이 양복을 입고 자전거로 출근을 한 지 벌써 5개월이 지났다. 그러나 창원시는 정말 자전거 도시가 되어 가고 있는가?

우리는 이것을 냉정하게 분석해야 한다. 그래야 대안이 나올 수 있기 때문이다. 시민들은 벌써부터 전시행정이라고 비판하고 있다. 자전거를 타고 다니기가 겁이 난다. 자전거 도둑이 많은데 왜 찾아주지 못하나? 창원시, 환경지수 얼마나 개선되었나?

창원 시장은 우선 이와 같은 물음에 답해야 한다. 첫째, 창원시의 현재의 도로상황에서 어느 시민이 불편함과 위험을 감수하면서 자전거를 타고 달리겠는가? 둘째, 자동차의 배기가스가 뿜어내는 매연 속에서 얼마나 많은 사람들이 계속해서 자전거를 타겠다고 동참하겠는가? 창원시는 이러한 두 가지의 근본문제를 5개월의 성과물을 토대로 설명해야 한다.

또 많은 창원 시민들은 궁금해 한다. 자전거 도시와 자전거 타기의 매력은 무엇인지, 자전거 도시와 환경도시, 그리고 건강도시의 꿈, 창원이 가능한지, 그 영향을 창원 시민이 정말로 누릴 수 있는지 알려야 한다. 또한 눈 · 비오는 날, 공무원들이 얼마나 바쁜지, 외국 공무원들은 이를 어떻게 대처하는지, 자전거 보관대와 자전거 수리방법에 대한 홍보책자는 있는지, 야간에 자전거를 실을 수 있는 버스는 운행할 수 없는지, 여기에 대한 비교 연구 성과물을 자세히 공개해야 한다.

독일 파더본 시 자전거 전용도로. 인도와 자전거 도로를 분리해 놓은 표지판이 이채롭다.

왜냐하면 창원시는 그동안 '바이크 체킹팀'을 운영해 왔고, 여기서 무엇을 고민했는지 시민들에게 밝힐 의무가 있기 때문이다. 바로 이것이 자전거 사업 예산과 직결되는 것이 아닌가?

자전거 도시는 하루아침에 실현될 수 없다. 또한 공무원들의 의지만으로도 불가능하다. 추진 주체에 대한 논쟁도 하품만 나온다. 그래서 독일의 대표적 자전거 도시인 뮌스터(Münster) 시에서의 소중한 경험을 하나 소개하려고 한다.

1990년 겨울 어느 날, 인구 20만 명의 이 소도시에 밤사이에 엄청나게 맑은 양의 눈이 내렸다. 유학생들에게 눈 오는 날은 이중으로 고생이다. 고향 생각과 등교시간 때문이다. 도로는 모두 빙판길이었다. 그런데 이날 등교하다가 많은 학생들이 눈길에 자전거가 헛돌아 빙판

2009년 2월 8일 독일 뮌스터 시 자전거 전용도로. 며칠 동안 눈이 내렸지만 자동차 전용도로, 자전거 전용도로, 그리고 인도는 완벽하게 제설작업이 되어 있다. 바로 이것이 '자전거 도시' 뮌스터 시의 행정이다. 도로 색상이 모두 다르다.

길에 넘어졌고, 자전거를 질질 끌면서 학교까지 왔다.

그날 도로는 새벽부터 제설작업이 진행되어 차들은 잘 달리고 있었다. 많은 독일 시민과 학생들이 분개했고, 항의를 했다. 뮌스터 시장에게 물었다. 왜 자전거 도로의 제설작업은 하지 않는가? 공무원들은 도대체 무엇을 하고 있는가? 이것이 독일 최고의 자전거 도시의 시정인가?

독일 뮌스터 시장은 그 자리에서 시민들에게 약속했다.

"송구합니다. 앞으로는 자동차 도로와 같이 자전거 도로도 눈이나 비가 올 때 철저하게 대비하겠습니다. 사고 지점을 기재하고, 치료비의 영수증을 첨부하여 시청으로 보내주시면 여러분의 계좌로 바로 입금처리를 하겠습니다. 향후 자전거 도로 관련 민원은 시정에서 우선적으로 조치하겠습니다."

이날 현장에서 지켜본 저자는 시장이나 시민이나 자전거 도시를 같이 만들어 가겠다는 의지를 보고 눈물 나게 감동을 받았다. 역시 자전거 선진국이었다. 여기서 중요한 것은 치료비가 아니다. 왜냐하면 독일 사람들은 대부분 의료보험과 자전거보험에 가입하고 있기 때문이다. 자전거 사고는 독일에서 큰 갈등 없이 대부분 보험으로 처리된다. 우리의 자동차보험처럼 말이다.

창원은 지금 어느 정도 준비되어 있는가? 창원 시민과 창원 시장에게 드리는 말이다.

예 산

실질적 성공을 위한 조건

자전거 도시를 진정으로 꿈꾼다면, 전용도로를 구축, 자전거 신호등과 표지판을 설치해야 하며, 자전거 안전사고에 대한 대책과 자전거 도난에 대한 대비책을 마련해야 한다. 이것이 거꾸로 가면 당연히 예산 삭감과 시민 호응도가 떨어질 수밖에 없다.

"간부들 제발 정신 좀 차리세요. 자전거 타기는 이벤트성으로는 안 된다고 말을 했잖아요. 아직도 구태의연한 생각을 가지고 이 사업을 추진한단 말입니까? 이벤트성으로는 절대 시민들의 호응을 받을 수 없어요."

박완수 창원 시장이 5개월 만에 솔직한 고백을 했다. '자전거 도시 만들기' 는 그만큼 어렵다. 공무원과 시민, 그리고 자전거 도시를 향한 의식이 모두 바뀌어야 가능하기 때문이다.

자전거 도시를 진정으로 꿈꾼다면, 기획 단계부터 철저하게 준비해야 한다. 우선 자전거 전용도로를 구축하고, 자전거 신호등과 표지판을 설치해야 하며, 자전거 안전사고에 대한 대책과 자전거 도난에 대한 대비책을 마련해야 한다. 이를 홍보하기 위해 자전거 달리기와 자전거 이벤트 행사 또한 이어져야 한다. 이것이 거꾸로 가면 당연히 예산 삭감과 시민 호응도가 떨어질 수밖에 없다.

박 시장은 "자전거 타기 사업은 창원시의 집중 · 중점 추진 시책이다. 시민들까지 호응을 해야 하는 판국에 의회 의원들이 시책을 이해하지 못하고 예산을 삭감한다는 것은 남을 탓할 게 아니라 시의 간부들이 문제가 있다. 어느 것이 우선순위인지, 어떤 사업이 가장 중점적으로 추진되어야 하는지 보고가 하나도 안 올라온다"고 질책했다.

박 시장의 질책은 계속된다.

"가까운 거리를 갈 때 시민들이 자전거를 타고 갈 수 있는 그런 제도를 도입해서 시민들이 자전거를 자주 찾을 수 있는 기회를 줘야지, 어떻게 이벤트성 행사를 하겠다고 그런 예산을 요구하고 있느냐? 아직도 생각이 바뀌지 않고 있다."

독일 파더본 시 자전거 전용도로. 도시 외곽으로 통하는 길에도 어김없이 인도와 자전거 도로는 이어진다.

독일 파더본 시 주택가 이면도로. 자전거 전용도로 표지판과 보행자 표지판이 선명하다. 자동차 주차도 질서정연하다.

그의 지적은 모두 틀린 것이 없다고 본다. 그렇다면 어떻게 자전거 도시를 만들 것인가? 무엇이 실질적 성공을 위한 조건들인지 하나하나 순서를 매겨야 한다. 자전거 사업은 장기사업이지, 1~2년 안에 해결될 문제가 아니다.

창원시를 완전히 바꿀 발상이 자전거에서 출발한다면, 그것은 전혀 틀린 생각이 아니다. 또한 불가능한 것도 아니다. 왜냐하면 창원은 이미 지형적으로 도심구조상 자전거 이용을 활성화할 수 있는 조건들을 상당히 가지고 있기 때문이다. 예를 들면 창원은 평지이고, 공원이 많으며, 도로 폭도 넓고, 보관시설을 설치할 수 있는 공간이 충분하다.

따라서 자전거 전용도로를 도심과 외곽으로 연결하고, 자전거 신호등과 표지판을 상세하게 세우며, 도로에 자전거 무늬를 새겨야 한다. 그리고 공무원과 학생들이 자전거를 타야 한다. 그러면 자연히 자전거 보험도 생길 것이고, 경찰도 자전거 보행자를 위한 교통지도 및 단속에 나설 것이다.

창원시는 이러한 과제를 어떻게 구체화할 것인지 고민하고, 아이디어를 공모해야 한다. 또 자전거 도시를 위한 세미나와 공청회를 열어야 한다. 바로 이것이 창원시의 주요 홍보수단이 되어야 한다.

독일 뮌스터 시 자전거 신호등

독일 뮌스터 시 로터리 부근이다. 창원의 로터리와는 전혀 다르다.

독일 뮌스터 시 중앙역 지하에 있는 자전거 보관소. 여기서 자전거 수리도 한다. 원톱시스템이다. 자전거 대여, 수리, 보관, 그리고 자전거 세척까지 한다.

제 도

자전거 등록과 도난 어떻게?

독일은 자전거 등록 · 도난 · 신고 · 보험이 한 시스템에서 유기적으로 처리된다. 그만큼 안심하고 탈 수 있다는 것이다. 우선 동사무소에 자전거의 등록을 적극적으로 안내하고, 이들에게 1년만이라도 무료로 보험을 들어주는 서비스를 해야 한다. 그리고 중요지점에 도난 방지시설을 설치하여 자전거를 철저하게 관리해야 한다. 그렇지 않다면 어느 시민이 쉽게 자전거를 타고 시내로 나서겠는가?

자전거 도시에서는 자전거 절도사건이 많이 발생한다. 자전거는 잠금장치를 해체하기 쉽고, 운반하기가 간편하며, 피해자들도 신고하기를 주저하기 때문이다. 대체로 피해자들은 신고해 본들 돌아오는 것이 아무것도 없다고 생각한다. 문제는 이러한 범죄와 현상들이 자전거 도시를 만드는 데 심리적으로 아주 중요한 영향을 미친다는 점이다.

그렇다면 자전거 절도를 어떻게 예방할 수 있으며, 또 범죄 신고율을 어떻게 높일 수 있을까? 그 해답을 찾기 위해 나의 경험을 하나 소개하고자 한다.

많은 독일인들은 독일 최고의 자전거 도시로 뮌스터(Münster) 시를 꼽는다. 북쪽에 위치한 이 도시는 베스트팔렌조약(Peace of Westfalen,

독일 뮌스터 시 아제(AA-See) 부근 대학교 구내식당 앞 자전거 주차장

독일이 30년 전쟁을 끝마치기 위해 1648년에 체결한 평화조약)으로 유명하며, 대학생이 5만 명이 넘는 대학도시, 상업도시, 보험도시, 그리고 자전거 도시이다. 인구 20만의 이 조그마한 도시는 차보다 자전거가 더 많고 자전거 전용도로가 전역에 분포되어 있다. 자전거가 없으면 사실상 이 도시에서의 생활은 거의 불가능하다. 시내버스는 30분에 한 대씩 오고, 또 목적지까지 가려면 정류장에서 더 걸어야 하기 때문이다.

일반적으로 한국 유학생들은 시청에서 외국인 등록을 하고 나면, 바로 자전거를 구입하러 간다. 자전거 구입이 외국생활의 첫 코스인 셈이다. 한국 유학생들은 자전거를 가능한 한 새것으로 구입한다. 손브레이크와 발브레이크가 되고, 타이어가 튼튼하며, 비가 와도 잘 녹슬지 않고, 짐바구니까지 얹어도 안정감이 있는 자전거를 선호하기 때문이다. 그리고 비오는 날에도 앞과 뒤의 불이 밝게 들어오고, 페달에 야간 형광등이 붙어 있으면서 디자인이 좋은 것을 찾는다. 여기에 다양한 기능성을 갖춘 기어가 달린 자전거를 선호한다. 학교생활에서뿐만 아니라 레저용으로 사용하기 위해서다. 이러한 명품 자전거는 비싸기 때문에, 한 달 생활비의 반이 투자된다. 저자는 유학 당시 약 400마르크(20만 원 정도)를 지급한 것으로 기억한다.

오늘 저자가 여기서 강조하고 싶은 것은 독일의 자전거 구입, 등록, 도난, 그리고 보험시스템이다. 상점에서 자전거를 구입하면, 자전거의 고유번호가 찍힌 자전거 인증서를 함께 준다. 상점주인은 고유번호와 구입자의 주소, 이름, 전화번호를 기입한 서류에 서명을 해주는데 이것은 합법적으로 자전거를 구입했다는 증명서가 된다.

이후 자전거 주인은 이 증명서를 들고 자전거 등록처(시청)로 간다. 여기서 등록을 하면 등록번호가 새겨진 동그란 스티커를 하나 받는다. 이 스티커가 바로 '자전거 등록증' 이며, 자전거 뒷면에 반드시 부착해야 한다. 그렇게 하면 이날부터 이 도시 소속의 자전거가 된다. 이 등록증은 자전거를 법적으로 보호해 주는 시청의 보증서다.

실제로 내가 경험한 사례를 소개하고자 한다. 1990년 가을 어느 날, 그토록 아끼고 닦아왔던 내 자전거가 사라졌다. 찾다가 포기하고 경찰서에 자전거 도난신고를 했다. 이 경우 경찰은 먼저 자전거 보관사무소로 연락을 한다. 이곳은 고장 나서 버려진 자전거, 유실된 자전거, 아무데나 세워둔(불법) 자전거들이 모여 있는 자전거 전용 보관소이다.

2주 후에 경찰서에서 "당신의 자전거를 찾기 위해 우리들은 여러 경로를 통해 노력해 보았지만, 유감스럽게도 찾을 수가 없습니다"라는 답장이 왔다. 나에게는 무척 서운한 편지였지만, 경찰서에서 보내온 이 편지 하나로 위안을 삼았다.

그러나 만약 이 경우 자전거 소유자가 자전거 보험에 가입해 두었다면, 경찰서에서 온 이 답변서는 보험금 청구를 위한 중요한 근거자료가 된다. 보험금의 청구절차는 간편하고 신속하다. 자전거 이용자가 많다 보니, 보험가입자가 많고, 보험료도 저렴하다. 하루에 100원 정도라고 보면 된다. 이렇게 독일은 자전거 등록 · 도난 · 신고 · 보험이 한 시스템에서 유기적으로 처리된다. 그만큼 안심하고 탈 수 있다는 것이다.

또한 독일의 경찰과 지방자치단체는 지역밀착형 행정서비스를 제공하고 있다. 시민과 함께 자전거 도난방지 대책을 세우고, 자전거 보관시설을 확충하고 관리한다. 예를 들면 대형 건물, 중앙역, 지하철역, 버스 정류장, 그리고 대학교 부근에는 수백 대 규모의 자전거를 거치할 수 있는 거치대가 완벽하게 조성되어 있다. 여기에 CCTV도 달아둔다. 또한 장기간 보관할 수 있는 시 직영 보관소도 운영한다.

만약 창원시가 진정으로 자전거 도시를 꿈꾼다면, 이러한 행정서비스절차를 창원시의 실정에 맞게 단계적으로 개발해야 한다. 자전거 도시는 환상이 아니고 생활혁명이며 창원을 완전히 바꾸는 작업이다.

생각건대 우선 동사무소에 자전거의 등록을 적극적으로 안내하고, 이들에게 1년만이라도 무료로 보험을 들어주는 서비스를 해야 한다.

창원에 몇 대의 자전거가 있는지도 모르고 정책을 펼 수 있는가? 그리고 '자전거 이용과 안전을 위한 조례'를 제정하고 여기에 예산을 책정해야 한다. 이는 환경도시와 건강도시를 위한 창원 시민을 위한 복지예산이다.

독일 뮌스터 시내 곳곳에는 자전거 보관소가 운영되고 있다. 사진은 뮌스터 중앙역 앞 지하 주차장 입구이다. 이곳에는 자전거 3,000대가 주차되어 있고, 자전거 수리, 대여, 세척을 할 수 있다.

또한 비를 맞지 않고 자전거를 안전하게 보관할 수 있도록 곳곳에 첨단형 보관대를 설치해야 한다. 그리고 주요지점에 도난 방지시설을 설치하여 자전거를 철저하게 관리해야 한다. 바로 이것이 창원시의 자전거 행정과 예산편성의 주요 이유가 되어야 한다. 그렇지 않다면 어떻게 창원시가 환경도시가 될 것이며, 어느 시민이 쉽게 자전거를 타고 시내로 나서겠는가? '환경도시의 선포'는 더 이상 구호로는 안 된다.

법률

자전거 이용 활성화에 관한 법률

창원시는 자전거 이용 활성화에 관한 법률, 도로법, 농어촌 도로정비법, 주차장법, 그리고 도로교통법을 면밀하게 분석해야 하고, 이를 체계적으로 연구해야 한다. 여기서 강조하고 싶은 것은 자전거 이용 활성화에 관한 법률이다. 우리들은 이러한 법률이 존재한다는 사실도 잘 모르고, 이 법률을 어떻게 발전시킬 것인지 고민하는 지방자치단체는 그리 많지 않다.

창원시가 진정으로 환경수도를 꿈꾸고 있다면, 이제부터라도 시스템을 갖추어야 한다. 왜냐하면 자전거 정책은 법제도가 갖추어졌을 때 가능하기 때문이다.

먼저 창원시는 자전거이용활성화에 관한 법률, 도로법, 농어촌도로정비법, 주차장법, 그리고 도로교통법을 면밀하게 분석해야 하고, 이를 체계적으로 연구해야 한다. 구체적으로 자전거 관련 법제도를 연구하는 부서, 자전거 도로를 설계하고 구축하는 부서, 자전거 신호체계를 수립하고 정비하는 부서, 자전거 등록, 사고, 도난, 보험체계를 지원하는 부서, 자전거 이용의 활성화를 담당하고 홍보하는 부서, 자전거 이용 도시 간의 협력체계를 담당하는 부서, 자전거 이용이 생활과 문화, 그리고 환경과 경제혁명에 미치는 평가부서를 운영해야 한다.

이러한 작업은 많은 인력과 재정이 필요하다. 그래서 주무부서의 담당 공무원뿐만 아니라, 유능한 취업연수생(대학생 졸업자)을 활용하고, 자전거 동호인의 조력을 받을 필요가 있다. 또한 국내외 창원시의 자매도시와 공동으로 이 문제를 꾸준히 논의할 필요가 있다. 이때 굉장히 유기적이고, 종합적으로 장단기 계획을 세워 치밀하게 추진해야 한다.

여기서 강조하고 싶은 것은 자전거 이용 활성화에 관한 법률이다. 이 법률은 제14대 국회가 1995년 1월 5일 제정한 법률(법률 제4870호)이다. 제정 이후 12년 동안 13차례 개정되었고, 2007년 4월 11일 마지막으로 개정되었다(법률 제8352호). 그러나 우리들은 이러한 법률이 존재한다는 사실도 잘 모르고, 이 법률을 어떻게 발전시킬 것인지 고민하는 지방자치단체는 그리 많지 않다.

자전거 이용 활성화에 관한 법률은 자전거 도로 및 자전거 주차장 등 자전거 이용시설의 설치 · 유지관리 등에 관한 사항과 자전거 도로의 이용방법을 규정하여, 자전거 이용자의 안전과 편의를 도모하고, 자전거 이용의 활성화에 기여함을 목적으로 한다고 규정하고 있다.

이 법률은 세 가지 점에서 중요한 의미가 있다고 본다. 첫째, 우리 사회의 공동체가 드디어 자동차보다는 보다 인간적인 교통수단인 자전거에 애정을 갖기 시작했다는 점이다. 둘째, 교통의 양보다는 이제 교통의 질을 높이고, 자동차보다는 사람에게 관심을 쏟기 시작했다는 점이다. 셋째, 강자보다는 약자를 배려하는 교통법 체계에 눈을 떴다는 점이다.

이 법률의 제3조는 자전거 도로를 자전거 전용도로, 자전거 보행자 겸용도로, 그리고 자전거자동차 겸용도로로 구분하고 있다. 그렇다면 창원시는 이 세 가지 도로 형태를 어떻게 조화롭게 배분할 것인지 고민해야 한다. 기존 도로의 개보수 비용과 이에 투입되는 비용을 정확히 산정하고, 또 신축 도로에 대해서는 매년 어떻게 구축할 것인지를 계획해야 한다.

생각건대 창원시의 기존 자전거 도로의 경우 50퍼센트는 다시 개보수해야 한다. 왜냐하면 도로가 자전거 전용도로가 아니고, 그냥 아스팔트이며, 표지판도 좌우에 체계가 없고, 자전거로 창원광장을 돌 수 없을 정도로 신호체계가 엉망이기 때문이다.

또한 이 법률 제4조는 국가 및 지방자치단체의 책무를 규정하고 있다. 중요한 것은 국가는 자전거 이용시설의 정비를 촉진하기 위하여 자전거 이용시설의 정비에 소요되는 비용의 일부를 지방자치단체에 보조할 수 있고, 특별시장 · 광역시장 및 도지사는 국가가 시 · 군 · 자치구에 비용을 보조하는 경우 '보조금의 예산 및 관리에 관한 법률'에 의하여 시 · 군 · 구에서 부담하여야 하는 비용의 일부를 보조할 수 있다는 점이다.

이 규정에 따르면 창원시의 자전거 정책은 결국 경상남도와 함께 추진할 수밖에 없다. 도의원들이 경남 전체의 자전거정책을 새로이 정립하고 창원시를 그 1순위로 지정하여 지원을 해야 한다는 것이다. 그러나 창원시는 그 논리적 이유가 치밀하게 수립되어 있는지 의문이다.

2007 독일 파더본 시 자동차, 버스, 자전거 전용도로, 인도를 구분한 표지판

여기서 독일 파더본(Paderborn) 시의 도로 사진을 한번 살펴볼 필요가 있다. 이 작은 도로에는 자동차 전용도로, 버스 전용도로, 자전거 전용도로, 인도를 명확하게 구분하고 있다. 어느 시민도 자기의 이동권을 자유롭게 향유할 수 있도록 표지판을 세워 둔다. 여기에는 인간의 존엄과 가치, 행복추구권, 그리고 이전의 자유라는 헌법정신이 그대로 투영되어 있는 것이다.

독일 파더본의 시민 모두는 다양한 교통수단을 이용할 수 있고, 이동권을 향유하고 있다. 그리고 보행자들도 철저하게 그들의 보행권을 누리고 있다. 그러나 지금 창원은 어떤가? 정말로 창원시는 자전거 도시로 완벽하게 준비되어 있는가?

이 법률 제5조는 자전거 이용시설 정비계획의 수립을 규정하고 있다. ① 자전거 이용시설 정비의 기본방향, ② 연도별 정비계획, ③ 자전거 이용자의 안전성 확보를 위한 방안 등이다. 창원시는 이 세 가지 문제를 전문가 토론을 통해 완벽하게 수립해야 한다. 이것이 뒷받침되지 않는다면, 누구도 창원시의 의지를 신뢰하지 않을 것이다.

독일 뮌스터 시 '프로미나데'. 뮌스터 사람들은 이 도로를 '자전거 고속도로'라고 말한다. 자전거 전용도로가 한 중앙에 있고, 양측에 보행자 전용 인도가 있다. 자동차는 이 도로를 이용할 수가 없다. 창원은 공원과 자전거 고속도로를 꾸준히 조성해야 한다. 이 도로를 가로지르면 자동차 보다 빠르다. 진정한 '환경수도'는 하루 하침에 이루어지지 않는다. 2015년의 창원시를 기대해 본다.

창원시가 추진하는 자전거 도시로의 탈바꿈은 '거대한 시작'에 불과하다. 창원시는 유럽의 자전거 도시들이 자전거 도시라는 명성을 얻기 위해 수십 년을 노력해 왔다는 점을 기억해야 한다.

그린(Green) 창원

환경, 생활, 그리고 거대한 문화혁명이 창원에서 조용히 시작되기를 바란다. 공무원, 대학생, 근로자와 시민들이 자전거 타기 운동에 뜻을 모아야 한다. 창원시 자전거 문화운동은 창원시의 경쟁력을 높일 수 있다. 자전거 도시의 꿈이 실현되면, 10년 후 창원은 위대한 도시가 될 것이다. 창원 시민들의 소중한 꿈이 자전거 전용도로에 하나하나 새겨지기를 진심으로 바란다.

그린(Green) 창원. 이것이 창원 시장과 창원시 공무원, 그리고 창원 시민의 꿈이다. 10년 후 창원을 그려본다.

자전거가 거리를 꽉 메우고 수신호를 보내면서 차와 함께 동시에 이동하는 활력 있는 도시, 어린이와 학생들이 자전거 신호를 기다리며 대기하는 생동감 있는 도시, 노인들이 자전거를 타고 쇼핑할 수 있는 낭만의 도시, 휠체어를 타고 창원 시내를 운행하는 인간 냄새가 나는 인간 존중의 도시, 창원은 이런 도시를 꿈꾸고 있다.

저자는 이 기획연재를 위해 야간과 주간에 창원시를 둘러보기로 작심했다. 2007년 8월 14일 밤. 장맛비가 내리고 있었다. 먼저 승용차로 창원대로를 달렸다. 자전거 전용도로는 자동차 전용도로와 인도 사이에 위치해 있었다. 이것으로 창원시가 계획도시라는 점과 태생적으로 자전거 도시가 될 수밖에 없다는 생각을 하게 되었다.

그러나 문제는 자전거 전용 표지판은 좌우 일관성이 없었고, 자전거 전용도로 또한 거의 아스팔트였다. 안전을 생각하지 않은 도로포장이었다. 또한 그중 일부 구간은 버스 정류장과 겹쳐 있었고, 택시 주차장으로 변해 있었다. 그리고 대부분 구간들이 우회전하면서부터 자전거 전용도로는 실종되었다.

8월 16일 정오. 창원대로는 폭염으로 달아 있었다. 자동차가 뿜어내는 온기, 매연, 그리고 소음이 창원시가에 가득했다. 차룡단지 부근 자전거 전용도로는 이미 불법주차로 점거되어 있었다. 자전거 선진국에서는 상상도 할 수 없는 일이다.

다시 중앙고등학교 버스정류장 옆으로 왔다. 반갑게도 자전거를 타고 가는 학생을 볼 수 있었다. 그가 달리는 곳은 자전거 전용도로가 아니라 인도였다. 또 한 대의 자전거가 마주 보고 달렸다. 창원 시민들은 그냥 편한 대로 자전거를 몰고 다녔다.

창원 용지아파트를 지나자 자전거와 보행자 겸용도로 표지판이 보였다. 내가 보기에 이 도로는 자전거를 사실상 탈 수 없는 인도였다. 이어 도청에서 시청광장으로 내려오니 자전거 전용도로가 잘 정비되어 있었다.

그러나 시청 부근에는 두 대의 견인차(레커차)가 자전거 전용도로를 차지하고 있었다. 창원광장을 두 번 돌면서 신호체계를 살폈다. 구조적으로 이 부근에서는 자전거를 이용할 수 없도록 설계되어 있었다.

롯데백화점을 지나 계속 내려오니 자전거 전용도로를 표시하는 점선들이 도로에 새겨져 있었다. 그러나 이곳 역시 쓰레기더미가 자전거 도로를 막고 있었다. 그럼에도 맞은 편 전자전광판에는 '세계 일류도시 창원' 이라는 글이 선명했다. 창원터널 방향으로 차를 달렸다. 주변의 자전거 도로는 이미 주차장으로 변해 있었다. 이것이 이틀 동안 내가 본 창원의 자전거 도시의 현실이다.

그러나 창원은 전국 최고의 자전거 도시가 될 수 있다. 창원은 자전거 도시를 염두에 두고 계획된 도시이고, 현재 수준으로도 전국에서 최고라고 생각한다. 창원이 이러한 좋은 여건을 갖추고 있으면서도 이것을 활성화시키지 못하는 것은 창원 시민들의 책임이 크다.

그린(Green) 창원과 환경수도 창원은 단지 꿈이 아니다. 그 꿈은 실현이 가능하다. 창원은 자동차라는 괴물이 장악하는 도시가 아니라 인간이 자연과 함께, 그리고 자전거와 함께 숨 쉬는 도시, 나아가 한 번쯤 살고 싶은 도시가 충분히 될 수 있다.

생각건대 창원은 다른 도시들이 부러워할 정도로 모든 여건을 갖추고 있다. 경남의 3부(도청, 법원, 의회)와 관공서, 대학, 문화, 그리고 산업단지와 농촌까지 모두 포함하고 있다. 이제 창원 시민들이 "전국 최고의 자전거 도시를 만들자"고 나서면 된다. 물론 시간이 걸릴 것이다. 그러나 창원 시민들이 뭉치면 불가능한 것은 아니다. 창원시는 자전거 도시를 포기하기에 너무도 아까운 도시다.

프랑스의 예를 보자. '파리에서는 자전거를 타세요!' 이 구호가 파리에 울리고 있다. 자전거 혁명은 파리 전역으로 확산되고 있다. 파리 시민들은 지구온난화 위기를 극복하기 위해서는 친환경 교통수단인

독일 파더본 시 자전거 도로

자전거가 해결책이라고 믿고 있다. 이것은 세계적인 추세다. '창원에서는 자전거를 타세요!' 라고 창원 시민들은 왜 말하지 않는가!

환경, 생활, 그리고 거대한 문화혁명이 창원에서 조용히 시작되기를 바란다. 이를 위해서는 창원의 모든 양심들이 나서야 한다. 원로, 공무원, 대학생, 근로자와 시민들이 자전거 타기 운동에 뜻을 모아야 한다.

자전거 문화운동은 창원시의 경쟁력을 높일 수 있다. 자전거 도시의 꿈이 실현되면, 10년 후 창원은 위대한 도시가 될 것이다. 그때는 '세계 일류도시 창원' 이라는 꿈이 실현될 것이다. 창원 시민들의 소중한 꿈이 자전거 전용도로에 하나하나 새겨지기를 진심으로 바란다.

변 화

자전거 도시의 매력

자전거 타기는 창원시의 정치, 경제, 사회, 문화, 환경, 교육, 보건복지, 교통 분야에 엄청난 파급효과를 낼 수 있다. 그래서 창원 시민들은 지금 이러한 여건에서 오히려 자전거 타기를 적극적으로 펼쳐야 한다. 중요한 것은 의식혁명이다. "창원에서는 자전거를 타세요!" 이 구호가 창원을 움직일 수 있다. 환경수도는 환경을 사랑하는 시민들이 만드는 것이다.

'7월 1일부터 8월 31일까지는 자전거를 탑시다.' 2007 유럽 자전거 연맹이 내건 슬로건이다. 세계는 지금 이렇게 변하고 있다.

하지만 아직도 창원의 많은 시민들은 의문을 제기한다. 왜 자전거를 타야 하는가? 지금의 여건에서 자전거 타기의 매력은 무엇인가? 자전거를 타면 지역사회와 개인들에게 어떤 변화가 일어나는가? 자전거 도시의 꿈은 좋지만, 현실을 모르는 낭만적인 이야기가 아닌가? 당신은 창원이 자전거 도시가 될 수 있다고 아직도 믿고 있는가?

저자는 창원이 자전거 도시가 될 수 있다고 본다. 창원은 계획도시이고, 입지조건이 좋다. 이미 자전거 전용도로가 설치되어 있다. 공원이 많아 기존 여건만 보완하면 시민들에게 사랑받는 환경도시가

독일 파더본 시 자전거 전용도로에서 한 노인이 시장을 보고 귀가하고 있다.

될 수 있다.

시민과 공무원들의 환경의식도 상당히 높다. 2008년 10월 28일부터 11월 4일까지 경남에서 제10차 람사당사국총회(물새서식처로서 국제적으로 중요한 습지의 보전에 관한 국제협약)가 개최된다. 이 기회를 친환경인식의 전환점으로 삼아 한국 최고의 환경친화적인 도시로 발돋움할 수 있다.

그렇다면 자전거 이용이 활성화되면 창원 시민의 생활은 구체적으로 어떻게 변화될까? 저자는 자전거 선진국에서 7년 반 동안 자전거를 이용한 경험이 있다. 이를 토대로 자전거 타기가 정치, 경제, 사회, 문화, 환경, 교육, 보건복지, 교통 분야에서 미치는 파급효과를 검토해 보려고 한다.

첫째로, 정치적 관점에서 보면 자전거 도시는 시민과 함께하는 행정이 구현될 것이다. 시청과 시민의 의사소통의 구조가 선진화되면서 창원시를 완전히 바꿀 수 있다. 이와 함께 창원시는 자전거 도시로 홍보를 극대화할 수 있다.

도심과 공원이 조화를 이루고, 자동차와 자전거 도로가 함께 디자인이 된다면, 많은 시민들이 한 번쯤 가보고 싶은 도시가 될 것이다. 자전거 도시의 상징성이 다른 지역에 전파될 때, 자전거 정책은 돌이킬 수 없는 정책이 될 것이다.

둘째, 경제적 관점에서 보면 자전거 산업이 활성화될 것이다. 자전거 산업의 육성으로 많은 창업효과가 나타날 것이다. 향후 이 지역의 대학가에서는 사이클(자전거)학부를 설치해야 한다는 주장이 나올지도 모른다. IT산업과 함께 하는 자전거디자인산업(남성, 여성, 어린이, 노인형 자전거), 자전거패션산업(옷, 신발, 가방, 안경), 타이어, 헬멧, 바구니, 기타 공구산업이 활성화될 것이다. 그리고 그 생산기지는 창원이 될 수 있으며, 이것은 주요 수출품목이 될 수 있다. 자전거 도시는 전 세계적으로 점점 확산되고 있다.

셋째, 사회적 관점에서 보면 창원시는 활력 있는 도시가 될 것이다. 시민들이 자전거 하나로 같은 꿈을 꾸면서, 창원에 대한 도시 사랑이 보다 깊어질 것이다. 자전거 도시는 창원의 자존심이 될 수 있다.

넷째, 문화적 관점에서 보면 인간적인 도시가 될 것이다. 자전거 벼룩시장이 주말마다 열리고, 음악과 예술이 흐르는 낭만의 도시가 될 것이다.

다섯째, 환경적 관점에서 보면 매연과 소음이 줄어 쾌적한 도시가 될 것이다. 에너지 소비가 줄어든 자원절약의 도시, 대기환경이 획기적으로 개선되고, 지구온난화를 막는 모범적인 환경수도가 될 것이다.

여섯째, 교육적 관점에서 보면 교통질서의 선진화를 조기에 정착한 모범도시가 될 것이다. 어릴 때부터 교통문화에 친숙하고, 자전거 타는 사람들에 대한 배려가 깊은 도시가 될 것이다. 여기에 10년 후 남녀노소 모두가 자전거를 타는 환경이 조성되면, 자동차 운전자 그리고 자전거 운전자도 결국 교통의 주체가 될 것이다. 왜냐하면 오늘은 자전거, 내일은 자동차 운전자가 될 수 있기 때문이다.

일곱째, 보건복지적 측면에서 보면 시민들의 기초체력이 튼튼해져 건강한 도시가 될 것이다. 하체와 근육이 발달하고, 폐활량이 늘어나고, 병약자가 줄면서, 가정도 생활도 보다 윤택해질 것이다. 정신적, 심리적, 육체적으로 강해지는 것은 자전거 선진국의 시민들의 건강지수와 평균 수명을 보면 알 수 있다.

여덟째, 교통의 측면에서 보면 교통 환경을 획기적으로 개선할 수 있을 것이다. 우선 교통체증이 감소되고, 주차장 여건이 좋아진다. 또한 대중교통수단도 고급화될 것이다. 이러한 변화들은 자전거 전용도로의 구축을 위한 선순환으로 발전할 것이다. 이렇게 되면 창원 시민들은 자전거 이용자가 많으니 당연히 자전거 전용도로를 우선해서 설치해 달라고 요구를 하게 될지도 모른다.

이처럼 자전거 타기는 창원시의 정치, 경제, 사회, 문화, 환경, 교육, 보건복지, 교통 분야에 엄청난 파급효과를 낼 수 있다. 그래서 창원 시민들은 지금 이러한 여건에서 오히려 자전거 타기를 적극적으로 펼쳐야 한다. 그리고 창원시의 발전 전략을 검토하고, 무엇이 어떻게 불편하다고 주장해야 한다.

삶의 터전인 문화도시는 하루아침에 바뀌지 않는다. 자전거 선진국에서도 처음에는 열악한 여건에서 자전거 타기를 시작했다. 그리고 이들 도시들도 수많은 비난 속에서 자전거 정책을 추진했다. 중요한 것은 의식혁명이다. "창원에서는 자전거를 타세요!" 이 구호가 창원을 움직일 수 있다. 환경수도는 환경을 사랑하는 시민들이 만드는 것이다.

시설

인프라 구축 어떻게?

독일의 경우 주지사가 직접 나서 자전거 전용도로의 연결망이 1만 1,700킬로미터에서 1만 3,000킬로미터로 늘어났다고 홍보하고 있다. 그러나 우리의 시의원들은 "자전거 도로만 해도 추정컨대 앞으로 1,000억 원 이상 들어가야 하는데 쉽게 결정할 수는 없는 것 아니냐"고 말한다. 이런 사고는 이제 접어야 한다.

자전거와 함께 직장으로! 2007년에는 더 많이 움직이자!

Mit dem Rad zur Arbeit.

Aktiv zum Arbeitsplatz : Noch mehr bewegen in 2007!

이것은 전 독일 자전거연맹(ADFC)이 보험회사(AOK)와 함께 내건 2007년 슬로건이다.

창원시의회는 지난 2007년 7월 26일 제113회 임시회에서 '자전거'와 관련한 추경 예산안을 대부분 삭감했다. 따라서 창원시 자전거 관련 하반기 사업이 전면 보류 또는 중단되는 상황에 직면했다.

예산 삭감 항목을 보면 ① 시내버스 자전거 타기 홍보 광고료 4,600만 원, ② 자전거용품 구입 3,000만 원, ③ 자전거 타기 국토대행진

6,750만 원, ④ 자전거 타기 시범학교 활성화 지원 9,000만 원, ⑤ 자전거연합회 자전거 보관소 증축 3,000만 원, ⑥ 자전거 타기 시범기업 활성화 지원 7,500만 원, ⑦ 자전거 타기 시범기관 활성화 지원 7,500만 원, ⑧ 창원 바이크 포털사이트 구축 1억 원, ⑨ 자전거 무상 대여소 운영 1,000만 원, ⑩ 자전거 보관대 설치지원(아파트 단지 내) 2억 원, ⑪ 중부지구 자전거 도로 정비 3,000만 원, ⑫ 서부지구 자전거 도로 정비 3,000만 원, ⑬ 생태탐방 자전거 도로 설치(창원천) 5억 원 등이다.

이에 창원시 관계자들은 강하게 불만을 표시하고 있다. 한편 시의원들은 "불요불급한 사업이고, 퍼주기식 전시성 행정"이라고 맞받아치고 있다. 2007년도 창원시 전체 예산은 9,478억 6,478만 7,000원으로 확정되었다.

생각건대 저자는 ① 자전거 타기 시범기업 활성화 지원, ② 자전거 타기 시범기관 활성화 지원, ③ 중부지구 자전거 도로 정비, ④ 서부지구 자전거 도로 정비, ⑤ 생태탐방 자전거 도로 설치(창원천)의 문제는 예산 삭감의 항목이 되어서는 안 된다고 본다.

왜냐하면 자전거 도로를 정비하고 구축하는 작업과 기업과 기관이 자전거 타기에 적극 동참하려는 노력은 지금 시점에서 매우 필요하고 급한 사업이라고 생각하기 때문이다. 그 외 항목의 예산삭감 조치는 어느 정도 이해가 간다.

이제 자전거 인프라 구축을 어떻게 할 것인지 창원시의 예산 편성에 대하여 몇 가지 지적을 하려고 한다. 이것은 상호 연관되어 있기 때문이다.

독일 노드라인-베스트팔렌(Nordrhein-Westfalen) 주 비트케(Wittke, 왼쪽) 장관이 자전거 전용도로 1만 3,000킬로미터 달성을 상징하는 '마지막 표지판'을 손에 들고 있다.

첫째, 독일의 경우 주지사가 직접 나서 자전거 전용도로의 연결망이 1만 1,700킬로미터에서 1만 3,000킬로미터로 늘어났다고 홍보하고 있다. 그러나 우리의 시의원들은 "자전거 도로만 해도 추정컨대 앞으로 1,000억 원 이상 들어가야 하는데 쉽게 결정할 수는 없는 것 아니냐"고 말한다. 이런 사고는 이제 접어야 한다.

자전거는 분명 환경적, 경제적, 그리고 시간적으로 자동차보다 이득이다. 이는 개인뿐만 아니라 모두에게 해당한다. 자전거 전용도로 구축은 투자 대비 수천억 원의 파생효과를 볼 수 있기 때문이다. 이것은 자전거 선진국에서 이미 입증하고 있다.

둘째, 외국의 많은 시의원들이 주장하고 있다. 자전거 이용자가 많으면 자연히 배기가스 배출량이 줄어든다. 창원시의원들은 이렇게 말한다. "보다 면밀한 계획을 세워서 의원들에게 설명을 한다면 12월 결산심의에서 통과되거나, 그 이전이라도 사전 승인을 해줄 수도 있다." 이런 주장은 일리가 있다고 생각한다.

문제는 자전거 도로 구축이냐, 아니면 포털사이트 구축이냐의 논쟁이다. 자전거 도시를 진정으로 건설하려면, 향후 5년간은 자전거 전용도로 구축에 집중해야 한다. 따라서 창원 바이크 포털사이트 구축 사업보다 우선되어야 한다. 홍보는 창원시 전자전광판을 통해서 하면 된다. 다만, 투자 대비 환경 개선 지수를 정확하게 공개해야 한다.

셋째, 주차장 예산에 대해서는 창원시 예산이 아파트까지 들어갈 필요가 없다. 도심지역은 주차비를 많이 받도록 하고, 주차장 영업자는 정확하게 세금을 내도록 해야 한다. 그 세수 증가분은 자전거 인프라 구축에 투자해야 한다. 나아가 공용주차장에도 반드시 자전거 주차장을 세우고, 민간 주차장에도 자전거 주차창이 설치되도록 권장해야 한다. 저자는 이것이 바로 창원시가 해야 할 제도정비라고 생각한다. 시의 예산으로 민간 아파트 주차장을 지원한다든지, 자전거연합회의 자전거 보관소를 증축한다든지 하는 것은 해당 아파트와 단체가 직접 해야 한다.

여기서 하나 지적하고 싶은 것은 주차장 디자인은 한국과 창원의 의미와 의지가 담겨야 하고, 그 주차장 형태는 모두 각각의 특색이 있어야 한다. 저자는 이것이 바로 문화라고 생각한다.

독일 파더본 시 중고자전거 벼룩시장

넷째, 시내버스 자전거 타기 홍보 광고료, 자전거용품 구입, 자전거 타기 국토대행진은 인프라 구축과는 아무런 관련이 없다.

지금부터 여기에 예산을 쓴다면 자전거 관련 예산은 밑 빠진 독에 물붓기가 될 것이다. 이것은 자전거 인프라가 구축된 후에 해야 할 사업들이다.

독일의 대표적인 자전거 도시인 뮌스터(Münster) 시는 도로의 35퍼센트가 자전거 전용도로다. 그럼에도 시의원들은 재임 중에 자전거 전용도로를 더 늘리려고 한다.

또 독일 자전거연맹(ADFC)은 독일 전역의 자전거 도로를 똑같은 수준으로 향상시키는 것이 과제라고 한다. 이것이 바로 독일이 자전거 선진국이 된 이유다.

자전거는 유원지나 놀이공원에서 타는 놀이기구가 아니라 우리 생활과는 떼려야 뗄 수 없는 중요한 교통수단이다. 따라서 100미터라도 더 자전거 도로를 설치해야 한다. 자전거 도로가 없는데 어디서 자전거를 더 타란 말인가?

2009년 2월 9일 독일 뮌스터 시 자전거 전용도로. 뮌스터 시민들에게 자전거는 놀이기구가 아니고 생활수단이다.

이벤트 예산은 자전거 철학의 결핍에서 나온 발상일 뿐이다. 이제 창원시는 자전거 인프라 구축에서 전국 최고가 되는 것에 집중해야 한다.

행 정

자전거 도시를 위한 10계명

① 시민들이 매년 자발적으로 자전거를 구입하고, 등록할 수 있도록 지속가능한 정책을 펴야 한다. ② 창원시는 자전거를 실을 수 있는 버스를 구상할 필요가 있다. ③ 자전거 전용도로와 인도의 색상도 문제로 지적할 수 있다. ④ 어린이, 여성, 노인, 그리고 장애인을 배려해야 한다. ⑤ 자전거 표지판은 바른 위치에 정확하게 세워야 한다. ⑥ 자전거 주차장은 창원시의 문화철학의 일부로 자리 잡아야 한다. ⑦ 자전거 전용도로의 바닥에는 흰색의 자전거 표지를 선명하게 새겨야 한다. ⑧ 자전거 교육도 체계적으로 시행해야 한다. ⑨ 자전거 보험문제는 창원시 지원금으로 출발해야 한다. ⑩ 끝으로 창원시 시의원들이 외국의 시의원들처럼 먼저 자전거를 타야 한다. 그렇게 될 때 창원이 바뀐다. 이것은 창원에서 부는 신선한 문화혁명이 될 것이다.

2007년 창원시 새창원기획팀은 《자전거 도시 창원 발전 전략》이라는 책자를 내놓았다. 이 책은 한마디로 '자전거의 종합선물세트' 라 할 만하다. 그 내용은 주로 '자전거 이용 활성화 중장기 종합계획' 을 담고 있으며, '창원시를 자전거 천국으로 만들겠다' 는 의지를 표명하고 있다. 전체 209쪽으로 부록에는 창원시 자전거 이용 안내지도가 첨부되어 있다.

이 책의 117~183쪽은 '창원시 자전거 도시 활성화 계획' 단계에서 예상되는 문제점과 대책을 설명하고 있다. 여기에 대해서 몇 가지 조언을 하고자 한다.

독일 파더본 시 자전거 전용도로. 자동차 신호와 자전거 신호가 체계적으로 구분되어 있다.

❶ 시민들이 매년 자발적으로 자전거를 구입하고, 등록할 수 있도록 지속가능한 정책을 펴야 한다. 그래야 장기적으로 자전거 도시가 될 수 있다. 창원시는 공용자전거를 활성화한다고 한다. 그러나 이것은 올바른 정책이 아니다.

공용자전거 활성화 정책은 유럽의 관광도시에서 시행하는 정책이다. 창원시를 방문한 국내외의 사람들이 자전거를 정말로 타고 싶다고 느낄만한 수준의 자전거 도로가 완비된 후에야 이 정책은 성공할 수 있다. 이 정책안으로는 자전거 도시의 조기 정착을 기대할 수 없다. 그래서 저자는 10년 후의 정책이라고 생각한다.

공용자전거 활성화 정책은 자전거 전용도로와 주변의 관광지가 조화를 이루고, 일원화될 때 가능하다. 창원시는 장단기 정책을 구분하여 실행에 옮기는 지혜를 찾아야 한다.

❷ 창원시는 자전거를 실을 수 있는 버스를 구상할 필요가 있다. 버스가 샤워장보다 시민들의 자전거 이용에 도움이 되기 때문이다. 시간대별로 운행하다가 향후 확대하면 될 것이다.

독일 파더본 시의 자전거 전용도로는 자동차 신호와 자전거 신호가 체계적으로 구분되어 있다.

창원시는 자전거와 대중교통 연계시스템을 구축한다고 한다. 또한 환승지점에 라커나 샤워시설 등 각종 이용 편의시설을 설치하겠다고 한다. 그러나 시설 관리는 누가, 어떻게 할 것인가?

창원시 곳곳에는 사우나 시설이 많다. 따라서 저자는 이 문제도 10년 후의 정책이라고 생각한다.

❸ 자전거 전용도로와 인도의 색상도 문제로 지적할 수 있다. 자동차 전용도로는 검은색, 자전거 전용도로는 짙은 고동색, 인도는 짙은 회색으로 구분해야 한다. 그렇게 하면 도시가 예술적으로 보일 것이다.

간혹 자전거의 주행속도를 높인다고 모두 아스팔트로 도로를 설치하자고 주장하는 사람들이 있다. 그러나 도로 색상도 창원시의 문화라는 점을 기억해야 한다. 주행속도보다는 안전과 문화가 더 중요한 가치가 있다.

❹ 어린이, 여성, 노인, 그리고 장애인을 배려해야 한다. 계단을 오를 때 이들은 자전거를 들고 가기 힘들다. 계단에서 자전거 바퀴를 밀면 쉽게 올라가고, 또 내려갈 수 있도록 시설물에 대한 세심한 배려가 필요하다. 결국 자전거 정책은 약자를 배려하는 교통정책이기 때문이다. 또한 자전거 운전자를 위한 우선 통행버튼도 설치해야 한다. 그래야 시민들에게 존경을 받는 교통 정책이 될 수 있다.

❺ 자전거 표지판은 바른 위치에 정확하게 세워야 한다. 야간에 자전거 전조등으로 표지판을 확인할 수 있도록 일정한 높이를 유지해야 한다. 현재의 자전거 교통안전표지가 시각적인 측면과 디자인의 관점에서 문제가 있다면, 창원시가 나서 개정에 힘써야 한다. 모든 것이 자전거 운전자의 안전에 초점을 맞추어야 한다. 창원시는 이것 때문에 자전거 사고와 관련하여 소송에 휘말릴 수가 있기 때문이다.

또한 독일의 도로처럼 자전거 운전자를 위하여 직선거리와 신호등 체계도 전면 정비해야 한다. 그리고 그 후 자전거가 자동차보다 안전하고 빠르다고 홍보해야 한다.

❻ 자전거 주차장은 창원시 문화철학의 일부로 자리 잡아야 한다. 도시미관을 해치는 괴물이 되어서는 안 된다. 실용성과 도시미관, 그리고 디자인 도시, 그린 창원의 명성이 반영되어야 한다. 창원시의 자전거 도시건설은 단순한 건설공사가 아니다. 창원시는 21세기를 대표하는 '경남의 수부(首部)도시'라는 점을 명심해야 한다.

독일 파더본 시 거리

2009년 2월 7일 독일 베를린 시 포츠담 거리(구동독). 자전거 로고를 자전거 전용도로에 새겨 놓았다.

⑦ 자전거 전용도로의 바닥에는 흰색의 자전거 표지를 선명하게 새겨야 한다. 그리고 자전거 전용도로의 진입방지턱도 전면 재정비해야 한다. 독일의 기술자들은 꿇어앉아서 망치로 도로를 다듬고 있다. 이 분야에서 창원 출신 전문가를 키워야 한다.

⑧ 자전거 교육도 체계적으로 시행해야 한다. 시와 교육청이 연계하고, 자전거 동호인이나, 대학의 자전거 동아리 회원, 그리고 시민봉사단이 도와 자전거 교육에 힘써야 한다. 수업이 없는 토요일마다 초등학교에서 하면 될 것이다.

⑨ 자전거 보험문제는 창원시 지원금으로 출발해야 한다. 창원시에서 아무리 보험회사를 상대로 노력을 하여도 수익성이 없기 때문에 보험회사는 자전거 보험을 만들지 않을 것이다.

따라서 창원시는 우선 자전거 등록 시 안전부담금을 1만 원씩 받고, 대인 및 대물사고, 그리고 도난사고에 대해 일정액을 보조해 주는 정책을 펴야 한다. 향후 자전거 도로의 여건이 좋아지면, 보험문제는 자동으로 해결될 것이다. 자기상해는 본인의 보험으로 처리하면 될 것이다.

⑩ 끝으로 창원시 시의원들이 외국의 시의원들처럼 먼저 자전거를 타야 한다. 그렇게 될 때 창원이 바뀐다. 이것은 창원에서 부는 신선한 문화혁명이 될 것이다.

인터뷰

독일 '자전거 마이스터'에게 듣는다

1960년대에서 1990년대까지 독일에서는 자전거가 경제적 약자들을 위한 교통수단이었다. 그러나 1990년대 이후부터 이러한 사고는 완전히 바뀌었다. 환경과 건강의 가치가 부각되면서 소위 부자들도 자전거를 즐겨 탄다. 지금은 시민 모두에게 사랑받는 교통수단이 되었다.

자전거 박사 울리히 쾨프게(Ulrich Koepcke)는 독일 파더본 시에서 30년째 자전거 가게를 운영하고 있다. 그가 평생을 바쳐 고쳤던 자전거는 수만 대가 넘는다. 그래서 지금은 자전거만 보면 어디가 고장 났는지, 무엇을 바꾸어야 하는지 바로 안다.

시민들은 그를 '자전거 마이스터'(Meister)라고 부른다. 현재 독일에 머물고 있는 한 유학생을 통해 어렵게 그와 인터뷰를 했다. 울리히 쾨프게의 조언이 창원시 자전거 도시 건설에 도움이 되었으면 한다.

Q. 독일에는 자전거가 어느 정도 있는가?

A. 최근 통계를 보면, 독일인들은 1인 1자전거를 소유하고 있다. 물론 아픈 사람과 젖먹이를 제외한 숫자다.

독일 파더본 시 자전거 박사 울리히 쾨프게(Ulrich Koepcke) 씨

Q. 독일에서는 자전거를 주로 어떻게 이용하는가?

A. 등교와 직장 출퇴근 시에 주로 이용한다. 또 슈퍼마켓에서 물건 구입 시 자주 이용하는데, 시민들은 자동차보다 간편하다고 생각한다. 그 외 연휴, 주말과 휴가 시 많이 이용한다. 최근 자전거 스포츠 인구도 늘고 있다.

Q. 자전거는 어떤 교통수단인가?

A. 1960년대에서 1990년대까지 독일에서는 자전거가 경제적 약자들을 위한 교통수단이었다. 그러나 1990년대 이후부터 이러한 사고는 완전히 바뀌었다. 환경과 건강의 가치가 부각되면서 소위 부자들도 자전거

를 즐겨 탄다. 지금은 시민 모두에게 사랑받는 교통수단이 되었다.

Q. 자전거의 모델과 기술도 많이 변했나?

A. 물론이다. 기능면에서 엄청나게 변했다. 내가 만져 본 자전거만 해도 수천 종이다. 환경과 스포츠에 대한 관심이 자전거 발전을 이끌었다.

Q. 자전거 도시란 어떤 도시인가?

A. 독일 뮌스터 시가 자전거 도시의 교과서다. 연결망과 도로의 표면이 완벽한 자전거 전용도로, 철저하게 관리되는 자전거 거치대와 미적 감각을 가진 충분한 주차장, 자전거를 실을 수 있는 버스 운영 등이 성공한 자전거 도시의 조건이라고 본다.

Q. 시(市)는 자전거 도시를 위해 무슨 일을 해야 하나?

A. 먼저 인프라 구축에 집중해야 한다. 도로 양측에 자전거 전용도로를 설치하고, 자동차의 흐름과 같이 자전거 신호등에 따라 자전거가 움직이도록 기반시설을 닦아야 한다.

Q. 파더본 시가 주관하는 자전거 관련 행사는?

A. 자전거의 날이 제정되어 있다. 매년 자전거 메세(Messe)가 열린다. 자전거연맹이 주관한 자전거 타기 행사가 개최되고 있다. 나는 30년 동안 자전거 관련 이벤트 책자를 수집하고 있다.

Q. 파더본 시 자전거 등록, 도난, 보험체계는?

A. 자전거 구입 시 모든 도시에서 시청 등록이 법적 의무로 규정되어 있는 것은 아니다. 그러나 시청에 등록을 하면, 도난과 보험처리에 많은 도움이 된다. 통상 일반인들은 자전거를 도난하면 경찰서에 신고한다. 간혹 다시 찾는 경우도 있다. 3분의 1정도 되는데 주로 제3자가 타고 다니는 경우다. 이는 자전거에 모두 고유번호가 부착되어 있기 때문에 가능하다. 만약 찾지 못할 경우 자전거보험으로 처리된다. 자전거 사고의 경우 특별한 보험은 없다. 본인 및 타인 상해는 개인이 가입한 일반상해보험 혹은 책임보험으로 처리된다. 다만, 대물사고인 경우는 자전거연맹에서 피해액의 일부를 지원하고 있다.

Q. 독일에서 자전거 운전자는 도로교통법의 적용을 받는가?

A. 물론이다. 독일에는 자전거 도로에 관한 법률이 있고, 도로교통법도 있다. 여기에 자동차 운전자, 자전거 운전자, 보행자가 준수해야 하는 규범들이 상세히 규정되어 있다. 인도로 주행해서는 안 되는 경우와 전후 전조등 표시 의무에 관해서는 엄격히 단속하고 있다.

Q. 자전거 마케팅을 선도하는 기업은?

A. 보험회사 아오카(AOK)다. 주로 건강보험을 취급하는 회사인데, 광고는 항상 자전거를 배경으로 한다. 이 회사의 경영철학이 자전거를 타면 자동차나 버스의 운행이 줄어 환경이 개선되고, 환경이 개선되면 보험가입자의 건강이 좋아지고, 그러면 병원비가 준다고 생각한다.

그래서 자전거 관련 행사는 이 보험회사가 주로 하고 있다.

Q. 눈이나 비오는 날, 공무원은 무엇을 하는가?

A. 사실 이런 날은 공무원들이 매우 분주하다. 사고를 줄이기 위해 자전거 도로를 점검, 정비해야 하기 때문이다. 그러나 시민들도 이런 날은 가급적 자전거를 안 탄다. 독일에서는 겨울보다 여름에 자전거 사고가 많다.

Q. 자전거 불법주차는 어떻게 해결하나?

A. 간혹 사람들이 도로변 옆에 불법으로 자전거를 묶어놓는다. 이 경우 다음 날 이 자전거는 주인을 잃고 바로 자전거 견인장소로 끌려온다. 그렇게 되면 주인이 자전거 등록증을 가지고 와서 질서위반금을 부담해야 자전거를 찾아갈 수 있다. 자전거가 너무 많고 자동차 및 보행에 불편을 주기 때문이다. 시민들은 도난자전거를 보호하기 위해서는 이러한 조치들이 불가피하다고 생각한다. 이 보관소는 시에서 운영한다.

Q. 자전거 주차장은 어떻게 설치되어 있나?

A. 파더본 시에는 곳곳에 자전거 주차장이 있다. 역 앞에는 300대를 주차할 수 있는 자전거 존(zone)이 있다. 물론 여기에는 자전거 수리대도 설치되어 있다.

홍보

아듀!
자전거 도시 창원을 기대하며

창원시 2015년 교통정책의 목표는 대중교통 수단과 자전거, 개인차량이 각각 전 교통부하의 3분의 1씩을 차지하도록 만드는 것이다. 현재 창원시의 자전거 정책은 연구단지 및 대학과 연계한 파생효과를 극대화하고 있다.

〉〉 시속 80킬로미터 대 시속 18킬로미터

세계는 자동차 중심의 교통문화에서 자전거 중심의 교통문화로 변하고 있다. 처음에는 친환경정책에서 출발했으나, 이제는 삶의 질 향상이 중심이 되었다. 네덜란드와 독일이 대표적인 나라들이다. 네덜란드는 학생들의 80퍼센트가 등하교 시 자전거를 이용한다. 또 직장인의 33퍼센트가 자전거로 출근한다. 네덜란드는 2010년 국가사업의 목표를 '자전거 마스터플랜'으로 설정했다.

'카-프리 존'(Car Free Zone : 자동차 금지구역)을 지정했고, 지금 자전거와 보행자 중심의 도시 모델을 정착시키고 있다. 자전거 도시의 대명사 독일 뮌스터 시는 '카-테이밍'(Car Taming : 자동차 이용자

2009년 2월 9일 독일 뮌스터 시의 교차로의 장면이다. 자전거가 자동차보다 우선한다.

에게 불이익) 정책을 시행하고 있다. 뮌스터 시내의 자동차 주차료는 시간당 6,800원(3유로 40센트)이다. 불법 주차시의 범칙금은 10만 원(50유로)이다. 1시간을 초과할 경우 법칙금은 추가로 가산된다.

도심가 주변의 주차시간은 30분으로 제한된다. 도심가에 자동차 진입을 금지하는 볼라드(bollard : 기둥)를 곳곳에 설치해놓고 있다.

뮌스터 시 중앙역 부근에는 3,000여 대의 자전거를 주차할 수 있다. 다른 교통수단과 환승 시스템이 갖추어져 있다. 자전거 주차비는 하루 1,400원(0.70센트), 일 주 8,000원(4유로), 한 달 1만 4,000원(7유로)이다. 14만 원이면(70유로) 1년 내내 자전거를 주차할 수 있다(2009년 2월 기준).

교통신호체계도 자전거 우선으로 바꾸었다. 자전거 정지선이 자동차 정지선보다 1미터 정도 앞에 위치해 있다. 신호가 바뀌었을 때 자전거가 먼저 출발한다. 모든 정책을 이렇게 자전거 우선으로 제도화하고 있다.

이제 유럽에서는 자전거 도로가 더 이상 환경 프로그램이 아니다. 오히려 경제 프로그램으로 정착하고 있다. 과거 자전거 도시로 거듭나겠다는 '무모한 시도' 는 지금 막대한 부가가치를 창출하는 '거대한 시작' 이 되고 있다.

◇연재를 마치며

이번 기획연재에 실린 사진들은 모두 독일 유학 중인 류경원(법학), 선종수(법학) 학생이 보내준 것이다. 이연희(신문방송학) 학생은 자전거 주무부서 담당 공무원과 자전거 마이스터 울리히 쾌프케 씨의 인터뷰를 맡아주었다. 이 지면을 빌려 이분들께 깊이 감사드린다. 이분들이 보내준 자전거 관련 사진들(약 100장)은 모두 경남도민일보와 창원시청 새창원기획팀에 선물하였다. 자전거를 사랑하는 사람들과 창원시에 조금이나마 도움이 되었으면 한다.

"명실상부한 환경도시로"

– 2015년에 들여다 본 '자전거 도시' 창원

한국의 수도는 두 개다. 행정수도 '서울'과 환경수도 '창원'이다. 창원시는 1974년 수립된 도시 기본계획에 따라 국내 최초로 건설된 계획도시로 자전거 전용도로가 도시 전역에 설치되어 있다.

창원시는 2010년부터 한국 최초로 시청에 환경부시장제를 운영해 오고 있다. 2015년에는 지자체 가운데 환경도시 1위로 선정됨으로써, 일약 '환경수도'로 주목을 받고 있다. 이 바탕에는 주민과 공무원이 모두 참여하는 화합과 인내가 큰 역할을 했다.

한국 대부분의 도시가 재정부족과 행정적 애로사항을 이유로 시민을 위한 여러 정책들을 포기할 때, 창원시는 시장을 비롯해 공무원들, 그리고 환경단체들의 창조적이고 헌신적인 노력과 주민들의 참여로 다양한 환경문제를 지혜롭게 해결한 모범사례로 평가받는다. 창원 시민들은 2007년대 초부터 자전거 타기 운동에 나섰다.

창원시의 교통정책 핵심은 대중교통과 자전거 이용이다. 그 첫 번째 조치가 2007년 창원시 주변도시와 통합교통시스템을 구축하여 표 1장으로 창원시 전부를 이동이 가능하도록 한 것이고, 특히 자전거 전용도로를 확대 조성해 자전거 이용자를 대폭 늘렸다.

창원시를 둘러보면, 시내 곳곳에서 교통정책이 자동차 위주가 아닌 보행자 또는 자전거를 위해 존재한다는 것을 목격할 수 있다. 시내 어느 곳이나 자전거 전용도로가 있고, 자전거 이용이 보편화되어 있다.

창원시 2015년 교통정책의 목표는 대중교통 수단과 자전거, 개인차량이 각각 전 교통부하의 3분의 1씩을 차지하도록 만드는 것이다. 이같은 창원시 교통정책은 국내 전문가들의 관심을 끌고 있다. 시내 교통량 중 자전거와 대중교통수단이 차지하는 비율이 2010년 각각 18%, 22%에서 2015년 27%, 26%로 증가하는 대신 차량 이용은 60%에서 47%로 줄었다.

현재 창원시의 자전거정책은 연구단지 및 대학과 연계한 파생효과를 극대화하고 있다.

김수정 기자
hama@hama.com

하마의 하품

하품

초판 1쇄 인쇄 2009년 3월 25일
초판 1쇄 발행 2009년 3월 31일

저 자 하 태 영
발행인 배 효 선
발행처 법 문 사
등 록 1957년 12월 12일/제 2-76호(윤)
주 소 (413-756) 경기도 파주시 교하읍 문발리 526-3
전 화 (031)955-6500~6 FAX (031)955-6525
E-mail (영업)bms@bobmunsa.co.kr
(편집)edit66@bobmunsa.co.kr
홈페이지 www.bobmunsa.co.kr
디자인 피앤피디자인(www.ibook4u.co.kr)
삽 화 권 범 철

ISBN 978-89-18-00065-7 03300

* 값은 표지 뒷면에 표기되어 있습니다.
* 저자와의 협의 하에 인지를 생략합니다.